루쉰,
길
없는
대지

루쉰, 길 없는 대지 : 길 위에서 마주친 루쉰의 삶, 루쉰의 글쓰기

발행일 초판2쇄 2020년 1월 15일(己亥年 丁丑月 丁巳日) **| 지은이** 고미숙, 채운, 문성환, 길진숙, 신근영, 이희경 **|
퍼낸곳** 북드라망 **| 퍼낸이** 김현경 **| 주소** 서울시 종로구 사직로8길 24, 1221호(내수동, 경희궁의아침2단지) **|
전화** 02-739-9918 **| 팩스** 070-4850-8883 **| 이메일** bookdramang@gmail.com

ISBN 979-11-86851-54-8 03990 **|** 이 도서의 국립중앙도서관 출판시도서목록(CIP)은 서지정보유통지원시스템
홈페이지(http://seoji.nl.go.kr)와 국가자료공동목록시스템(http://www.nl.go.kr/kolisnet)에서 이용하실 수 있
습니다.(CIP제어번호: CIP2017007746) **|** **Copyright ©** 고미숙·채운·문성환·길진숙·신근영·이희경
저작권자와의 협의에 따라 인지는 생략했습니다. 이 책은 지은이들과 북드라망의 독점계약에 의해 출간되었으므로
무단전재와 무단복제를 금합니다. 잘못 만들어진 책은 서점에서 바꿔 드립니다.

책으로 여는 지혜의 인드라망, 북드라망 **www.bookdramang.com**

루쉰,
길
없는
대지

길
위에서
마주친
루쉰의
삶,
루쉰의
글쓰기

지은이
고미숙
채운
문성환
길진숙
신근영
이희경

BookDramang
북드라망

머리말

오! 서문이다. 아시다시피, 서문은 제일 마지막에 쓰는 글이다. 서문을 쓴다는 건 곧 책이 나온다는 뜻이다. 하여, 지금, 이 순간, 가슴이 '쫌'~ 벅차다. 그간 꽤 여러 권의 책을 냈는데, 새삼스레 뭔 소린가? 싶겠지만 사실이다. 이 책은 그간의 책들과는 좀 다른 사연을 갖고 있어서다.

이 책은 루쉰에 관한 평전이다. 근데, 좀 '색다른' 평전이다. 평전은 대개 한 사람의 생애와 업적을 정리·평가하는 글쓰기다. 그러다 보니 정보 차원에선 유용하지만 대체로 재미와 감동은 별로다. 그래서 평전을 읽고 그 인물과 깊이 교감하기란 쉽지 않다. 루쉰의 일생을 추적하되 좀 '찐'하게, 다이내믹하게 접근하는 길은 없을까? 이 책은 바로 그런 고민의 지점에서 출발했다.

산다는 건 어떤 시간에, 어떤 공간을 점유한다는 뜻이기도 하다. 그 시공의
점들을 선분으로 이으면 그 사람이 밟아 간 인생의 지도가 그려진다. 그
길을 그대로 따라가 본다는 것, 그가 거쳐간 장소에 잠시 머물러 본다는 것,
거기에서 그 시절 그가 창조한 작품과 사상, 그리고 그의 생활을 반추해
본다는 것, 나아가 그 지도 위에 오늘, 우리의 삶과 질문을 오버랩시킨다는
것. 이런 작업은… 글쎄다! 처음인지는 모르겠지만, 드문 일인 건 틀림없다.
더구나, 그런 작업을 공동체의 오랜 '벗'들과 함께한다는 것, 이것이야말로
역사상 최초라 말해도 좋다! 벗이 있다 해도 공부를 함께하기란 어렵고,
공부를 함께해도 같은 주제·같은 인물을 탐구하기란 더 어렵고, 같은
주제·같은 인물을 탐구한다고 해도 같은 시절에 여행을 함께하기란 실로
어렵고, 어렵다.

그런데 그 어려운 일을 우리는 해냈지 뭔가! 이 글의 필자들은 지난 20여
년간 지식인공동체를 꾸려온 '동지들'이다[고미숙(감이당), 채운(규문),
문성환·길진숙·신근영(남산강학원), 이희경(문탁네트워크)]. 우리는 각자의
네트워크에서 각자의 방식대로 루쉰을 공부했으며(이거야말로 기적이다^^),
그러다 2015년 가을 "루쉰의 여정을 밟아 가는 새로운 평전을 써 보자"는
프로젝트에 의기투합했으며, 그 결과 2016년 초 여행의 '로드맵'이

나왔다. 아~ 하지만 우리들은 시간을 맞추기가 너무 어려웠다. 각자의
네트워크에서 해야 할 공부와 활동이 몹시도 많았으므로. 여기가 고비였다.
하지만 예상대로는 아니었지만, 예상과는 다른 방식으로 이리저리
스케줄이 맞춰지면서 결국 루쉰의 행로를 다 밟고야 말았다. 운이 참
좋았다!

어디 그뿐인가. 그냥 여행만 했으면 책이 나오기까지 아주 오래 걸렸을
것이다. 그런데 하필, 아니 공교롭게도 그 즈음, 『월간 중앙』의 한기홍
기자가 이 프로젝트의 연재를 기꺼이 허락해 준 것이다. 그 덕분에 매달
여행을 하고 나면 그 직후에 바로 글쓰기를 해야 했다. 마감이 있으면 글은
어쨌든 완성된다는 만고불변의 진리를 새삼 확인한 셈이다. ^^ 그야말로
천운이다!

물론 이 도도한 흐름의 한가운데 루쉰이 있다. '루쉰'이 대체 뭐기에,
우리는 이런 무모한 프로젝트를 기획하고 실행했단 말인가? 애초 우리가
루쉰에 주목한 건 '동아시아 근대성'이라는 키워드 때문이었다. "한·중·일이
어떻게 '근대'라는 코스를 밟았는가"를 알려면 반드시 통과해야 하는 세
개의 텍스트가 있다. 조선의 이광수, 일본의 나쓰메 소세키, 중국의 루쉰.

이광수는 단순하고 투명하다. 소세키는 세련되고 매끄럽다. 전자는
근대성의 계보를 파악하는 데, 후자는 근대의 초입에서 '근대 너머'를
관통하는 시야를 확보하는 데 아주 중요하다.

그럼 루쉰은? 아… 투명하지도 세련되지도 않다. 통속적 흥미를 맛보기도,
지적 고상함을 누리기도 쉽지 않다. 근대/탈근대라는 기준을 들이대기도 영
'거시기' 하다. 소설이건 잡문이건 길이가 아주 짧지만, 한 페이지, 한 글자도
쉽게 넘어가는 법이 없다. 근데, 왜 그렇게 오랫동안 루쉰을 읽었냐고?
모른다! 그게 미스터리다.

아무리 읽어도 왠지 충분히 이해하지 못한 것 같고, 뭔가 더 심오한 게 있는
것 같긴 한데 그게 뭔지는 잘 모르겠는 기묘한 느낌! 암흑과 적막이라는
코드가 계속 변주되는데, 그 와중에 불쑥불쑥 튀어나오는 유머코드는 또
뭐지? 게다가 혁명과 저항, 시대정신 등과는 무관하게 우리 인식의 기반을
와해시키는 그 예리함, 그 집요함이란! 이런 특이성이 우리로 하여금
루쉰으로부터 떠날 수 없게 한 동력이 아닐까 싶다. 그런 점에서 우린
확실히 좀 '변태적인' 독자다. 인정한다!

하여, 이 책은 루쉰에 대한 역사적 평가나 총체적인 해석 따위와는 거리가 멀다. 우리는 루쉰과 생생하게 '마주치고' 싶었을 뿐이다. 그가 머물렀던 곳에 가서 그곳의 하늘과 대지를 음미하고, 그의 사상과 말, 행동을 재연해 보고, 그의 텍스트를 우리 멋대로 변환해 보고, 그를 빙자하여 길 위에서 낯선 이들과 접속해 보고… 그렇게 그와 우리 사이에서 새로운 신체성, 새로운 관계가 탄생되는 과정을 즐기고 싶었을 뿐이다. 이보다 더 기막힌 '루쉰 사용법'이 또 있을까? 우리의 마음을 이어 주고 또 함께 길 위에 나서게 해준 것만으로도 우리는 루쉰을 존경하고, 사랑한다.

독자들에게도 우리가 길 위에서 누린 행운과 기쁨이 전해지기를! 아울러 독자들 역시 자기만의 '루쉰-로드'를 만들어 가기를! 또 그 길들이 뻗어 나가 '사통팔달'로 이어지기를!

2017년(정유년) 3월
남산강학원&감이당의 본거지 깨봉빌딩에서
필자들을 대표하여 고미숙이 쓰다

목차

2부
라이팅 온 더 로드 216

지도와 함께 보는
루쉰 연대기

사오싱
1881~1898(1~18세)
1881 출생
1885 동생 저우쭤런(周作人) 출생
1892 삼미서옥(三昧書屋)에서 수학
1893 조부 저우푸칭(周福淸), '과거 사건'으로 투옥
1896 부친 저우보이(周伯宜) 사망

난징
1898~1900(18~20세)
1898 강남수사학당(江南水師學堂) 입학
1899 광무철로학당(鑛務鐵路學堂)으로 전학

도쿄
1902~1904(22~24세)
1902 도일. 고분학원(弘文學院) 입학
1903 변발 자름
1903 번안 소설「스파르타의 혼」, 쥘 베른의 과학소설
　　 「달나라여행」「지하여행」 등 번역·발표

센다이
1904~1906(24~26세)
1904 센다이 의학전문학교 입학. 후지노 선생과의 인연
1906 중국인 처형 장면을 담은 환등기를 본 후 문학으로
　　 진로를 정하고 센다이 의학전문학교 자퇴

도쿄
1906~1909(26~29세)
1906 잠시 고향 사오싱에 다녀옴. 이때 주안(朱安)과 결혼
1907 잡지『신생(新生)』발간 실패
1909 『역외소설집(域外小說集)』발간

항저우
1909~1910(29~30세)
1909 저장양급사범학당(浙江兩級師範學堂) 교원으로 임용

사오싱
1910~1912(30~32세)
1910 사오싱부중학당 교무장 재직
1911 산콰이초급사범학당(山會初級師範學堂) 교장 취임
1911 신해혁명 선전 활동

난징
1912(2달)
1912 차이위안페이(蔡元培)의 추천으로 난징정부 교육부 재직

베이징
1912~1926(32~46세)
1912 베이징정부 사회교육사 제2과 과장으로 취임
1913 중국어발음 통일작업 참여
1915 교육부 통속교육위원회 소설분과 주임으로 임명
1918 『광인일기』를『신청년』에 발표. 이때 처음으로
　　 필명 '루쉰' 사용
1919 빠다오완(八道灣)으로 사오싱의 가족들을 솔거
1919 「공을기」「약」을『신청년』에 발표
1920 니체의『차라투스트라는 이렇게 말했다』서문 번역 발표
1920 베이징대학, 베이징사범대학 등 일곱 군데의 대학과
　　 중학에서 강의
1921 「고향」발표
1921 「아Q정전」을『천바오(晨報) 부간』에 연재 시작
1922 러시아의 시인 예로센코와 교류
1923 베이징여자고등사범학교, 세계어전문학교에서 강의
1923 첫번째 소설집『외침』출간
1923 『중국소설사략(中國小說史略)』상권 출간
1923 동생 저우쭤런과의 불화. 폐병 발작
1924 주간지『위쓰(語絲)』창간
1924 『중국소설사략』하권 출간
1925 쉬광핑(許廣平)과의 교제 시작
1925 주간지『망위안(莽原)』창간
1925 청년문학단체 웨이밍사(未名社) 조직
1925 첫번째 잡문집『열풍』출간
1926 3·18참사 희생자「류허전 군을 기념하며」발표
1926 3·18참사로 수배 명단에 들면서 교육부 및 대학 강사직
　　 사임

샤먼

1926(4달)

1926 3·18참사로 샤먼으로 피신

1926 샤먼대학교에서 교편

1926 잡문집 『화개집』 두번째 소설집 『방황』 출간

1926 샤먼대 학생들과 신문학단체 '양양사(泱泱社)' 조직

1926 월간지 『보팅(波艇)』 출간

광저우

1927(10달)

1927 중산대학 교수 부임

1927 국민당 당내숙청에 대해 학교 측과의 입장 차이로 사표 제출

1927 잡문집 『무덤』『화개집속편』 출간

1927 산문시집 『들풀』 출간

1927 노벨문학상 후보 추천 거절

상하이

1927~1936(47~56세)

1927 쉬광핑과 동거 시작

1927 중국공산당 혁명단체 중국제난회(中國濟難會) 활동 참가

1928 산문집 『아침 꽃 저녁에 줍다』 잡문집 『이이집』 출간

1928 창조사 및 태양사 작가들과 혁명문학 논쟁

1928 위다푸(郁達夫)와 잡지 『분류(奔流)』 창간

1928 쉬광핑 등 청년들과 문예운동단체 '조화사(朝花社)' 조직

1929 아들 저우하이잉(周海嬰) 출생

1930 펑쉐펑(馮雪峰)·위다푸와 월간지 『맹아』 창간

1930 중국자유운동대동맹·중국좌익작가연맹 설립

1931 하계목각강습반 개강으로 목각판화운동 시작

1932 상하이사변으로 가족과 우치야마서점(內山書店)으로 피신

1932 잡문집 『삼한집』『이심집』 출간

1933 『먼 곳에서 온 편지』『거짓자유서』 출간

1933 상하이 방문한 버나드 쇼와 만남

1933 중국민권보장동맹 참가

1934 잡문집 『남강북조집』『풍월이야기』 출간

1935 중국좌익작가연맹 내에서 저우양(周揚)과 논쟁

1935 산문집 『집외집』『문외문담』 출간

1936 소설집 『새로 쓴 옛날이야기』와 잡문집 『꽃테문학』 출간

1936 전국목각연합전람회 참관

1936 사망

1부

루쉰
온
더
로드

도주의 달인
루쉰

고미숙(감이당)

사진 1   사진 2

#사진 1. 1903년 도쿄(東京). 변발을 자르자마자 기념으로 찍은 사진이다.
20대의 청년답게 어설픈 듯 풋풋하다. 허나, 옆으로 찢어진 눈, 꽉 다문
입이 내뿜는 아우라가 예사롭지 않다.
#사진 2. 1936년 10월 8일 상하이(上海). 목판화 전시회장에서 한 중년의
남자(맨 왼쪽)가 청년들에 둘러싸여 있다. 폐병으로 뺨이 움푹 팬 탓인지
좀 지쳐 보인다. 한데, 놀랍게도 그를 바라보는 청년들의 표정이 생기에
넘친다.

루쉰은 사진찍기를 좋아했다. 아니, 정말로 그랬는지는 모르지만 여하튼
수많은 사진을 남긴 것만은 분명하다. '사진 1'이 그 스타트다. 변발을
자르기 전의 사진은 없으니까. 이 사진을 찍은 이후 그는 도처에서, 갖가지
포즈로, 다양한 사람들과 사진을 찍었다. '사진 2'는 죽기 열흘 전, 살아서

찍은 마지막 사진이다. 볼 때마다 깊은 울림을 주는 컷이다. 물론 거기서 끝은 아니다. 혼백이 그의 몸을 떠난 직후의 모습을 비롯하여 대규모 군중이 운집한 장례식장의 장면까지 이후에도 그는 수많은 사진을 남겼다.

그의 시대는 서세동점(西勢東漸)의 파고 속에서 무술정변, 의화단의 난, 청일전쟁, 러일전쟁, 신해혁명, 5·4운동, 대장정, 만주사변 등 그 이름도 '찬란한' 역사적 사건들이 이어진 격동의 시기였다. 그렇다고 그가 이 시절로부터 비껴 서 있었던 것도 아니다. 아버지의 죽음 이후 도주하듯 고향 사오싱(紹興)을 떠났다가 일본 유학길에 올랐고, 귀국한 이후에도 베이징에서 상하이까지 쉼 없이 움직였다. 게다가 당시 사진을 찍는다는 건 얼마나 대단한 행사인가. 카메라 자체도 드물뿐더러 사진사가 있어야 하고, 긴 시간 초점을 맞추고, 펑 터지는 굉음을 내고…. 그런데도 그는 이렇게나 많은 사진을 남겼다. 나르시시스트라서? 명성을 남기려고? 헐~ 루쉰과는 가장 어울리지 않는 낱말들이다. 그러니 아이러니라 할밖에.

하긴, 그의 사상과 글 자체가 아이러니투성이다. 가벼운 터치엔 희미한 '썩소'를 야기하지만, 한 걸음만 더 들어가면 바로 선문답이다. 입구도 없고 출구도 없는 은산철벽!*

'희망'은 창녀다!

"나의 마음은 아주 적막하다. 그러나 나의 마음은, 평안하다. 애증이 없고

---

* 은산철벽(銀山鐵壁)이란 마치 은산과 철벽을 마주한 것처럼 앞으로 나아가자니 문이 없고, 물러서면 길을 잃어버리게 된다는 의미로, 고봉스님이 『선요』(禪要)에서 '화두'에 대해 하신 말씀 중 나오는 표현이다.

사진 3 "한번은, 화면상에서 오래전 헤어진 중국인 군상을 모처럼 상면하게 되었다. 한 사람이 가운데 묶여 있고 무수한 사람들이 주변에 서 있었다. (……) 묶여 있는 사람은 아라사(러시아)를 위해 군사기밀을 정탐한 자로, 일본군이 본보기 삼아 목을 칠 참이라고 했다. 구름같이 에워싸고 있는 자들은 이를 구경하기 위해 모인 구경꾼이었다. [루쉰, 「서문」, 『외침』(루쉰문고 03), 공상철 옮김, 그린비, 2011, 11쪽]

애락이 없고 색깔도 소리도 없다."루쉰, 「희망」, 『들풀』(루쉰문고 05), 한병곤 옮김, 그린비, 2011, 32쪽 적막, 그것은 그의 글쓰기를 관통하는 키워드다. 출발은 아마도 그 유명한 '환등기 사건'부터였으리라. 센다이(仙臺) 의학전문학교 시절, 루쉰은 환등기를 통해 중국인들의 '얼빠진' 표정을 목격하였다. 엄청난 충격이었다. 그 학년이 끝나기도 전에 루쉰은 의사의 길을 접고 도쿄로 돌아온다. 그래도 그때의 적막은 그렇게 사무친 것은 아니었다. 아직은 문예를 통한 정신개조라는 끈은 잡고 있었으니까. 하지만 신해혁명 이후 그는 깊은 적막에 빠져든다.

신해혁명이 군벌들에 의해 좌절된 시절 그는 베이징의 사오싱회관에 머물렀다. 귀곡산장같이 음산하던 그곳에서 그는 옛 비문을 베껴 쓰는 데 몰두했다. "전에는 내 마음도 피비린내 나는 노랫소리로 가득하였다. 피와 쇠붙이, 화염과 독기, 회복과 복수. 한데 문득 이런 모든 것이 공허해졌다.

사진 4 베이징 루쉰박물관의 페퇴피 동상.

때로는, 하릴 없이, 자기 기만적 희망으로 그것을 메우려 하였다. 희망, 희망, 이 희망의 방패로 공허 속 어둔 밤의 내습에 항거하였다. 방패 뒤쪽도 공허 속의 어둔 밤이기는 마찬가지이건만, 그런, 그런 식으로, 나는 내 청춘을 줄곧, 소진하고 있었다."루쉰, 「희망」, 『들풀』(루쉰문고 05), 32쪽 그때 들려온 헝가리의 애국시인 페퇴피 샨도르(Petöfi Sándor)의 '희망'의 노래.

희망이란 무엇인가? 창녀.
그는 누구에게나 웃음짓고, 모든 것을 준다.
그대가 가장 큰 보물―
그대의 청춘을 바쳤을 때, 그는 그대를 버린다.

'아, 얼마나 절망이 깊었으면…'이라고 생각하면 오산이다. 그의 적막은 그런 손쉬운 이분법을 간단히 봉쇄한다. "절망은 허망하다. 희망이 그러하듯"——이것이 그가 도달한 결론이다. 희망과 함께 절망도 사라졌다. 하여, 그는 평안하다. 그게 말이 되나? 물론 언어도단이다. 그리고 그것이 그가 취하고자 하는 바다. 희망을 둘러싼 그 어떤 담론의 입구도 봉쇄해 버리는 것.

격동의 시절, 선각자들은 늘 말한다. 희망을 잃지 말라고. 결국은 우리가 승리할 거라고. 지금도 지겹게 반복되는 메아리다. 루쉰은 그 허망한 메아리를 향해 비수를 꽂은 것이다. 그럼 이제 어떻게 살지? 희망도 절망도 없는 그 경계에서 살 길을 구하라! 첫번째 은산철벽!

역사는 '식인', 민중은 '또라이'

마을 사람들의 눈초리가 이상하다. 점점 더 집요하게 나를, 내 몸뚱아리를 노리는 것 같다. 도무지 잠을 이룰 수가 없다. 만사는 모름지기 따져 봐야 하는 법. 밤새 역사책을 뒤적여 봤더니 "이 역사책에는 연대도 없고, 페이지마다 인의(仁義)니 도덕이니 하는 글자들이 비뚤비뚤 적혀" 있었다. 그럴 테지. 중국은 찬란한 문명국가니까. 하지만 요리조리 뜯어 본 결과 글자들 틈새로 웬 요상한 글자들이 드러났다. 다름 아닌 '식인'(食人)이 그것이다. 맙소사! 중국의 4천 년 역사는 사람을 먹어 온 식인의 역사였다. "반고(盤古)가 천지를 개벽한 이래 줄곧 잡아먹다가 역아(易牙)의 자식까지 이르렀고, 역아의 자식부터 줄곧 잡아먹다가 서석림(徐錫林)까지 이르렀고, 서석림부터 줄곧 잡아먹다가 늑대촌서 붙들린 자까지 이르게" 되었고,

심지어 "작년 성 안에서 죄인을 참살했을 때, 폐병쟁이들이 찐빵으로 그 피를 찍어 핥아 먹"기도 했다. 그럼 나는? "공교롭게도 형이 집안일을 관장할 때 누이동생이 죽었다. 저자가 음식에 섞어 몰래 우리에게 먹이지 않았노라 장담할 수 없다. 나도 모르는 사이 누이동생의 살점 몇 점을 먹지 않았노라 장담할 수 없는 것이다. 이젠 내 차례인데⋯." 루쉰, 「광인일기」, 『외침』 (루쉰문고 03), 17~32쪽

　　루쉰의 데뷔작 「광인일기」의 줄거리다. 서구의 도래와 함께 중국의 앞날이 '바람 앞의 등불' 신세가 되었다. 이때 지식인이 해야 할 일은 역사 바로 세우기! 그래야 외세에 맞서 민족적 주체성을 수호할 수 있으므로. 근대 민족주의가 탄생하는 지점이다. 하지만 루쉰의 길은 싹수부터 다르다. 4천 년 중화문명은 찬란하기는커녕 먹고 먹히는 '식인의 역사'일 뿐이다. 여기서 '식인'은 약육강식이나 권력투쟁의 수사학이 아니다. 정말로 살점을 피에 찍어 먹는 행위를 뜻한다. 실제로 당시까지도 정치범을 처형하면 그 시체를 그렇게 먹었다고 한다. "아무리 그래도 그렇지, 역사를 그렇게 암울하게 그리면 어떡하나?"라고 하면 루쉰은 말하리라. 사실이 그런 걸 어떻게 하냐고. 자신은 그저 '있는 그대로' 썼을 뿐이라고. 이것이 그가 적막 속에서 벼리고 벼린 시선이다. 이 시선의 예봉을 피하기란 불가능하다.

　　그리고 이 식인의 역사에는 예외가 없다. 봉건잔당과 군벌, 부르주아 반동들은 말할 것도 없고 이웃과 가족, 나 자신조차 식인의 욕망으로 그득하다. 「광인일기」의 마지막 구절. "사람을 먹어 본 적 없는 아이가 혹 아직도 있을까? 아이를 구해야 할 텐데⋯."

　　과연 그런 아이가 있기나 할까. 만약 있다면 그들에 의해 역사가 다시 쓰여지리라. 이름하여 역사적 주체가 그것이다. 국민, 민중, 노동자/농민, 프롤레타리아트 등등. 공화주의, 민족주의, 공산주의 등으로 이어지는

정치이념들이 내세운 주체들이다. 하지만 그들이라고 '식인'이라는 이 수천 년 묵은 업장에서 자유로울까? 그에 대한 루쉰의 응답. 아Q를 보라!

아Q는 동네 사당에서 홀로 기식하는 날품팔이다. 일손이 필요할 때 빼고는 그의 존재감은 제로다. 약골이라 동네 깡패들에게 늘 언어터진다. 이런 난국을 타개하기 위해 아Q가 채택한 것이 바로 그 유명한 '정신 승리법'이다. 실컷 두들겨 맞고 버러지라고 경멸을 받은 뒤, 10초도 안 되어 아Q는 흐뭇해하며 승리의 발걸음을 돌린다. 자기야말로 자기를 경멸할 수 있는 '제일인자'라는 데 생각이 미친 것이다. 여기서 '자기경멸'이란 말을 제외하면 남는 건 '제일인자'라는 것. 노름판에서 한판 대박을 터뜨리고도 막판에 다 잃어버리자 이번에는 얼마간 실패의 고통을 맛보았다.

"그래도 그는 이내 패배를 승리로 전환시켰다. 그는 오른손을 들어 두세 번 자기 뺨을 힘껏 때렸다. 제법 얼얼하니 통증이 왔다. 그러고 나니 마음이 평안해지기 시작했다."루쉰, 「아Q정전」, 앞의 책, 112쪽

'오죽 살기가 어려우면 저러겠어'라고 생각하면서도 왠지 속이 거북해진다. 루쉰이 노리는 바가 바로 그것이다. 세상을 바꾸는 일이 그렇게 녹록지 않다고. 그러니 그렇게 쉽게 떠들어 대지 말라고. 아Q는 약자 중의 약자다. 대개의 혁명문학에 등장하는 약자들은 순결하다. 지배계급의 탄압을 뚫고 혁명의 주체로 우뚝 서거나 아니면 거룩하게 희생되어 혁명의 별이 되거나. 하지만 아Q는 무식한 데다 비열하기 이를 데 없다. 한마디로 대책없는 '또라이'다. 세계 혁명문학가 중에서 인민을 이렇게 노골적으로 풍자한 예가 또 있을까.

그럼 대체 아Q는 어쩌다 저 지경이 되었나. 그러면 대개 이렇게 말한다. 봉건적 잔재 때문에, 이데올로기에 감염되어서, 교육이 부족해서, 타고난 약골이라… 등등. 천만에! 오히려 거꾸로다. 아Q 같은 하층민의 습속이

저럴진대 나머지 계급이야 말해 무엇하리. 다른 작품에 등장하는 고매한 인물들은 한 술 더 뜬다. 정신승리법 대신 허세와 위선에 더 능할 뿐이다. 루쉰의 눈에는 이념과 계급을 뛰어넘어 도처에 '아Q'고, 하나같이 '아Q적'이다. 그럼 역사는 대체 누가 이끌어 가지? 두번째 은산철벽!

혁명, 지옥의 판타지

그러니 혁명을 해야 한다. 맞다. 저 지독한 노예근성과 끔찍한 습속을 전복하는 근원적 혁명! 하지만, 누구도 이런 혁명을 원하지 않았다. 신해혁명 이후 위안스카이(袁世凱)는 스스로 황제의 자리에 올랐고, 그가 죽자 군벌들이 발호하면서 다들 자신이 혁명의 주체라 주장했다. 하나같이 천국을 약속했지만 사실은 '지옥의 통수권'을 둘러싼 투쟁에 불과했다. 루쉰이 보기에 그때 혁명이란 거대한 판타지에 지나지 않았다.

아Q는 "혁명당은 반란을 일삼는 무리들이며 반란이란 곧 고난이었다. 그래서 줄곧 통절히 증오하고 있었다. 그런데 뜻밖에 이것이 백 리 사방 이름이 알려진 거인나리까지 벌벌 떨게 만들었다니 그로선 '신명'이 나지 않을 수 없었다". "자, 갖고 싶은 건 모두가 내 거라네. 맘에 드는 년은 모두 내 거라네." 그랬다. 아Q에게 혁명이란 미워하는 이들을 무릎 꿇게 하고 마을의 여자들을 제멋대로 농락할 수 있는 찬스였다. 하여, 기를 쓰고 혁명당에 들어가려 어리석게 설치다 결국 혁명의 희생양이 되어 자신의 영혼을 물어뜯는 군중들의 시선 속에서 죽어간다. 마침내 정신승리법이 통하지 않는 순간이 온 것이다.

이런 혁명으로 아Q를 바꿀 수 있다고? 식인의 역사를 청산할 수 있다고? 말도 안 되는 소리다. 그리고 식인의 역사와 아Q의 습속이 해방되지 않는다면, 그 혁명은 무조건 가짜다! 니체와 바이런, 불교의 그림자가 느껴지는 대목이다.

너무 비현실적이라고? 그럴 수도 있다. 대개 이런 경우, 산정으로 후퇴하거나 미학의 울타리 안으로 들어가 버린다. 하지만 루쉰은 달랐다. 그토록 래디컬(radical: 근원적·급진적)한 입장을 견지했음에도 현장을 떠나지 않았다. 뿐더러 쉬지 않고 투창을 치켜들었다. 그러니 얼마나 적이 많았겠는가. 국민당 파쇼정권의 관료들을 비롯하여, 거기에 아부하는 문인 지식인들——특히 모더니즘, 상징주의, 자유주의 등 서구 편향에 물든 인텔리들——과 좌익소아병에 걸린 좌파문인들에 이르기까지. 루쉰이 주력했던 싸움은 전자보다 후자였다. 전자야 쉽지 않은가. 욕망의 동선이 빤히 보이니까. 후자는 다르다. 늘 혁명을 입에 달고 살뿐더러 공산당을 등에 업고 음모와 배신을 일삼는다. 이들의 치부는 들추기도 어렵고 드러내기도 힘들다. 국민당 정권의 탄압이 그들의 행위를 정당화시켜 주기 때문에 더더욱 그렇다.

게다가 당시는 전운이 감도는 시대가 아니었던가. 요컨대 국민당과 공산당, 일본과 중국, 서양과 동양, 정치와 문학, 이상과 현실 등이 중첩되는 참으로 복잡한 형세였던 것. 이럴 땐 대체 어떤 자세로 싸워야 하지? 비스듬히 자세를 잡아야 한다. 사방의 적을 동시에 꼬나볼 수 있도록. 단 한 놈도, 한 터럭의 허튼 짓도 용서하지 않기 위해서. 그를 "모로 선 전사"라고 부르는 이유다.

물론 그도 한때는 혁명에 대한 열망을 불태운 적이 있었다. 하지만 신해혁명 이후 혁명이 어떻게 순식간에 반(反)혁명이 되는지, 혁명가들이 어떻게 졸지에 변절자가 되는지를 루쉰은 똑똑히 목격했다. 처음엔 봉건

주의가 문제야, 라고 생각한다. 그 다음엔 부르주아적 의식 때문에, 혹은 외세의존적이라서…, 그렇게 혁명에 대한 판타지를 키우다 보면 결국 프롤레타리아 혁명에 도달한다. 하지만 루쉰은 그런 식의 교리와 약속을 믿지 않았다. 계급과 당파성보다 훨씬 더 심오한 건 기질과 습속이었다. 정치체제와 권력구조를 바꾼다고 해서 과연 그 지독한 노예근성에서 벗어날 수 있을까? 이 질문을 끝까지 놓치지 않았기에 공산당이 대세가 된 이후에도 그는 끝내 마르크스주의자가 되지 않았다. 국민당의 탄압에 맞서기 위해선 저항세력의 연대가 필요한 그 시점에도 그는 좌파문인들의 영웅심리를 폭로하기를 멈추지 않았다. 만주사변의 발발로 항일을 위한 통일전선이 절실했던 그때에도 그는 민족주의의 함정에 결코 빠지지 않았다. '이민족의 노예'가 되는 것이 싫다고 '같은 민족의 노예'가 될 수는 없지 않은가.

　"나는 지금의 '좌익' 작가들이 아주 쉽게 '우익' 작가들이 될 수 있다고 생각합니다." 린시옌즈, 『인간 루쉰』(하), 김진공 옮김, 사회평론, 2006, 323쪽 1930년 3월 2일, 좌련(중국좌익작가연맹) 창립대회에서 루쉰이 한 연설의 서두다. 당시 그는 좌련의 주석단으로 추대되었다. 공산당원도 아니고 마르크스주의자도 아니면서 좌련의 수장이 된 것도 특이하지만, 저 황당한 연설은 또 뭐란 말인가. 하지만 그의 말은 사실이었다. 단지 조직의 강령에 의지한 운동이란 결단코 아Q의 수준을 넘을 수 없다.

　미래를 위해 좀 참으라고? 뭣 때문에? 그렇게 해서 혁명이 성공한다 한들 그것은 이 지옥을 저 지옥으로 대체한 것에 불과하다. 고로, 미래는 없다! 조직도 없고 강령도 없다. 하지만 전략과 전술만은 분명하다. '지구전, 참호전, 산병전'이 그것이다. 말하자면, 그는 게릴라였다. 세계혁명 문학사에서 가장 고독하고 가장 집요한, 그래서 가장 독보적인 게릴라!

사진 5 중국좌익작가연맹이 있었던 상하이의 옛 부지(왼쪽)와 1930년 상하이에서의 루쉰.

게릴라에게는 사방이 적이고, 일상이 곧 투쟁이다. 안과 밖도 없다. 가장 치열한 전투는 바로 자신을 향하기 때문이다. 아, 그렇다면 혹시 사진 찍기를 즐겨한 것도 그 때문인가. 카메라를 통해 자신을 뚫어지게 응시하는 훈련을 했던 것인가.

먼지처럼 흩어지기를!

"나는 암흑을 향하여 무지(無地)에서 방황할 것이오.

그대는 아직도 나의 선물을 기대하오. 내가 그대에게 무얼 줄 수 있겠소? 없소이다. 설령 있다고 하여도 여전히 암흑과 공허일 뿐이오. 그러나, 나는 그저 암흑이기를 바라오. 어쩌면 그대의 대낮 속에서 사라질 나는 그저 공허이기를 바라오. 결코 그대의 마음자리를 차지하지 않도록." 루쉰,

「그림자의 고별」, 『들풀』(루쉰문고 05), 17쪽

그는 결코 이름을 원하지 않았다. 「광인일기」를 시작으로 죽기 직전까지 쉬지 않고 글을 써 댔지만 자신의 글이 먼지처럼 흩어지기를, 불후가 아니라 속후(速朽)하기를 열망했다. "나 자신을 위해서, 벗과 원수, 사람과 짐승, 사랑하는 이와 사랑하지 않는 사람을 위해서, 나는 이 들풀이 죽고 썩는 날이 불같이 닥쳐오기를 바란다."루쉰, 「제목에 부쳐」, 『들풀』(루쉰문고 05), 10쪽

지금은 비록 아무도 알아주지 않지만, 후세엔 반드시 불멸을 얻으리라, 이것이 대부분의 작가 혹은 예술가들의 꿈이다. 허나, 루쉰에게는 이런 표상이 통하지 않는다. 그에게 글쓰기는 생계고 현존이며 비판의 무기다. 살아남아야 하고, 먹고 살아야 하고, 그러기 위해선 싸워야 한다. 다만 그뿐이다! 한데, 자신의 글이 '썩지 않는다'는 건 무슨 뜻일까? 여전히 '식인'의 역사가 반복되고 있다는 뜻이다. 맙소사! 그러니 바라건대, 부디 자신의 글이 먼지처럼 흩어지기를! 추억조차 되지 않기를! 희망과 절망, 과거와 미래, 기댈 수 있는 모든 기반을 해체하고자 한 것이다. 이름하여, 무지(無地)! 그럼 이제 남은 곳은 백척간두. 여기선 어디로 발을 내딛어야 하지? 세번째 은산철벽!

농담 삼아 덧붙이면 루쉰의 전투를 지켜보노라면 루쉰이 아니라 루쉰과 논쟁한 이들에게 깊은 동정심을 표하게 된다. 자신을 늘 백척간두로 밀어붙이는 자와 싸우려면 얼마나 힘들었을까, 싶은 것이다.

그럼에도 불구하고

그럼에도 불구하고(trotzdem). 이 말은 루쉰의 사상적 젖줄이기도 했던 니체가 즐겨 쓴 말이다. 담론의 형세를 한판에 뒤집는 묘수다. 여기서는

반대의 예로 썼다. 그는 먼지처럼 흩어지기를 열망했다. 그럼에도 불구하고! 그의 사상과 글은 티끌이 아니라 우상이 되었다.

1936년 10월 19일 폐병이 그의 생을 앗아 갔다. 죽자마자 그의 관에는 '민족혼'이라는 천이 덮였고, 대장정의 위업을 완수한 마오쩌둥(毛澤東)은 그를 혁명문학의 전위로 내세웠다. 이후 그는 중국 근대문학의 아버지가 되었고, 문화혁명 때는 마오쩌둥과 더불어 하나의 정전이 되었다. "모주석 왈" "루쉰 선생 왈", 홍위병들은 오직 이 두 마디만 앵무새처럼 외쳤다고 한다. 수많은 혁명전사들이 티끌처럼 사라졌지만 루쉰은 마치 "올림포스 산 위의 제우스"린시앤즈, 「서문」, 『인간 루쉰』(상), 13쪽처럼 추앙되었다. 세상에, 이렇게 꼬이는 팔자도 있을까? 생시라면 그는 '루쉰이라는 우상'을 향해 집요하게 비수를 날렸으리라.

다행인 건 세상은 변한다는 사실이다. 대약진운동·문화대혁명이라는 끔찍한 터널을 통과하고, 덩샤오핑(鄧小平)의 개혁개방 이후 바야흐로 중국은 세계경제를 주름잡는 위치에 섰다. 그 결과 중국은 빈부격차가 가장 심한 공산당 국가가 되었다. 『산해경』에 나오는 동물들처럼 기괴하기 짝이 없다. 동시에 이제 마오주의도 더 이상 중국의 비전이 아니다. 대신 문화혁명 때 땅에 묻었던 공자를 부활시켰다. 3천 개가 넘는 공자 아카데미를 세우면서 동시에 공자의 사상을 21세기적 비전으로 구축하는 중이다.

아울러 루쉰은 이제 국정 교과서에서 사라질 전망이란다. 그가 그리는 세상이 너무 어둡고 칙칙하다나. 그의 적막을 이제사 눈치챈 것인가. 혹여 그의 혼이 구천을 맴돈다면, 이제 비로소 '희미한 미소'를 지을지도 모르겠다. 과연 그는 우상과 허상의 족쇄에서 해방될 수 있을까?

루쉰 온 더 로드

그것도 쉽지는 않으리라. 어쩌면 그냥 박제화될지도 모르겠다. 이념의 푯대로 쓰기는 뭣하고, 그렇다고 그의 명성과 카리스마를 외면하기는 아깝고, 그럴 때 가장 좋은 방법이 박제화하는 방식이다. 그 신랄한 야생성은 제거하고 상투적인 이미지만 길이 보존하는 방식으로. 그리되면 루쉰은 더더욱 교과서적 암기물로 굳어질 것이다. 민족혼, 혁명문학의 전위, 저항과 반역 등등으로. 어쨌든 좋다. 국가와 자본이 어떻게 포획하든 이제 우리는 루쉰을 만날 것이다. 더 정확히는 드디어 그를 만나야 할 때가 왔다.

길이 보이지 않는다는 점에서 루쉰의 시대와 우리 시대는 묘하게 닮았다. 물론 형세는 영 딴판이다. 그때는 격렬한 이분법의 시대였지만, 지금은 서양과 동양, 좌파와 우파는 뒤섞인 지 오래고, 국경도 계급도 아주 희미해졌다. 대신 인간과 기술, 생명과 우주, 물질과 정신 등 무와 유 사이의 경계가 여지없이 무너지고 있다. 국가 간 전쟁이 줄어든 대신 국지전이 빈발하고 모든 일상이 테러가 되었다. 화성까지 길이 열렸건만 현실에선 한 발 제겨디딜 곳조차 만만치 않은 역설의 시공간! 대체 어디로 가야 하지? 루쉰은 말하리라. "본디 땅 위에는 길이 없다. 누군가 가면 길이 된다"고. 우리도 그런 길을 탐색하고자 한다.

여기서 우리란 '감이당', '남산강학원', '규문', '문탁네트워크'로 이어지는 공동체 네트워크를 말한다. 공통점은 '수유+너머'에서 분화한 조직이라는 것. 돌이켜 보면 우리는 처음 '수유연구실'을 시작할 때부터 루쉰을 읽었다. 그때의 테마는 동아시아의 근대성. 루쉰과 나쓰메 소세키, 이광수가 주텍스트였다. 이광수는 투명하고 순진하다. 근대와 서구에 대한 동경을 숨기지 않는다. 그 사춘기적 열광이 이광수 소설의 원동력이다.

그에 비하면 소세키는 노회한 중년에 가깝다. 한학에 정통했으나 일찌감치 영국 유학을 떠났다. 허나 런던 포그 탓인가. 그는 근대의 '찬란한 빛'에 눈멀지 않았다. 아니, 근대 너머의 어둠을 일찌감치 보고야 말았다. 근대의 진군 앞에서 소멸되어 가는 군상들, 그 내면의 회오리와 번뇌를 주목한다. 하여, 그의 미학은 근대가 저물어 가는 지금 훨씬 더 리얼하게 다가온다.

그럼 루쉰은? 한마디로 난감하다. 루쉰에 대한 우리의 선이해는 대개 1980년대식 담론의 산물이다. 중국의 국정교과서나 다를 바 없다. 그러므로 루쉰을 읽는다는 건 그런 낡은 담론을 전복하는 과정이기도 하다. 루쉰은 소설가로 알려졌지만 소설보다 더 방대한 분량의 평론서와 잡문집, 그리고 번역서를 냈다. 형식도 자유분방하지만 내용의 편폭도 실로 드넓다. 진화론, 자연과학, 민속, 신화와 전설, 목판화 등등. 마치 그물에 걸리지 않는 바람 같다고나 할까. 더 놀라운 건 어려운 개념이 하나도 없는데도 도무지 뭔 소린지 모르겠다는 사실이다. 무슨 혁명문학가가 이런 '지각불가능한' 글을 써 댔을까? 이건 뭐 전근대도 아니고 탈근대도 아니다. 그럼 읽지 않으면 그뿐이다. 한데, 문제는 그럼에도 불구하고 몹시 끌린다는 것. 삼킬 수도 토할 수도 없는 관계라고나 할까. 이것이 우리로 하여금 지난 10년 동안 루쉰을 놓지 못하게 했던 이유다.

그렇게 각개약진 하다가 문득 돌아보니 2015년부터 모든 공동체에서 동시적으로 루쉰을 읽고 있다는 사실을 발견하게 되었다. 와우~ 이 돌연한 마주침이라니. 이왕 이렇게 된 바에야 루쉰의 평전을 함께 작성해 보는 게 어떨까, 이렇게 해서 '루쉰 프로젝트'가 발주된 것이다. 프로젝트의 제목은 '루쉰, 길 없는 대지'. 참가자는 고미숙(감이당), 채운(규문), 문성환·길진숙·신근영(남산강학원), 문탁 이희경(문탁네트워크).

지금까지는 계속 루쉰전집과 참고문헌만 읽어 댔지만, 이번에는 방법을 좀 바꾸기로 했다. 그가 지나간 길을 실제로 밟아 보기로 한 것이다. 코스는 대략 다음과 같다. ①사오싱에서 난징으로 ②난징에서 도쿄와 센다이로 ③다시 사오싱에서 베이징으로 ④베이징에서 샤먼으로 ⑤광저우에서 상하이로. 이 5개의 코스를 각자의 취향에 따라 나누기로 했다. 홀로 완주하기는 너무 벅차서 릴레이를 선택한 것이다. 과연 프로젝트를 무사히 마칠 수 있을까? 장담할 수 없다. 길이란 워낙 변수투성이니까. 그러니, 일단 가 보는 수밖에. 루쉰 온 더 로드!

영원한 도망자, 루쉰

글쓰기를 시작한 이래 루쉰은 항상 최전선에 있었다. 늘 수배 중이었고 언제든 실종될 수 있는 처지였다. 말하자면, 도망자 신세였다. 처음 사오싱을 떠날 때는 스스로 선택한 도주였지만 후반부 베이징을 떠날 때부터는 목숨을 건 탈주였다. 말하자면, 그가 움직인 길은 일종의 도주로였다. 영원한 도망자, 루쉰!

　허나, 그는 한 번도 잡히지 않았다. 체포된 적도 투옥된 적도 없다. 그야말로 도주의 달인이다. 문득 고대 페르시아전쟁사에 나오는 스키타이 인과 다리우스 대왕 사이의 추격전이 떠오른다. 페르시아대군의 추격에 맞서 스키타이인들은 늘 '하루의 노정'만큼 앞서 나가면서 지상의 모든 것을 초토화시켰다. 적들의 근거지를 없애 버린 것이다. 비겁하게 도망만 가느냐고 비난하자, 그들은 이렇게 답했다. 우리는 도주하는 게 아니라 원래 가려던 길을 갈 뿐이라고.헤로도토스, 『역사』, 천병희 옮김, 숲, 2009, 432쪽 루쉰의 도주도 비슷하다. 간발의 차이로 앞서가면서 적의 추격을 따돌리고, 그와 동시에 적들이 기댈 수 있는 표상의 근거지를 계속 해체했다는 점에서. 참 멋지지 않은가.

가장 매력적인 것은 뭐니뭐니해도 그의 무기가 글쓰기라는 사실이다. 그는 140여 개의 필명으로 무려 700여 만 자를 썼다. 그에게 있어 글쓰기는 '살아 있음'의 유일무이한 증거였다. 우리도 글쓰기를 삶의 비전으로 삼고자 한다. 글쓰기란 무엇인가? 글쓰기는 무엇을 할 수 있는가? 이런 질문을 밀고 가기에 루쉰보다 더 좋은 지도는 없다.

하여, 이제 우리도 루쉰을 추격할 것이다. 물론 그는 계속 달아나리라. 힘들면 그의 조언대로 잠시 쉬면서 숨고르기를 할 것이다. 그런 다음 틈새를 찾아내 다시 쫓을 것이다. 끝내 잡을 수 없으리라. 하지만 우리는 이 추격전을 즐길 것이다. 우리가 원하는 건 그의 심오한 본질 따위가 아니라 그의 전략전술이기 때문이다. 그 어떤 표상의 그물에도 걸리지 않고 무소의 뿔처럼 혼자서 가는 도주의 기술을, 사방의 적과 대치하면서도 일상을 담담하게 지켜 내는 참호전의 전술을 기필코 훔쳐 낼 것이다. 혹시라도 거기에 성공한다면 우리는 가차없이 그를 내팽개치고 우리의 길을 갈 것이다. 애증도 없이 애락도 없이!

1장
사오싱~난징 시절

몰락과 도주

고미숙(감이당)

베이징 ●

난징 ●
●상하이
항저우 ●
사오싱 ●

타이완 ●

"어지간한 생활을 하다가 밑바닥으로 추락해
본 사람이라면 그 길에서 세상인심의 진면목을
알 수 있으리라. 내가 N으로 가서 K학당에
들어가려 했던 것도 다른 길을 걸어,
다른 곳으로 도망을 가, 다르게 생긴 사람들을
찾아보고자 함이었을 게다. 어머니는 방법이
없었는지 팔 원의 여비를 마련해 주시며
알아서 하라고 하셨다. 하지만 어머니는
울었다." (「서문」, 『외침』 중에서)

'루쉰 프로젝트'가 시작되었다. 첫번째 여정은 사오싱(紹興)에서 난징(南京)
까지. 사오싱은 루쉰의 고향이고 난징은 루쉰이 약 3년 정도 머무른 곳이다.
애초의 계획으론 이 첫번째 여정은 필자들이 다 함께하는 것이었다. 그
다음 일본과 베이징, 샤먼과 광저우 등의 코스는 각자 흩어져서 소화하고
생의 마지막을 보낸 상하이 여정 땐 다시 또 모이기로 했다. 허나, 막상
여정을 짜는 순간 모든 것이 수포로 돌아갔다. 다들 프리랜서에다 공동체
활동을 하다 보니 스케줄을 도무지 맞출 수가 없었다. 할 수 없이 나와
길진숙, 둘만 간신히 일정을 맞춰 비행기표를 예약했다. 그런데 여행을
떠나기 직전 길진숙이 아버님상을 당했다. 헐~ 한 치 앞을 모르는 게
인생이라더니. 그렇다고 나만 홀로 떠날 순 없다. 다른 멤버들을 급조하여
모두 여섯 명의 팀이 짜여졌다. 그렇게 3박 4일의 여정이 시작되었다.

고전과 첨단의 공존, 항저우

비행기가 향한 곳은 저장성(浙江省)의 성도 항저우(杭州). 사오싱으로 가는
직항이 없기 때문에 일단 여기를 거쳐야 한다. 물론 항저우는 루쉰과도
인연이 있는 곳이다. 항저우는 천년고도다. "하늘에 천당이 있다면, 땅
위엔 항저우와 쑤저우(蘇州)가 있다"는 말이 있을 정도로 아름다운 곳이다.
도시 곳곳에 수로가 흐르고 토질이 비옥하여 녹음이 찬연하다. 역대
문인들의 문장에 단골로 등장하는 '서호'(西湖)가 흐르는 곳이기도 하다.
당연히 관광이 주산업이다. 한데, 뜻밖에도 중국 최대 전자상거래 업체인
알리바바의 본사가 있고, 2016년 9월에는 G20 정상회담이 열린 곳이기도
하다. 고전과 현대, 자연과 첨단이 교묘하게 공존하는 도시인 것.

　　루쉰에게 항저우는 그다지 유쾌한 곳이 아니다. 할아버지가 이곳에서
수감생활을 한 탓에 어린 시절 동생과 번갈아 면회를 왔고, 일본 유학을
마치고 돌아와 저장성양급사범학당^{항저우고등학교의 전신}에서 첫 교편을
잡았는데 완고하기 이를 데 없는 교장파와 사사건건 마찰을 일으키다 결국
한판 붙었던 곳이다(소위 '모과대첩'이 그것이다). 재직기간이 불과 6개월
정도였건만, 항저우고등학교엔 루쉰의 흔적과 활동이 알뜰히 보관되어
있다. 여기에서 그가 가르친 과목은 '생리학강의', '서호박물지' 등이다.
이 사실은 유의할 만하다. 그는 처음부터 문예로 뛰어들지 않았다. 인체,
물리, 식물 등이 그의 공부의 첫걸음이다. 인식의 기본기를 다지는 데 많은
공력을 들인 것이다. 시대조류나 문예사조에 쉽게 휩쓸리지 않았던 것도
이런 태도와 무관하지 않다.

　　항저우고등학교 탐방을 마치자 이미 해가 저물었다. 밤늦게 서호의
야경을 둘러보았으나 어쩌나 넓은지 다 돌아보려면 밤이 샐 것만 같아

사진 1 항저우고등학교 내 루쉰 기념관.

사진 2 모과대첩 승리 후 저장성 사범학당 교사들과 함께 찍은 사진(앞줄 오른쪽에서 세번째가 루쉰).
'모과'는 아주 단단한 것을 빗대는 항저우 지방의 속어였는데, 새 교장의 수구적 자세가 워낙 완고하여
루쉰이 '모과'라는 별명을 붙였다고 한다.

중도에 호텔로 돌아왔다. 항저우에서의 첫날이 그렇게 흘러갔다.

루쉰과 기차

1881년 9월 25일, 루쉰은 사오싱의 명문가 주씨 집안에서 태어났다(본명은
저우수런周樹人). 1881년은 중국에 처음 기차가 등장한 해다. 서구는 기차와
함께 도래했다. 기차만큼 근대문명을 잘 대변해 주는 기계가 또 있을까.
불을 품고 달리는 쇠, 철기문명의 화신. 가까운 곳에 닝보(寧波), 상하이
등의 해안도시가 있어 사오싱은 일찌감치 서세동점의 기류에 노출되었다.
하여, 기차의 등장은 그의 탄생에 대한 상징적 단서가 된다. 구세계의
몰락과 신세계의 진군 앞에서 격하게 요동치는 인생을 살아가게 될
것이라는!
　'기차는 세상을 기차로 만든다!'고 했던가. 산을 뚫고 강을 가로지르며
도시와 농촌을, 나라와 나라를, 마침내 동양과 서양을 다 연결해 버렸다.
20세기 후반 비행기가 일반화되면서 기차는 잠시 그 빛이 바래는 듯
했다. '기차' 하면 〈박하사탕〉이라는 영화가 떠오를 만큼 추억의 이미지가
덧씌워지기도 했다. 하지만 기차의 운명은 거기서 끝나지 않았다. 다시
한번 용트림을 했으니, 고속철이 바로 그것이다. 여행 둘째날 우리는
사오싱으로 이동하기 위해 항저우동점(고속철역)으로 갔다. 자금성을
보고도 심드렁했던 내가 입이 쩍 벌어졌다. 맙소사! 기차역이 웬만한
국제공항보다 더 크고 넓다니. 항저우에서 사오싱까지는 불과 18분! 마치
손오공의 근두운을 탄 느낌이랄까. 현재는 시속 270킬로미터 정도 되지만
곧 400킬로미터의 속도가 등장할 예정이란다. 그렇게 되면 이제 비행기가

오히려 추억의 상징으로 추락할지 모르겠다. 알리바바가 온라인으로 세계를 연결했다면 고속철은 중국 천하를 잇는 '리얼 네트'다. 나도 모르게 탄성이 터졌다. "역시 네트는 광대해!"애니메이션〈공각기동대〉의 마지막 대사

세계는 이렇듯 더 빨라지고 더 가까워지고 있다. 루쉰이 애호한 연극 캐릭터 '활무상'(活無常)을 떠올릴 정도로 무상하다. 대체 이 미친 속도, 이 광대무변의 네트가 향하는 곳은 어디일까? 루쉰을 찾아가는 여정에서 '기차'라는 또 다른 화두를 만난 셈이다.

루쉰과 마오쩌둥

사오싱은 대가들을 배출한 고장이다. 요순(堯舜)시대를 잇는 태평성군인 우(禹)임금을 비롯하여 와신상담(臥薪嘗膽)으로 유명한 월왕 구천(句踐), 서예의 신 왕희지(王羲之)와 양명학(陽明學)의 원조 양명 왕수인(王守仁) 등등. 하지만 지금 그곳은 온통 루쉰이다. 루쉰에 살고 루쉰에 죽는다고 할 정도로. 도심에 위치한 '루쉰고리'(魯迅古里)에 들어서자 루쉰의 거대한 입상이 관광객들을 맞이한다. 루쉰과는 참 어울리지 않는 표정이다. 수향(水鄕)답게 곳곳에 수로가 흐르고 취두부 냄새가 코를 찌른다.

루쉰이 사오싱에서 살았던 시기는 태어나서 열여덟 살 때까지, 즉 유년기와 사춘기까지다. 거리 곳곳에는 생가와 조가(祖家), 백초원과 삼미서옥, 전당포와 약국 등등, 그와 연관된 장소는 말할 것도 없고, 그가 어린 시절에 겪었던 사건들까지 세밀하게 재현해 놓았다. 예를 들면, 삼미서옥에 다닐 때 지각을 한 적이 있다. 사부님께 야단을 맞자 꼬마 루쉰은 책상에 앉아 뭔가 낙서를 한다. '조'(早)——다신 늦지 않겠다는 다짐이다. 이

낙서가 있는 책상을 별도로 보존해 두었을 뿐 아니라 '조' 자를 크게 확대 복사해서 전시해 두었다. 루쉰이 이 장면을 보면 어떤 느낌일까. 얼굴이 화끈거리지 않을까. 게다가 어린 시절의 유적뿐 아니라 루쉰의 전 생애를 기념하는 루쉰박물관을 별도로 마련해 두었다. 베이징과 상하이에 있는 것보다 규모가 더 크다.

기분이 참 묘했다. 사후에 이렇게 영광을 보는 작가가 또 있을까. 더구나 자신은 결코 선구자가 아니고 단지 "중간물"에 불과하다고 했고, 자신의 작품이 속히 잊혀지기를 열망했는데 말이다. 그래서 참 궁금하다. 중국 인민들은 정말로 루쉰을 사랑하는 걸까. 루쉰이 무엇을 고뇌하고 모색했는지를 짐작이나 하고 있을까. 프롤로그에서 밝혔듯이 루쉰의 글은 은산철벽이다. 암흑과 무지(無地), 어둠과 적막의 메아리다. 더구나 아Q건 쿵이지(孔乙己)건 천스청(陳士成)이건 그의 작품에 나오는 캐릭터는 하나같이 비호감, 아니 요즘 유행하는 말로 '극혐'이다. 이런 면모를 안다면 대부분은 뒷걸음질을 치리라.

결국 그가 누리는 이 명성은 그의 진면목과는 무관하다는 뜻일 터, 연유야 간단하다. 박물관의 대미를 장식하는 이 문장이면 충분하리라. "루쉰은 5·4문화 신군의 가장 위대하고 영용한 기수"로서 "모든 공산당원들이 따라 배워야 할 모범"이다. 발화자는? 마오쩌둥! 달리 무슨 말이 필요하랴. 위화의 말마따나 "위대한 작가들은 위대한 독자를 필요로 한다. 루쉰에게는 누구보다도 강대한 독자 마오쩌둥이 있었다. 이는 루쉰의 행운이기도 했지만 동시에 불행이기도 했다".위화, 『사람의 목소리는 빛보다 멀리 간다』, 김태성 옮김, 문학동네, 2012, 177쪽

우리에게도 마찬가지다. 그의 흔적을 이토록 세밀하게 접할 수 있는 것은 행운이지만, 그가 명성을 넘어 우상이 되어 버린 것은 불행까지는

사진 3 위 사진은 삼미서옥 안의 루쉰 자리(사진 속 왼쪽)이고, 옆의 사진은 루쉰 자리에 '조'(早) 자가 새겨진 이유를 설명하는 내용.

사진 4 루쉰이 태어나 살았던 사오싱의 집.

아니더라도 분명 슬픈 일임에 틀림없다. 우리에게 있어 루쉰은 우상이 아닌 '사우'(師友)——스승이면서 벗인 존재——이기 때문이다.

『아침 꽃 저녁에 줍다』와 『루쉰과 저우쭤런』

여행 가방에 두 권의 책을 넣었다. 『아침 꽃 저녁에 줍다』(루쉰문고 06), 김하림 옮김, 그린비, 2011와 『루쉰과 저우쭤런』쑨위 지음, 김영문·이시활 옮김, 소명출판, 2005. 전자는 루쉰이 쓴 잡문집이고, 후자는 루쉰연구자가 쓴 평전이다. 루쉰이 『아침 꽃 저녁에 줍다』를 엮은 때는 1927년. 1926년 돤치루이(段祺瑞) 정권이 저지른 '3·18참사' 후 군벌의 추격을 피해서 베이징을 떠나 샤먼(廈門)으로, 다시 광저우(廣州)로 도주하는 길 위에서 쓴 글들이다.

> "나는 혼란 속에서 한가롭고 조용한 틈을 찾아보려고 늘 생각하지만 그것은 정말로 쉬운 일이 아니다. 눈앞의 현실은 이렇듯 괴이하지만 마음 속은 이렇듯 난잡하기만 하다."루쉰, 「머리말」, 『아침 꽃 저녁에 줍다』(루쉰문고 06), 9쪽

서문의 첫머리다. 이때 할 일은 지나간 일을 되새기는 것뿐인데, 그것조차 아련하기만 하다. "아침 이슬을 함초롬히 머금은 꽃을 꺾는다면 색깔도 향기도 훨씬 더 좋을 터이나, 나는 그렇게 할 수가 없다." 한참을 지난 뒤에야 잠깐 눈앞에 번득 스쳐갈 뿐이다. 마치 '아침의 생기를 잃어버린 시든 꽃잎을 저녁이 되어서야 줍는' 격이다. 그래서 늘 자신에게 속는다. 아니, 삶이 자신을 속인다고 해야 할까. 그럼에도 인간은 이 속고 속이는 행위를 멈출 수 없다. 왜? 그것이 인생이니까.

글쓰기에 대한 표상을 뒤집는 대목이다. 그 엄혹한 시절에 고작 유년기의 추억을 끄적이다니. 그렇다고 이념적 색채나 저항적 터치가 있는 것도 아니다. 행간 곳곳에 깨알 같은 풍자가 숨어 있긴 하지만 혁명문학이라는 범주에는 턱없이 못 미친다. 하지만 루쉰은 말하리라. 그럼 이럴 때 대체 뭘 쓰란 말이냐고. 적들의 잔학무도한 짓거리를 고발하라고? 그건 충분히 폭로되었다. 그걸 몰라서 세상이 이 지경인가? 뛰쳐나가 분노의 함성을 지르라고? 그것은 개죽음일 뿐이다. 생명은 자신을 보존하는 것이 가장 중요한 소명이다. 살아 있으라! 이것이야말로 생의 명령이다. 살아 있으면 뭐라도 해야 한다. 그러니 뭐라도 쓸 수밖에. 이런 것이 그가 말하는 참호전 혹은 지구전일지도 모르겠다. 세상의 괴이함에 맞서 차분히, 치열하게 자신을 돌아보는 것. 왜? 달리 방법이 없으니까. 다만 그뿐이다.

아무튼 이 잡문집 덕분에 루쉰고리의 모든 장소들은 아주 특별한 의미를 부여받게 되었다. 그를 가르친 사부님, 『산해경』을 구해다 준 키다리 어멈, 삼미서옥의 꽃사슴, 백초원의 돌우물 등등. 루쉰이 남쪽으로 도주하면서 오직 '살아 있음'을 증명하기 위해 쓴 이 글들이 훗날 사람들을 여기로 불러 모으고 또 이 마을 사람들을 먹여 살리고 있으니 '인생유전'이란 이런 것인가 싶다.

한편, 루쉰에 대한 평전은 아주 많다. 하지만 『루쉰과 저우쭤런』은 그중에서도 좀 특별하다. 루쉰에게는 남동생이 모두 세 명이 있었다. 막내는 일찍 세상을 떠났고 두 동생들과는 우애가 남달랐다. 특히 둘째 저우쭤런(周作人)과는 거의 소울메이트에 가까웠다. 두 사람은 5·4운동 이후 중국사상계의 뚜렷한 중심이었다. 저우쭤런은 루쉰의 뒤를 따라 강남수사학당을 다녔고, 후에는 루쉰의 뒷받침으로 일본 유학까지 마쳤다.

일본 여성과 결혼한 다음에도 한집에 같이 살았을 정도로 우애가 두터웠다.

　하지만 1923년 7월 19일! 둘은 결별한다. 이유는 여전히 미궁이다. 다만 두 사람 사이에 저우쭤런의 일본인 처——히스테리컬하며 사치스러운, 그러나 남편과는 금슬이 남달랐던——가 개입되어 있었다는 사실밖에는. 루쉰의 가족사는 슬픔과 고난으로 점철되어 있다. 그중에서도 이 사건이 가장 뼈아픈 대목이 아닐까 싶다. 그런 점에서 이 평전의 구도가 참으로 신선하다. 게다가 둘의 사상적 성취와 지향점, 그리고 체질과 감성의 차이 등을 대비하면서 두 형제의 인생역정을 교차시키는 저자의 내공이 만만치 않다.

　루쉰이 어린 시절 가장 즐겨 놀았던 곳은 백초원이다. "그때 그곳은 나의 낙원이었다. 새파란 남새밭이며 반들반들해진 돌로 만들어진 우물, 키 큰 쥐엄나무, 자주빛 오디, 게다가 나뭇잎에 앉아서 긴 곡조로 울어 대는 매미"루쉰, 「백초원에서 삼미서옥으로」, 『아침 꽃 저녁에 줍다』(루쉰문고 06), 83쪽 등은 어린 루쉰에게 끝없는 정취를 자아냈다. 그 모습 그대로 보존되어 있다. 그곳에 들어서자 마치 그곳을 뛰어놀던 루쉰 형제들의 장난기 어린 목소리가 들리는 듯했다. 그 시절 그 아이들은 상상도 하지 못했으리라. 자신들이 자라서 중국지성사의 별이 될 줄은. 또 서로 지울 수 없는 상처를 남기고 영원히 결별하게 될 줄은.

몰락의 연대기

보다시피 루쉰의 집안은 사오싱의 명문가다. 태평천국의 난 이후 타격을 입었다고는 하나 생가와 조가의 규모로 보건대 그 지역의 최고 유지라 할 만하다. 루쉰이 태어날 당시에도 조부가 베이징에서 관직을 지닐 정도로 위세가 여전했다. 하지만 주씨 가문의 영광은 거기까지였다. 몰락의 징후는 뚜렷했다. 할아버지의 성격은 괴팍했고, 그의 말은 늘 지나쳤다. 명리학(命理學)적으로 보자면 식상(食傷)이 넘치는 운이다. 식상이 과도하면 인복이 떨어진다. 결국 결정적 사건이 벌어졌다. 조부가 과거시험 부정으로 '참수대기형'에 처해진 것이다. 언제 목이 달아날지 모르는 처지가 된 것이다. 당시는 청나라 말기, 과거시험 부정이야 흔한 일이었지만 운이 지독히도 나빴다. 현장에서 직통으로 걸린 것이다. 게다가 평소 그의 '더러운' 성깔에 넌더리가 난 사람들이 그를 더욱 궁지에 몰아넣었다. 감옥이 있는 곳이 항저우였다. '참수대기형'이라 그랬는지 투옥 대신 감옥 근처에서 거주하도록 해주었다. 조부는 첩과 자식을 불러 아예 살림을 차렸다. 감형을 위한 로비를 하랴, 두 집 살림을 하랴, 결국 가산이 기울기 시작했다. 하지만 그것은 시작에 불과했다.

이번에는 루쉰의 아버지가 쓰러졌다. 부친의 과거시험 부정으로 앞길이 막혀 버리자 술과 아편에 기대 삶을 방기해 버린 것이다. 병명은 수종(水腫). 복수로 배가 부풀어 오르는 병이었다. 결국 3년여의 투병 끝에 아버지는 숨을 거둔다. 이 기간 동안 어린 루쉰이 한 일은 어머니가 골라 주는 물건을 가지고 전당포에 가서 돈으로 바꾸고 그 다음엔 약방으로 달려가 처방을 받아 아버지의 병구완을 하는 것이었다. 이루기는 어렵고 무너지는 건 한순간이라던가. 감옥, 투병, 죽음, 그리고 가난. 모든 것은 순식간에 덮쳐 왔다. 찬란한 유년기가 끝나자 음울한 청년기가 시작된 것이다.

한데 공교롭게도 가문이 몰락하던 그 즈음 청나라 왕조도, 수천 년 중화문명도, 동시에 몰락기에 접어들었다. 1840년 아편전쟁, 1850년대를 휩쓴 태평천국의 난, 1894년 청일전쟁, 1898년 무술정변, 1900년 의화단의 난. 이것이 그가 태어난 1881년을 전후해서 벌어진 역사적 사건들이다. 당시 청나라의 지존은 서태후였다. 카리스마는 독보적이었으나 그녀는 이 서세동점의 파도에 대처할 능력도, 욕망도 없었다. 결국 제국의 몰락은 피할 수 없었다. 그것은 단지 청왕조의 몰락에 그치지 않고 수천 년 내려온 중화문명권의 전복을 예고하는 것이었다. 그야말로 몰락의 시절이 도래한 것이다.

청춘은 봄이다. 봄에 찬바람을 맞으면 어떻게 될까? 둘 중 하나이리라. 복수심과 오기로 불타거나 아니면 적막 속에서 곁늙어 버리거나. 루쉰은 후자였다. 가문을 다시 일으키고 싶은 생각도 없었고, 그럴 만큼 조부와 아버지를 존경하지도 않았다. 일생 동안 그의 영혼을 인도한 건 오히려 어머니였다(훗날 「광인일기」로 데뷔할 때 그는 필명을 쓰면서 주씨 성을 버리고 어머니의 성인 노魯를 택한다). 그는 차라리 조락을 받아들이는 쪽을 택했다. 대신 그는 그 과정에서 인심이 어떻게 변하는지를 집요하게 관찰했다. 섣부른 희망과 믿음을 갖지 않게 된 것도 이때부터다. 그러고 보니 그는 일생 동안 한 번도 재기발랄한 청년인 적이 없었다. 인생 쓴맛을 너무 일찍 맛본 탓일까. 가문이 망하고 왕조가 쇠락하고, 마침내 문명이 전복되는 그 시절의 아우라를 제대로 체득한 셈이다. 이것은 행운일까? 불운일까? 늘 그렇듯이, 행과 불행은 동시적이다. 개인적으로야 고뇌와 번민의 연속이었지만 중국으로서야 최고의 시대적 대변자를 갖게 되었으니 말이다.

『산해경』과 한의학

대가문의 장손으로 태어난 덕택에 적어도 유년기에는 최고의 교육을 받았다. 하지만 대개 그렇듯이, 루쉰 또한 경전이나 역사서 같은 정통교육에선 흥미를 느끼지 못했다. 그를 사로잡은 것은 귀신이 나오는 연극이나 상상의 동물들이 나온다는 『산해경』이었다. 어린 시절 먼 친척 할아버지로부터 『산해경』에 대한 이야기를 들은 뒤로부터 그는 "자나 깨나" 『산해경』 생각에 빠졌다. 우악스럽고 무식하기 그지 없는 하녀 키다리 어멈까지 대체 그게 뭐냐고 물어볼 지경이 되었는데, 뜻밖에도 그녀가 어디선가 『산해경』을 구해 왔다.

> "나는 청천벽력을 맞은 듯 온몸이 떨려 왔다. 그러고는 얼른 다가가 그 종이 꾸러미를 받아 들고 펼쳐 보니 그것은 소책자 네 권이었다. 책장을 대충 펼쳐 보니 정말로 사람의 얼굴을 한 야수며 대가리가 아홉 개인 뱀… 같은 것들이 정말 있었다." 루쉰, 「키다리와 『산해경』」, 『아침 꽃 저녁에 줍다』(루쉰문고 06), 38쪽

사진 6 『산해경』 본문과 삽화.

　　이 네 권의 책은 각판이나 인쇄가 조야하기 그지 없었지만 그가 "제일 처음으로 얻은, 보배처럼 가장 소중히 여기던" 책이었다. 하여, 루쉰의 유년기에는 언제나 『산해경』이 따라다닌다.

　　『산해경』은 '산경'(山經)과 '해경'(海經)을 아우른 것으로 일종의 지리서다. 치수의 달인이었던 "우임금과 그의 신하 백익이 국토를 정리하고 각지의 산물을 파악한 결과로서 편찬했다"는 것이 대체적인 정설이다. 한데, 거기에는 외다리 외팔이로 사는 신치, 자루 모양으로 생긴 제강, 가슴에 구멍이 뚫린 관흉국 사람 등 인간과 동물의 경계에 있는 '괴물'들이 수두룩하게 등장한다. 그 때문에 지리서가 아닌 신화적 상상력의 보고로 간주되기도 한다. 어린 루쉰을 사로잡은 것도 바로 그 점이다. 가장 특이한 괴물이 형천이다. "형천(形天)이 이곳에서 천제와 신의 지위를 다투었는데 천제가 그의 머리를 잘라 상양산에 묻자 곧 젖으로 눈을 삼고 배꼽으로 입을 삼아 방패와 도끼를 들고 춤추었다."정재서 역주, 『산해경』 민음사, 1996, 237쪽 머리통이 없으면 젖을 눈으로, 배꼽을 입으로 삼는다고? 들뢰즈·가타리가 말하는 '기관 없는 신체'가 이런 것일까. 왠지 루쉰의 글쓰기가 연상되기도 한다. 자유자재로 변이하는 능력과 끝까지 물고 늘어지는 집요함의 측면에서. 훗날 루쉰과 대결했던 논적들에게 루쉰은 그야말로 '형천 같은' 존재가 아니었을지.

『산해경』이 상상력의 원천이었다면 한의학은 어둠의 그림자였다. 아버지의 병이 깊어지자 그 지역의 명의들이 수시로 들락거렸다. 왕진비도 엄청났다. 한데, 그들이 내린 처방은 하나같이 괴상했다. 3년 서리 맞은 사탕수수, 귀뚜라미 한쌍(처음 짝을 지은 것), 패고피환(낡아빠진 오래된 북가죽으로 만든 환약) 등등. 하지만 백약이 무효였고 아버지는 결국 숨을 거두었다. 루쉰은 그 모든 것을 한의학과 돌팔이 의사 탓이라 여겼다. 그것은 크나큰 상처였다. 일본에 가서 그가 처음 의학을 선택했던 것도 아버지의 죽음과 한의학에 대한 환멸과 무관하지 않다. 물론 루쉰의 의학적 견해가 전적으로 옳은 것은 아니다. 훗날 일본의 한 의사는 루쉰의 이때의 언술을 조목조목 반박한다.하야시 하지메, 『동양의학은 서양과학을 뒤엎을 것인가』, 한국철학사상연구회 옮김, 문사철, 2008을 참조 하지만 중요한 건 배치다. 바야흐로 중화문명이 통째로 전복되는 시기였으니 한의학이라고 성할 리가 있는가. 그때 하필 루쉰과 마주쳤을 뿐이다.

『천연론』과 신세계

셋째날 사오싱에서 난징으로 이동했다. 역시 고속철을 탔다. 항저우에서도 그랬지만 공항처럼 여권을 검사하고 짐을 검색한다. 테러를 경계하기 위함이란다. '테러'라는 말을 듣는 순간 IS가 떠올랐지만 여기선 위구르 독립세력을 의미한다고 한다. 새삼 중국과 소수민족 사이의 긴장이 환기되면서 심사가 복잡해졌다. 사오싱에서 난징까지는 1시간 50여 분.

난징은 장쑤성(江蘇省)의 성도이자 영락제^{명나라 3대 황제}가 북경으로 천도하기 전까지는 단연 중원의 중심이었다. 양자강이 흐르고 도심 한가운데는 인공호수인 현무호(한바퀴 도는 데 도보로 3시간 정도 걸린다)가 자리한 수향이다. 대표적인 유적은 웅장한 스케일을 자랑하는 주원장(朱元璋)의 능과 쑨원(孫文)의 능이다. 주원장은 명나라 태조, 쑨원은 중국과 대만 양쪽에서 다 추앙받는 근대중국의 아버지. 이 사실만으로도 이 도시가 지닌 위상을 짐작할 수 있으리라. 물론 대동아전쟁 때 일본군에 의해 30만이 학살당한 비극적 장소이기도 하다. 행인한테 길을 묻자 대뜸 어디서 왔냐고 한다. 한국이라니까 "그럼 알려주겠다, 일본인이면 안 가르쳐 줄 작정이었다"는 대답이 돌아온다. 아직도 반일감정이 이렇게 충만하다니!

난징은 루쉰의 첫번째 도주로다. 아버지의 죽음과 더불어 그는 과거를 통해 관리가 되는 코스를 포기했다. 남은 길은 하나, 떠나는 것뿐이다. "다른 길을 걸어 다른 곳으로 도망을 가 다르게 생긴 사람들을 찾아보고자 함"이었다. "어머니는 방법이 없었는지 팔 원의 여비를 마련해 주시며 알아서 하라고 하셨다. 하지만 어머니는 울었다."^{루쉰, 「서문」, 『외침』(루쉰문고 03), 공상철 옮김, 그린비, 2011, 10쪽} 읽을 때마다 가슴이 뻐근해진다. 루쉰도 루쉰이지만 가문은 몰락했고 남편은 죽었는데 이제 장남마저 멀리 떠나보내야 하는 이 여인의 심정이 어떠했을까 싶어서다.

1898년 무술정변이 일어난 그 해, 열여덟 살의 청년 루쉰은 고향을 떠나 난징에 있는 강남수사학당에 들어간다. 해사에서 운영하던 신식 학교였다. 지금도 그 자리에 해군부가 있고 '강남수사학당'이라는 표지판이

사진 7 옛 '강남수사학당' 유적비가 세워져 있는 해군부 모습.

그 시절을 증언하고 있다. 하지만 이 학교의 수준은 형편없었다. 교과 내용도 그렇고 군사훈련도 돛대 위를 올라가는 것이 고작이었다. 반 년여 만에 다시 학교를 옮긴다. 이번에는 육사에서 운영하던 광무철로 학당이다. 현재는 난징고등학교로 바뀌었는데, 이곳에도 루쉰기념관을 정성스레 만들어 두었다. 루쉰이 지나간 곳이라면 단 한 군데도 놓치지 않겠다는 정성(혹은 집념)이 느껴진다.

광무철로학당에서의 공부는 그런 대로 흥미로웠다. 독일어와 격치, 위생과 체조 등 그가 원했던 '다른 공부'를 할 수 있었기 때문이다. 이곳에서 루쉰을 사로잡은 것은 『천연론』이다. 영국의 헉슬리가 쓴 『진화와 윤리』의 두 편을 옌푸(嚴復)가 번역한 책이다. 이 책이 중국 지성사에 몰고 온 파장은 엄청났다. 사상계의 기차 같은 존재였다고나 할까.

"아! 세상엔 헉슬리라는 사람이 있어 서재에 앉아서 그런 생각을 했구나. 그 생각은 어쩌면 그렇게도 새로울까? 단숨에 쭉 읽어 내려갔다. 그러자

'생존경쟁', '자연도태' 하는 말들이 나오고 소크라테스, 플라톤 하는 인물들도 나왔으며 스토아학파라는 것도 나왔다." 루쉰, 「사소한 기록」, 『아침 꽃 저녁에 줍다』(루쉰문고 06), 112쪽

그것은 분명 '신세계'였다. 세계관이란 말 그대로 세계를 어떻게 보느냐의 문제다. 루쉰이 데뷔한 때는 1918년. 거의 마흔이 다 되어서였다. 그때까지 그는 묻고 또 물었다. 세계의 법칙과 삶의 이치에 대하여. 혹은 물리적 법칙과 윤리적 준칙에 대하여. 앞서도 언급했듯이, 그의 사상은 문학이 아닌 자연과학에서 출발했다. 낡은 세계와 결별하고 신세계로 진입하기 위해선 시공간의 좌표를 완전히 '리셋'해야 하기 때문이다. 그가 평생 근원적이고, 또 그래서 급진적인 태도를 취할 수 있었던 그 저력은 여기서부터 비롯되는 것이 아닐까. 드디어 졸업을 했다. 이제 어디로 가지? 강남수사학당에선 해군 훈련으로 돛대 위를 올라가기도 했고, 광무철로학당에선 굴 속을 드나들기도 했다. 하지만 결과는 참담했다.

"이십 장 높이의 상공으로도 오르고 이십 장 깊이의 땅 밑으로도 내려가 봤지만 결국은 아무런 재간도 배우지 못했으며, 학문은 '위로는 벽락에 닿고 아래로는 황천에 이르렀건만 두 곳 다 무변세계로 아무것도 보이지 않네'가 되어 버렸다." 루쉰, 앞의 글, 114쪽

다시 말해, 군인이 되는 길도 광부가 되는 길도 다 막혀 버렸다. 남은 길은 오직 하나, 해외로 '튀는' 것뿐! 난징 유학이 고향으로부터의 도주라면, 다음 차례는 고국을 떠나는 것이다. 1902년 22세의 청년 루쉰은 도쿄 유학길에 오른다.

에필로그—뒷담화 하나

언급했듯이 사오싱은 왕양명의 고향이기도 하다. 여행 둘째날, 루쉰고리에 대한 탐방을 마치자 우리는 양명고가를 방문하기로 했다. 지식인 공동체를 시작한 이래 양명은 우리의 소중한 '사우'였다. 장군이면서 철학자인 이력도 특이하지만 '심즉리'(心卽理), '지행합일', '치양지'(致良知) 같은 개념들은 주자학의 도그마를 깨부수는 역동성으로 그득하다.

간신히 주소를 검색했더니 고가는 아주 멀리 떨어져 있고 외곽에 묘가 있단다. 택시를 잡아탔는데 기사들도 고개를 갸우뚱한다. 한 번도 가보지 못한 눈치다. 외곽을 달리다 보니 왕희지의 난정촌이 보였고 한참을 더 들어간 후에야 겨우 양명의 무덤에 도착했다. 아, 그 황량함이라니. 그간의 세월을 짐작할 만하다. 하긴 문화대혁명 때 공자의 무덤까지 파헤칠 정도였으니 장군이라는 신분에다 주관관념론자로 치부되었던 양명이야 말해 무엇하리. 향을 태우고 간단히 묵념을 올렸다. 루쉰은 우상이 되었고 양명은 방치되었다. 죽은 자들에게도 흥망성쇠가 있는 것일까.

심란한 마음으로 숙소로 돌아왔는데, 밤새 지독한 폭우가 내렸다. 빗소리 때문인지 갖가지 상념들이 스쳐 지나갔다. 루쉰과 우상에 대하여. 루쉰과 양명에 대하여. 혁명과 망상에 대하여. 또 산 자와 죽은 자에 대하여. 물론 그 모든 질문의 귀결처는 하나다—이 현란한 시대를 대체 어떻게 살아갈 것인가? 그걸 찾으려면 우리 또한 '다른 곳에서 다른 이들을 만나 다른 길'을 찾아야 하는 것이 아닐까? 약 120여 년 전 청년 루쉰이 어머니가 눈물로 쥐어 주는 8원을 들고 여기, 사오싱을 떠날 때 그랬던 것처럼.

구경꾼으로 머물 것인가,
혁명적으로 살 것인가

채운(규문)

센다이

도쿄

"반역의 맹사(猛士)가 인간 세상에 출현한다. 그는 우뚝 서서, 이미 달라졌거나 예전과 다를 바 없는 폐허와 무덤을 뚫어본다. (……) 죽은 것, 태어나고 있는 것, 태어나려는 것, 태어나지 않은 것 일체를 속속들이 안다. 그는 조물주의 농간을 간파하고 있다. 그가 떨쳐 일어나, 인류를, 소생시키거나 소멸되게 할 것이다. 이들 조물주의 착한 백성들을." (「빛바랜 핏자국 속에서」, 『들풀』 중에서)

몰락하는 자에게 길이 있나니

"도쿄도 그저 그런 곳이었다."

땡땡 종을 치는 기차와 그 사이를 오가는 수많은 인파, 그리고 입을 떡 벌어지게 하는 마루노우치(丸の內)도쿄역 건너편의 대표적 빌딩가, 무엇보다 가도 가도 끝이 없는, "모든 것이 파괴되고 있는 듯이 보였고 동시에 모든 것이 건설되고 있는 듯이 보이는"나쓰메 소세키, 『산시로』, 송태욱 옮김, 현암사, 2014, 36쪽 근대도시에 넋을 잃은 산시로와는 다르게, 도쿄에 대한 루쉰의 평가는 심드렁하다. 하긴, 루쉰은 산시로가 아니니까. 집에서 받은 학자금으로 적당히 '학생'이라는 신분을 즐기며 여자와 도시인과 공간을 조심스럽게 탐색하는 장래의 '고등유민'(高等遊民) 산시로와는 달라도 한참 다르니까.

루쉰의 도쿄행은 어떻게 이루어진 것인가. "경서를 배워 과거를 치르는 것이 정도(正道)요, 소위 양무(洋務)를 공부한다는 것은 통념상 막장 인생이 서양 귀신에게 영혼을 파는 것으로 간주되어 몇 갑절의 수모와 배척을 당해야"루쉰,「서문」,『외침』(루쉰문고 03), 공상철 옮김, 그린비, 2011, 10쪽 했던 시절에 광무철로학당에 들어가 신학문을 익히고, 뒤늦게 서양세력에 위협을 느낀 청(淸)정부의 유신정책의 일환으로 '유학당한'(!) 결과였던 것. 그런 루쉰에게 산시로류의 어슬렁거림과 근대문명에 대한 경탄은 어림없는 얘기였다. 루쉰이라는 인물이 그렇기도 하다. 가볍게 환호작약하거나 낙담하는 법이라곤 없이 사물이나 사건의 이면을 철저히 투시하고 해부한다. 그런 그이기에, 그 역시 '파괴되는 동시에 건설 중인' 도쿄 어딘가에 있었을 테지만, 그는 산시로처럼 여유로울 수가 없었던 것이다.

1902년, 앞으로의 인생을 전혀 예측할 수 없는 상태로 청년 루쉰은 도쿄에 입성한다. 유학 온 학생들은 당시 도쿄에 있던 육군사관학교의 예비학교인 세이조(成城)학교에서 공부하게 될 거란 소문이 있었지만, 광업을 공부한 루쉰에게는 입학 자격이 주어지지 않았다. 할 수 없이 중국 유학생을 위한 속성학교인 고분(弘文)학원에 들어가 일본어와 과학지식을 배우게 된다. 그러다 '문득' 의학을 공부하겠다 마음먹고 센다이(仙臺) 의학전문학교에 입학한 것이 1904년. (표면적으로는) 환등기 사건을 계기로 의학공부를 중단하고 도쿄로 돌아온 것이 1906년. 그 사이에 잠시 귀국해서 혼례를 치른 후, 동생 저우쮜런(周作人)과 도쿄로 돌아와 책을 읽고 번역하는 일로 소일하다가 귀국한 것이 1909년. 그러니까 루쉰이 일본에서 유학생활을 한 기간은 총 8년, 결코 짧지 않은 시간이었다.

당시 도쿄는 중국 유학생들의 중심지로서 1905년 무렵 중국 유학생의 수는 8천 명에 육박했다. 유학생 다수가 법학, 물리화학, 경찰, 공업 등의 근대적 '실용학문'을 공부했으리라는 것은 당연지사. 그러나 의학공부를

사진 1 조지 프레드릭 와츠(George Frederic Watts)의 그림 「희망」.

중단한 루쉰은 몇몇 동지들과 함께 잡지 출간을 계획한다. 이름하여 '신생'(新生)! 루쉰 스스로 '복고풍의 대세'를 따라 지었다는 이 잡지의 이름은 단테의 『신곡』에서 가져온 것이고, 창간호의 삽화로 점찍어 둔 그림은 영국 화가 와츠의 「희망」이었다. 그러나 '신생'과 '희망'이라는 말이 무색하게도, 잡지 출간은 수포로 돌아갔다. 출판을 앞두고 원고를 담당한 사람은 사라지고, 물주는 달아나고, 남은 "세 사람조차 각자의 운명에 쫓겨 더 이상 한데 모여 미래의 아름다운 꿈을 이야기할 수도 없게"루쉰, 앞의 글, 12쪽 되었던 것. 이 일이 있은 후 루쉰은 "이제껏 경험치 못한 무료"를 느끼게 되었노라고 회고한다.

"처음엔 왜 그런지 몰랐다. 그런데 그 뒤 이런 생각을 하게 되었다. 무릇 누군가의 주장이 지지를 얻게 되면 전진을 촉구하게 되고 반대에 부딪히면 분발심을 촉구하게 된다. 그런데 낯선 이들 속에서 혼자 소리를 질렀는데도 아무런 반응이 없다면, 다시 말해 찬성도 반대도 하지 않는다면, 아득한 황야에 놓인 것처럼 어떻게 손을 써 볼 수가 없다. 이는 얼마나 슬픈 일인가. 그리하여 내가 느낀 바를 적막이라 이름했다." 루쉰,

「서문」, 『외침』(루쉰문고 03), 12~13쪽

귀국한 후에도 적막감은 사라지지 않고 나날이 자라 "큰 독사처럼 내 영혼을 칭칭 감았고", 이 적막감을 떨쳐 내기 위해 루쉰은 고대(古代)로 돌아가 불경과 고전을 공부하고 비문을 베꼈다. 그가 '적막'이라 이름한 것, 그것은 대체 무엇인가? 추측건대, '누구도 알아주지 않는다'는 사실에서 오는 외로움이나 '아름다운 꿈'이 좌절되었다는 데서 오는 실망감 따위는 아니었으리라. 아마도 그건, 루쉰 자신의 내면을 이루는 살풍경이 아니었을까. 타지를 떠돌며 새로운 지식을 배우고 이러저러한 시도를 해보았지만 눈을 뜨고 보면 다시 그 자리, 처음의 그 폐허였다. 세상은 변해 돌아가고, 배웠다는 자들은 목소리를 높이고, 청중은 환호하고 웃음을 터뜨린다. 그래서? 그래서 세상은 뭐가 달라졌는가? 또 나는?

니체 식으로 말하면, 루쉰은 '몰락 중'이었다. 그는 통렬하게 자신을 해부하고 시대의 심연을 응시했다. 어쩌면 너무나 많은 기대와 갈망, 그리고 공허한 희망에 사로잡혀 있는 것은 아닌가. 그는 암흑과 허무 속으로 육박해 가면서 한편으로는 그것에 결사적으로 저항하고 있었다. "내 작품은 너무 어둡습니다. 나는 늘 '어둠과 허무'만이 '실재한다'고 느끼면서도 기어코 이런 것들을 향해 절망적 항전을 하려고 하기 때문에 극단적인 소리가 아주

많이 들어 있습니다. 사실 이것은 아마도 나이, 경험과 관계가 있을지도 모르겠지만, 어쩌면 틀림없이 확실한 것 같지도 않습니다. 왜냐하면 나는 끝내 어둠과 허무만이 실재한다는 것을 증명할 수 없기 때문입니다."루쉰이 1925년 3월 18일 「쉬광핑에게 보내는 편지」, 『먼 곳에서 온 편지』(루쉰전집 13), 이보경 옮김, 2016, 49쪽 루쉰은 '암흑과 허무'를 부정하지 않는다. 그러나 '암흑과 허무'만이 전부라고 여기지도 않는다. 암흑과 허무를 살되, 암흑과 허무조차도 실체화하지 않는 것이다. 그래야만 희망에도 절망에도 사로잡히지 않고, 끝까지, 거기가 어디든, 갈 수 있기 때문이다. 가는 자에게만 길이 있기 때문이다. 몰락과 이행, 그리고 길. 루쉰의 삶을 요약하는 키워드다.

습속의 저주—변발 이야기

다케우치 요시미(竹內好)는 루쉰에게 영향을 준 요소로 여섯 가지를 거론한다. 량치차오(梁啓超), 옌푸(嚴復), 린수(林紓), 장타이옌(章太炎), 유럽 약소 민족의 문학, 그리고 니체. 특히 유학 시절에 접속한, 뒤의 세 가지는 '정신계의 전사(戰士)' 루쉰을 만든 결정적 마주침들이었다.

장타이옌은 청말의 저명한 국학자로서 일본 유학생들에게 큰 영향력을 미치고 있었다. 루쉰 형제 역시 장타이옌이 주관한 『민보』사 사무실에서 『설문해자』와 『시경』, 『장자』, 『초사』 등 고대경서에 대한 강의를 들은 바 있다. 사람들은 대체로 장타이옌의 고아한 문필과 드넓은 학식에 매료되었지만, 루쉰은 학술가로서의 장타이옌이 아니라 혁명가로서의 장타이옌을 존경했다. "그의 경학(經學)과 소학(小學) 때문이 결코 아니라, 그가 캉유웨이를 반박하고, 추용의 『혁명군』에 서문을 쓴

사진 2 일본 망명 시절의 장타이옌

일로 상하이 서쪽 감옥에 갇혔기 때문"에 존경한 것이다.루쉰, 「타이옌 선생에 관한 두어 가지 일」, 『차개정잡문 말편』(루쉰전집 8), 한병곤 옮김, 그린비, 2015, 698~699쪽 일곱 번 수배되고 세 차례 옥살이를 하면서도 끝까지 혁명의지를 굽히지 않았다는 사실과 적을 겨누는 그의 전투적 문장은 청년 루쉰을 사로잡기에 충분했다. 루쉰이 보여 주는 '전투적 문필가'의 품격은 적어도 얼마간은 장타이옌과의 만남에서 기인한 것이라 할 수 있다.

　　루쉰이 타계하기 이틀 전, 그는 장타이옌 선생을 회고하는 글에서 변발이야기를 끄집어낸다. 나이 서른을 넘겼으나 아직 오랑캐의 복장을 하고, 하찮은 것을 어기지 못해 변발을 잘라내지 않은 자신의 '죄'를 써 내려간, 장타이옌의 「변발에 대하여」를 인용한 글이다. 1900년, 장타이옌은 "내가 옛 오월(吳越) 지역 백성이니 머리카락을 자르는 것은 옛 풍습을 실행하는 것"이라며 과감히 변발을 잘라 버렸다. 그로부터 3년 후, 루쉰도 변발을 잘라 냈다.

"이 손동작[정수리에 손을 대며 경탄하는―인용자]은 기쁘거나 감동할 때면 나오는 것으로 한 세기의 4분의 1동안 해왔다. 말로 한다면 '변발을 마침내 잘라냈다'가 되며 본시 승리를 의미했다. (……) 도회지에서 변발을 늘어뜨린 사람을 서른 안팎의 장년이나 스물 안팎의 청년들이 본다면 그저 진기한 일로, 심지어는 흥미롭다고 생각하겠지만, 나는 아직도 그것을 증오하고 분노한다. 왜냐하면 나 자신이 이 때문에 고생을 하였고 변발 잘라내는 것을 일대 사건으로 여겼기 때문이다. 내가 중화민국을 사랑하여 입이 부르트게 말을 하고 혹시라도 쇠퇴할까 염려하는 것은 거개가 변발 자를 자유를 우리에게 주었기 때문이다."루쉰,
「타이옌 선생으로 하여 생각나는 두어 가지 일」, 앞의 책, 710~711쪽

루쉰 특유의 유머러스한 입담이 살아 있는 글이다. 만주인이 입관할 당시, 변발에 저항하는 자가 있으면 목을 베어 머리를 깃대에 걸었다. 이후 다양한 스타일(?)의 변발이 등장하는 한편, 죄지은 자를 벌 줄 때면 땋은 머리를 잡고 흔들거나 잘라 버리는 등 변발의 기능(?)도 확대되었다. 그리고… 사람들은 이내 변발에 익숙해졌다. 마치 원래부터 모두가 변발이었다는 듯이! 모든 습속이 그러하지 않은가. 아무 이유 없는 어떤 행위가 잔혹하게 피를 뿌리고 난 후에는 '문화'가 된다. 변발이든 단발이든, 모든 문화의 이면은 '피의 기억'으로 얼룩져 있는 것이다.

어쨌든 루쉰은 변발을 잘랐다. 장타이옌처럼 월 지방 사람이라 옛 법식으로 돌아가려고? 혁명적으로 보이고 싶어서? 설마! 루쉰은 자신의 행위를 그럴듯한 명분으로 포장하는 데 전혀 소질이 없는 사람이다.

사진 3 도쿄에서 변발을 자른 루쉰.

사진 4 일본 유학 시절의 루쉰(뒷줄 왼쪽). 원래 사진에는 콧수염이 없었는데, 나중 모습을 생각하며 지인이 그려 넣은 것이라고 한다.

단발(斷髮)의 이유는 간단하다. 귀찮으니까! 모자를 벗을 때도, 체조를 할 때도, 둘둘 말아 올리는 것도 모두 불편하니까! 하지만, 이 단순한 이유를 사람들은 믿고 싶어 하지 않는다. 변발을 말고 다니는 동료들은 그를 흘겨 보고, 감독관은 장학금을 중단하고 본국으로 소환하겠다며 으름장을 놓았다. 고향에서는 어쩔 수 없이 루쉰도 가짜 변발을 구매해야 했다. 그러나 당시의 가발 제작술이 갖는 한계로 인해 "여름에는 모자를 쓸 수도 없었고 써서도 안 되었다. 사람들 많은 곳에서는 떨어지거나 비뚤어질까 봐 조심해야 했다. 한 달여를 쓰고 나니 혹시 길에서 떨어지거나 남이 당겨서 변발이 없는 원모습보다 더 흉하게 되는 것이 아닌가 하는 생각이 들었다". 하여 루쉰은 가짜 변발을 내던진다. "사람 노릇을 하려면 진실해야 한다"는 현인의 말씀을 되새기면서. 허나 진실의 대가는 무차별적 욕설과 '양놈'이라는 비난이었다. 웃을 수도 울 수도 없는 이 난국을 어찌 헤쳐 나갈 것인가? 루쉰의 해법은 간단하다. 지팡이의 맛을 보여 주라. 그러면 사람들은 겁을 먹고 물러간다. 어이없는 폭력에는 더 어이없는 폭력으로 맞서는 것밖에 달리 수가 없다.

자, 이제 변발 이야기의 결말이다. 하루는 학생들이 루쉰을 찾아와 변발을 자를지 말지를 묻는 게 아닌가? "안 돼!" 변발을 자르는 게 낫긴 하지만… 굳이 자를 것까지는 없고… 좀 기다려 보는 게 어떻겠느냐며 완곡하게 만류하는 루쉰. 단발로 인해 이미 한차례 수모를 겪은 루쉰으로선 그게 최선의 대답이었다. 그러거나 말거나 '단발병'은 이미 전염되어 학생 몇 명이 집단으로 변발을 자른 채 나타났고, 그들은 '범죄의 낙인'이 찍힌 채로 집에도 학교에도 있을 수 없는 신세가 되고 말았다.

그대가 루쉰이라면 뭐라 대답할 것인가? 너도 나처럼 잘라 버리라고? 그 다음에 벌어질 일들을 책임질 수도 없으면서, 머리를 자르는 것이 무슨 개혁이라도 되는 양 '나를 따르라'고 말할 수 있는가? 변발을 고수하는 것은 지독한 습속의 잔재지만, 변발을 자른다고 해서 혁명가가 되는 건 아니다. 요컨대, 문제는 '헤어스타일'이 아니라는 얘기다. 아무것도 아닌 행위가 돌연 습속이 되고, 습속이 성립되고 나면 그것에 반하는 일체의 행위는 '반역'이 되어 버린다. 사람들은 그렇게 습속에 길들여진다. 신발의 크기에 맞춰 성장을 멈춰 버린 전족처럼 사람들의 사고와 욕망 역시 구겨지고 억눌리고, 마침내는 그런 채로 '자연스러운 것'이 되어 버린다. 루쉰이 중국인들에게서 목격한 것은 바로 이 '습속의 힘'이었다. 자각을 무력화시키는 힘, 현실의 변화를 부정하게 만드는 힘, 습속의 노예로 사는 것을 계속 '원하도록' 만드는 힘. 반동적인, 너무나도 반동적인 힘.

신체와 정신에 새겨진 이런 습속들과 맞서 싸우지 않는 한 중국의 미래는 참담하다. 아Q들의 천국, 권력을 틀어쥔 노예와 권력을 뺏긴 노예들이 밀고 당기는 세계. 루쉰은 유학생들에게서 일찌감치 노예의 형상을 간파했다. 집회와 강연을 오가면서 기껏 권력자를 조롱하는 게 뭐 대단한 정치활동이라도 되는 양 우쭐대고 시시덕거리는 패거리들, 치기에 사로잡혀 '암살'쯤으로 혁명이 가능할 거라고 믿는 관념론자들. 그들 역시 노예요 아Q다. '총명해서' 더 위험하고 가증스러운. 떠나자! 루쉰에게는 다른 공기가 필요했다.

'센다이'라는 입구 혹은 출구

고분학원의 애초 규정에 따르면, 난징에서 온 유학생들은 졸업 후 도쿄제국 대학 공대 소속의 채광야금과에 진학하는 것으로 되어 있었다. 그러나

사진 5 센다이 의학전문학교 시절 사진(흰 원 안 청년이 루쉰).

루쉰은 돌연 의과대학에 입학하기로 결심한다. 그는 당시의 심정을 이렇게
회고한다.

"옛날의 한방 이론이나 처방을 신지식과 비교해 보고는 한의란 결국
의도하든 않든 간에 일종의 속임수에 불과하다는 것을 점차 깨닫게
되었다. 그러자 속임을 당한 병자나 그 자족들에 대해 동정심이 생겨났다.
게다가 번역된 역사책으로부터 일본의 유신이 대부분 서양의학에서
발단했다는 사실도 알게 되었다. 이런 유치한 지식은 그 뒤 내 학적을
일본의 어느 지방 도시 의학전문학교에 두게 만들었다. 내 꿈은
아름다웠다. 졸업하고 돌아가면 내 아버지처럼 그릇된 치료를 받는
병자들의 고통을 구제해 주리라, 전시에는 군의를 지원하리라, 그런 한편

사진 6 도쿄 시절 루쉰의 글이 발표되었던 잡지 『허난』.

유신에 대한 국민들의 신앙을 촉진시키리라, 이런 것이었다.”루쉰, 「서문」,
『외침』(루쉰문고 03), 10~11쪽

　‘문예의 길’을 걷기 전, 루쉰은 이런 ‘아름다운 꿈’을 간직한 ‘과학도’
였다. 루쉰의 이력에서 이 사실을 환기하는 것은 중요하다. 당시 새로운
학문을 배우는 이들이라면 누구나가 옌푸의 『천연론』을 읽었다고
하지만, 루쉰에게 『천연론』은 지식의 차원을 넘어 세계에 대한 감각을
새롭게 일깨워 주는 사상적 충격이었다. 그가 유학 시절 『허난』(河南)에
발표한 「인간의 역사」(1907)와 「과학사교편」(1908)을 통해 알 수 있는바,
루쉰은 범박한 사회진화론자들처럼 진화를 ‘야만에서 문명으로’ 진행되는
필연적 과정으로 생각하지 않았다. 진화의 역사가 가르쳐 주는 것은
“세계란 직진하지 않고 항상 나선형으로 굴곡을 그리며 대파(大波)와
소파 (小波)가 천태만상으로 기복을 이루면서 오랫동안 진퇴를 거듭하여
하류에 도달한다”루쉰, 「과학사교편」, 『무덤』(루쉰문고 01), 홍석표 옮김, 그린비, 2011, 44쪽는

사실이다. 피도 눈물도 없이! 이게 자연의 본성이요, 진화사적(進化史的) 진리다.

자연과 마찬가지로 인간사회 역시 시작도 끝도 없이 시대에 따라 왕복할 뿐 목적지는 없다. 계속되는 전쟁도 없으며 지속되는 평화도 없다. 갈 것은 가고 올 것은 올 뿐이다. 세상은 상하좌우가 평형을 이루는 코스모스가 아니다. 모든 것은 치우친 채로 운동하면서 비평형 상태를 유지한다. 하기에 태어날 것은 태어나야 하고 죽을 것은 죽어야 하며, 성장할 것은 성장해야 하고 노쇠할 것은 노쇠해야 한다. 개체도, 역사도, 그 어떤 사상이나 이념도.

"진화의 도중에는 언제나 신진대사가 필요하다. 따라서 새로운 것은 흥겹게 앞으로 나아가야 한다. 이것이 바로 건강함이다. 낡은 것도 흥겹게 앞으로 나아가야 한다. 이것은 바로 죽음이다. 저마다 이렇게 걸어가는 것이 바로 진화의 길이다.

노인들은 소년들이 걸어가도록 길을 열어 주고 재촉하고 장려해야 한다. 그들이 가는 도중에 심연이 있으면 자신들의 주검으로 메워야 한다.

소년들은 심연을 메워 준 그들에게 감사하며 스스로 걸어나가야 한다. 노인들도 자신들이 메운 심연 위를 걸어 멀어져, 멀어져 가는 그들에게 감사해야 한다." 루쉰, 「수감록49」 『열풍』(루쉰문고 02), 이보경 옮김, 그린비, 2011, 74쪽

이것이 루쉰이 터득한 '흥겨운 진화론'의 진리다. 그러므로 '다수'의 이름으로 인간의 개성을 짓누르거나, 그 어떤 이념적 명분으로라도 자유를 억압해선 안 된다. 개체가 확립되어야[立人] 전체가 확립될 수 있다. 달리 말해, 개체의 정신이 혁명되지 않고서는 사회의 혁명이란 있을 수 없다.

우리 자신이 아Q인 채로는 아무것도, 터럭 하나도 바꿀 수 없다! 루쉰의 이런 사고과정으로 미루어 보건대, 환등기 사건이 아니었더라도 루쉰은 의학을 포기했을 것이다.

여기서 잠깐, 그 유명한 '환등기 사건'을 환기해 보자. 이 에피소드는 『아침 꽃 저녁에 줍다』에 수록된 「후지노 선생」과 『외침』 「서문」에 상세히 기록되어 있다.

> "중국사람 한 명이 러시아의 정탐 노릇을 하다가 일본군에게 체포되어 총살을 당하게 되었는데 빙 둘러서서 구경하는 무리들도 모두 중국사람들이었다. 그리고 교실 안에서도 한 사람 있었으니 바로 나 자신이었다. (……) 그후 중국에서 돌아온 다음에도 나는 범인을 총살하는 것을 무심히 구경하는 사람들을 보았는데 그들도 어떤 이유인지 술 취하지 않고서 박수갈채를 보내는 것이 아니겠는가─ 아아! 더 어찌할 도리가 없는 일이로구나! 하지만 그때 그곳에서 나의 생각은 변했다."루쉰, 「후지노 선생」, 『아침 꽃 저녁에 줍다』(루쉰문고 06), 김하림 옮김, 그린비, 2011, 126~127쪽

> "한 사람이 가운데 묶여 있고 무수한 사람들이 주변에서 있었다. (……) 구름같이 에워싸고 있는 자들은 이를 구경하기 위해 모인 구경꾼이었다. 그 학년이 채 끝나기도 전에 나는 도쿄로 왔다. 이 일이 있은 후로 의학은 하등 중요한 게 아니란 생각이 들었기 때문이다. 어리석고 겁약한 국민은 체격이 아무리 건장하고 우람한들 조리돌림의 재료나 구경꾼이 될 뿐이었다. 병으로 죽어가는 인간이 많다 해도 그런 것쯤은 불행이라 할 수 없다. 그래서 우리가 제일 먼저 해야 할 일은 저들의 정신을 뜯어고치는

일이었다. 그리고 정신을 제대로 뜯어고치는 데는, 당시 생각으로, 당연히 문예를 들어야 했다. 그리하여 문예운동을 제창할 염(念)이 생겨났다."루쉰,

「서문」,『외침』(루쉰문고 03), 11~12쪽

두 인용문에서 내 관심을 끄는 것은 '구경꾼'에 대한 언급이다. 「아Q정전」에서 아Q가 형장으로 끌려가던 마지막 순간 입을 헤벌린 채 늘어선 수많은 구경꾼들, 조리돌림 당하는 아Q를 갈채하던 무리들의 시선. 혹은 광막한 광야에서 비수를 든 채 마주선 두 사람을 구경하러 달려온 행인들, 이 살육을 감상하기 위해 혓바닥을 날름거리며 몰려든 구경꾼들. 루쉰, 「복수」, 『들풀』(루쉰문고 05), 한병곤 옮김, 그린비, 2011, 26쪽 환등기 사건에 대한 회고에서 두드러지는 것도 그러한 '구경꾼들'의 존재다. 구경하는 자들의 시선에서 느껴지는 광기 어린 몽매함, 그리고 그 무리 중 한 사람이 바로 나 자신이라는 섬뜩한 자각! 사람들은 한 사람을 쉽게 '죄인'으로 만들어 버리고는 자신의 무죄성을 입증하기 위해 냉큼 구경꾼의 위치에 선다. 무리 속에 있음으로써만 자신의 존재를 정당화할 수 있는 자들, 무리지어 다니면서 교묘히 책임을 회피하는 자들, 가장 비겁하고 몽매한 '무리 도덕'의 신봉자들. 그게 바로 '구경꾼'이다.

그렇다. 신체의 해부보다 중요한 건 정신의 해부다. 중국인은 지금 정신의 고질병을 앓고 있는 것이다. 이런 중국인에게 시급한 것은 이 비참과 비겁에 대한 자각이다. 혁명은 다수를 만족시키는 공리(公利)가 아니라 한 사람 한 사람의 통절한 자각에서 비롯된다는 것. 그 자각을 촉구할 수 있는 무기는 '글'밖에 없다는 것. 글은 한 사람 한 사람의 독자에게 비수와도 같은 질문을 내리꽂는다. 너 또한 아Q가 아니냐? 네가 바로 그 구경꾼이 아니냐?

더 이상 센다이에서 지체할 이유가 없었다. '문예'라는 또 다른 도주로가 열렸기 때문이다.

내 기꺼이 악마가 되겠노라

도쿄로 재입성한 루쉰은 이제 막 도착한 동생 저우쭤런과 함께 세계문학을 읽고 번역하는 작업을 시작한다. 루쉰이 특히 좋아했던 작가는 안드레예프, 고골, 네루다, 페퇴피(Petöfi Sándor), 바이런 등이었다. 바이런을 빼면 대체로 유럽 약소국가의 작가들이었다. 루쉰은 저우쭤런과 함께 이 작가들의 소설을 번역하기로 결심한다. 그 작업의 결실 중 하나가 귀국 직전(1909)에 출간된 『역외소설집』(域外小說集)이다. 영국, 미국, 프랑스 외 러시아, 폴란드, 보스니아, 핀란드 작가의 작품 총 16편이 수록된 『역외소설집』은 도쿄와 상하이에서 동시에 판매되었다. 1,2권 각각 20권씩이 판매되었을 뿐이지만, 루쉰 형제의 번역작업은 그 내용과 수준에서 선구적이었다. 16편 중 루쉰이 번역한 것은 안드레예프의 작품 두 편과 가르신의 작품 한 편. 우연이었을까. 세 작품의 주인공 모두 사랑의 배신과 죽음, 전쟁의 공포 앞에서 미쳐 버린, 혹은 미쳐 가고 있는 인물이었다(루쉰의 첫 소설 「광인일기」의 주인공 역시 '광인'이다!).

인간의 비참과 궁핍. 여기가 루쉰의 글쓰기가 시작되는 자리다. 루쉰은 구경꾼이 되기를 거부하고 폐허 속으로 걸어간다. 상처받고 상처 입히는, 죽고 죽이고 죽어가는 인간들, 그럼에도 불구하고 살아가지 않으면 안 되는 인간들이 있는 그 폐허 속으로.

도쿄 시절 『허난』에 발표한 「마라시력설」(摩羅詩力說, 1908)은 바이런,

사진 7 러시아의 사실주의 화가 일리야 레핀(Ilya Repin)이 그린 안드레예프(Leonid Andreyev) 초상(왼쪽)과 리처드 웨스틸(Richard Westall)이 그린 바이런 초상(오른쪽). 안드레예프는 1905년 러시아 혁명의 고양과 그후의 반동 시기를 살았던 지식인의 고뇌를 그린 작품들을 선보였다.

셸리, 푸시킨, 페퇴피 등의 '악마파' 시인과 그들의 작품을 체계적으로 소개한 논문으로, '악마파' 시인이란 "반항에 뜻을 두고 행동에 목적을 두어 세상으로부터 탐탁지 않게 여겨지는 시인들"을 통칭한다. 시란 무엇인가? 인간의 마음을 움직이는 소리로서 "본질적으로 도덕에 반하는 것"이다. 시인이란 어떤 존재인가? 소리를 통해 "마음을 어지럽히는 자"이다. 바이런을 보라! "바이런은 가슴에 품었던 불만을 과감히 발설했으며, 자신만만하고 거침이 없었고 여론을 고려하지 않았으며, 파괴와 복수에 대해서도 전혀 주저하지 않았다."루쉰, 「마라시력설」, 『무덤』(루쉰문고 01), 129쪽 또 노예의 불행을 안타까워하는 동시에 싸우지 않는 노예들에게 분노했다. 그는 세상의 명예와 불명예·포폄·시비·선악을 습속의 산물로 보았으며, 평생을 일체의 허식과 저속한 습속에 맞서 투쟁했다.

루쉰은 말한다. 악마의 성격이 바로 그러하지 않겠느냐고. 한낱 문예가 사회를 위해 문제를 제기하고 대신해서 답을 줄 수는 없다. 그러나 '악마'처럼 세상의 가치를 뒤흔들고 사람들의 마음을 동요시킬 수는 있다. 그런 '악마'가 없는 사회야말로 적막 그 자체다. 루쉰은, 기꺼이 악마가 되고자 한다. 자신의 글을 편애하는 자에게는 약간의 기쁨을, 그러나 증오하는 자에게는 약간의 구역질을 일으키는 악마가. 그리고 그는 친구를 구한다. "올빼미, 뱀, 귀신, 괴물 등의 추악한 무리"라도 좋으니, 그런 자신을 싫어하지 않는 벗. 벗들과, 그리고 적들과 함께, 여기서, 생활하고 싸우기를 원한다. 허울뿐인 도덕으로 치장한 자들을 며칠이라도 더 불편하게 만들면서, 그들의 세계에 얼마간의 결함을 더해 주면서. 그러면서도 그는 끊임없이 망설이고 머뭇거린다. 자신의 붓이 어쩌면 자신이 가장 사랑하는 것들마저 독살할 수도 있음을 알기 때문이다. 이게 루쉰이다. 붓을 든 전사, 친구를 갈망하는 악마, 머뭇거리면서도 걸어가며 길을 내는 자, 새로 태어나는 것들을 위해 기꺼이 자신을 생명을 내어주는 '중간자'.

그리고, 루쉰과 니체

"지나가고 지나가며, 일체 것이 다 세월과 더불어 벌써 지나갔고, 지나가고 있고, 지나가려 하고 있다.──이러할 뿐이지만, 그것이야말로 내가 아주 기꺼이 바라는 바이다."루쉰, 「무덤 뒤에 쓰다」, 『무덤』(루쉰문고 01), 435쪽

루쉰은 스스로를 '중간물'로, 즉 지나가는 것들과 태어나는 것들 사이를 매개하는 교량적 존재로 인식했다. "진화의 연쇄고리 속에서 일체의 것은

다 중간물"루쉰, 앞의 글, 439쪽이다. 모든 것은 세월과 함께 마땅히 소멸해야 할, "기껏해야 교량 가운데의 나무 하나, 돌 하나"에 지나지 않는다. 루쉰은 자신의 삶과 글이 그런 교량으로 존재하기를, 뒤에 오는 것들을 위해 흔쾌히 소멸해 가는 것이기를 원했다.

'잡문'이라는 독특한 글쓰기는 그런 갈망과 무관하지 않을 것이다. 글 역시 생성하고 소멸하는 시간성으로부터 자유로울 수 없는 것. 새로운 공기 속에서 탄생한 새로운 글들에 의해 소멸되지 않는 글, 또는 '영원불변의 진리'이기를 갈망하는 글은 흡사 "소년의 길을 죄다 차지하고 소년의 공기를 죄다 마셔 버리려는" 노년처럼 탐욕스럽고 추하다. 루쉰은 자신의 글이 남김없이 생명을 발산하고, 그러다 마침내 사라져 가기를, 완전히 잊혀지기를 원했을 것이다. 그런 기꺼운 마음으로 자신의 글들에 '무덤'이라는 제목을 붙였으리라.

루쉰이 사랑한 니체 역시 그랬다. 인간들이 부디 자신을 밟고 지나 가기를, 자신의 넘치는 사랑을 대가 없이 받고, 그런 다음 자신을 떠나고, 마침내 완전히 잊어 주기를 진심으로 바라고 바랐다. 니체 역시 새로 태어나는 아이들을 사랑했다. 그러나 아이들은 오물과 함께 태어난다는 사실을 잊지 않았다. 이 세상에 '순결한 창조' 같은 건 없다. 태어나는 모든 것들은 태내의 오물을 뒤집어쓴 채 세상으로 나온다. 오물로 가득한 폐허를 만나지 못한 자들, 자신이 있는 곳을 폐허로 경험하지 못한 자들은 어떤 것도 창조할 수 없다. 그러하니 창조하려거든 몰락하라, 태어나려거든 흔쾌히 죽어라!

그럼에도 불구하고,
살아가야 한다

채운(규문)

"기억을 할 수 있을 때부터 저는, 이렇게
걷고 있었습니다. 어디론가 가려고.
그곳은, 앞입니다. 먼 길을 걸었다는 것만
생각납니다. 지금 이곳에 와 있지요.
저는 저쪽 앞쪽!으로, 계속해서 걸어,
갈 것입니다." (「길손」, 『들풀』 중에서)

루쉰, 도쿄에서 보낸 한철

모든 것은 우연히 시작되었다. 2015년 여름, 문득 '동사서독'(규문의 동양
고전읽기 프로그램)에서 루쉰을 읽어야겠다는 생각이 들었고, 그러다
내친 김에 소세키까지 읽으면 좋겠다 싶었다. 소세키를 읽는 과정이 무척
흥미로웠던 까닭에 학인들과 함께 일본 기행을 다녀오면 어떨까 생각하던
차였는데, 마침 고미숙 선생님의 '루쉰 프로젝트'에서 내가 루쉰의 일본
시절을 맡게 되었다. 이런 걸 두고 '아다리가 맞았다'고 하는 건가.

소세키는 런던 한복판에서 불유쾌함을 느끼며 '문학이란 무엇인가'를
질문했고, 루쉰은 도쿄 한복판에서 적막감에 휩싸인 채 어떻게 문예로
중국인의 정신을 개조할 수 있을지를 고민했다. 한 사람은 교사를 하다가
전업 소설가가 되었고, 한 사람은 소설을 중단하고 글을 무기로 싸우는

전사가 되었다. 우리는 궁금해졌다. 두 사람의 같은 듯하면서도 다른 시선이, 그들 각자가 경험한 근대의 풍경이.

규문에서는 도쿄 팀(7명)과 센다이 팀(나를 포함해서 2명)으로 나누어 각각 소세키와 루쉰의 흔적을 더듬은 후 교토에서 합류하기로 했다. 규문의 청년 둘이 한 달에 걸쳐 나름 치밀한 준비를 했건만, 그들의 흔적을 찾아가는 여정은 그리 순조롭지 않았다. 여행이란 변수들의 연속인지라, 준비가 무색해지고 기대가 어그러지는 순간이 다반사. 역시 부딪혀 보기 전엔 알 수 없는 것들이 있다.

일본 유학과 관련한 루쉰의 에피소드 한 토막. 출국을 앞둔 루쉰 일행이 그들보다 먼저 졸업한 후 일본 여행을 다녀온 선배에게 조언을 구했는데, 조언인즉 이러했다. "일본 양말은 절대로 신을 것이 못 돼. 중국 양말을 좀 많이 가지고 가라구. 그리고 내가 보기엔 지폐도 좋지 않으니까 가지고 가는 돈은 몽땅 일본의 은화로 바꾸는 게 나을 것 같네."루쉰,「사소한 기록」,『아침 꽃 저녁에 줍다』(루쉰문고 06), 김하림 옮김, 그린비, 2011, 114~115쪽 조언을 따라 루쉰은 상하이에서 돈을 전부 은화로 바꾸고 흰색 중국 양말을 열 켤레나 챙겼다고. 그런데 결과는? 학생들은 제복에 구두를 신었으므로 중국 양말은 아무 쓸모가 없었고, 1원짜리 은화는 일찌감치 폐지되어 결국 다시 50전짜리 은전과 지폐로 밑지고 바꾸어야 했다! 키득거리며 웃다가도 자못 씁쓸해진다. 인간이란 모름지기 자신이 보고 싶은 것만을, 꼭 자기 시야만큼을 볼 수 있는 것. 양말과 은화밖에 조언할 것이 없었던 선배나, 그 한심한 조언을 그대로 따랐던 나나, 하는 루쉰의 속마음이 읽힌달까.

1902년 3월 24일, 루쉰은 일본 우편선 '다이테마루'(大貞丸)를 타고 상하이를 거쳐 일본 요코하마(橫濱)에 도착한다. 열흘간에 걸친 항해였다. 도쿄는 중국 유학생들로 북적거렸고, 루쉰은 그들과 한 발짝쯤 떨어져서

사진 1 1906년 3월 센다이 의학전문학교의 일본인 동급생들이 열어 준 송별회를
마치고 기념으로 촬영한 사진(맨 왼쪽에 서 있는 이가 루쉰).

서양의 서적들을 두루 탐독하는 한편 유학생들의 반청혁명 운동에
가담하기도 했다. 그러나 그는 변발을 둘둘 말아 올려 후지산 모양으로
모자를 눌러쓴 채 댄스 배우기에 여념 없는 유학생들과도, 개인의 생존과는
상관없이 '혁명의 이념'을 설파하는 혁명집단과도 동화될 수가 없었다.
루쉰의 센다이(仙臺)행은 이런 회의와 환멸 속에서 부득불 '에둘러
가야 했던 길'이 아니었을까. 루쉰이 의학공부를 절실히 원했던 것인지,
나로서는 의문스럽다. 어쩌면 시간이 필요했던 것인지도 모른다. 자신이
속한 곳으로부터 거리를 둔 채 마음의 웅성거림을 마주할 수 있는 시간이.
1904년 가을 센다이로 떠난 루쉰은 1906년 봄 도쿄로 귀환한다. 메스가
아닌 붓을 들고.

　1906년 6월, 어머니의 편지를 받고 잠시 귀국한 고향에서 그를
기다리고 있던 것은 결혼식이었다. 루쉰의 바람과는 상반되게도,

결혼 상대는 공부라고는 한 적도 없는 데다가 전족도 풀지 않은 구식 여성이었다. 그러나 거부할 도리가 없었다. 루쉰은 말없이 혼례를 올리고 나흘 만에 도쿄로 돌아온다. 비애와 체념으로 뒤얽힌 그의 복잡한 심경이 그려질 듯하다. 관비 유학 시험에 합격한 동생 저우쮀런과 함께 도쿄로 돌아온 루쉰은 『신생』이라는 잡지 창간을 기획하고, 유럽 여러 작가들의 문학작품을 번역하는 한편, 이후 『무덤』에 실린 일련의 논문들을 써 나갔다. 그 와중에 저우쮀런은 일본 여성과 살림을 시작했고, 경제적 압박은 피할 수 없는 문제가 되었다. 어떻게든 가장으로서의 책임을 면할 길이 없었던 루쉰은 결국 자신의 공부 계획을 접고 귀국길에 오르게 된다.

스물둘에서 스물아홉까지, 일본에서의 8년은 루쉰의 청춘 자체였다. 청춘이라기엔 다소 어두운, 저 심연의 밑바닥까지 내려갔다 온 것처럼 조로한 청춘. 그는 낯선 타향에서 암흑 같은 중국의 현실을 자각했고, 깊은 환멸을 경험했다. 동시에 '문예'라는 무기를 얻었고, '혁명'이라는 '길 없는 길'을 발견했다. 루쉰이 '도쿄에서 보낸 한철'은 암흑이자 빛이었다.

스승을 만난다는 것 : 센다이, 루쉰, 그리고 후지노 선생

1904년 9월, 도쿄를 떠난 루쉰은 센다이항에 도착한다. "센다이는 그리 크지 않은 소도시였는데 겨울엔 몹시 추웠다. 거기에는 아직 중국 유학생이 없었다."루쉰, 「후지노 선생」, 『아침 꽃 저녁에 줍다』(루쉰문고 06), 121쪽 루쉰은 센다이전문학교 개교 이래 최초의 유학생이었으니, 학교 입장에서도 주목하지 않을 수 없었다. 학비는 면제였고, 교원들은 그의 숙식에 마음을 써 주었으며, 입학 전 센다이의 『가호쿠신보』(河北新報)에는 루쉰의 유학

사진 2 센다이 의학전문학교의 과거 전경(위)과 현재 모습(아래).

소식이 실리기도 했다.

현재 센다이는 도호쿠(東北) 지방의 최대 도시로 미야기(宮城) 현의 현청 소재지다. 2011년 3월 11일, 동북 지방 일대를 강타한 대지진으로 엄청난 피해를 입었던 바로 그곳이다. 루쉰이 아니었다면 '3·11'이라는 숫자를 통해서나 간신히 떠올렸을 지명, 센다이.

아침 일찍 찾아간 센다이 의전(현재 도호쿠대학 가타히라片平 캠퍼스)은 심하게 썰렁했다. 한참 학생들로 북적여야 할 오전시간인데도 눈에 띄는 사람이 별로 없었다. 적적하고 한산한 것이, 딱 루쉰의 흉상이 놓일 만한 장소다. 센다이에 남아 있는 루쉰의 흔적은 센다이박물관에 있는 루쉰 흉상과 기념비, 현 도호쿠대학에 남아 있는 흉상과 그가 공부했던 계단식 강의실, 그리고 도호쿠대학 사료관에 남아 있는 자료 몇 가지가 전부다. 여기에 루쉰이 처음 하숙했던 집까지, 모든 흔적들이 그러하듯 미미하게 빛바랜 것들뿐이다.

사실, 기념비와 조각 따위가 다 무슨 소용인가. 언젠가는 낡아지고 허물어지고 말 것을. 더군다나 루쉰이 센다이에 머무른 것은 채 2년도 안 되는 시간, 그것도 고작 유학생 신분으로서였다. 그러니 떠들썩한 루쉰 기념물 따위는 애초에 어울리지도 않는다. 그럼에도 불구하고 루쉰과 센다이의 인연을 '운명적'이라 할 수밖에 없는 이유가 있으니, 바로 후지노 선생 때문이다. 도호쿠대학 아카이브에서 내 마음을 사로잡은 것도 실험실에 다소곳이 앉아 있는 후지노 선생의 모습을 담은 흑백사진 한 장이었다.

『아침 꽃 저녁에 줍다』에 실린 「후지노 선생」은 그지없이 담담한 글인데도 쓸쓸하고도 애잔한 그리움이 짙게 묻어난다. 팔자수염에 안경을 쓴 후지노는 행색이 몹시도 초라하여 기차를 타면 간혹 도적으로 의심받기도 한다는 소문이 도는 해부학 선생이었다. 그가 왜 루쉰이라는 이방인 학생에게 마음이 쓰였는지는 알 수 없으나, 학기 내내 후지노는 루쉰을 불러 강의를 듣는 데 별 어려움이 없는지를 묻는가 하면 노트를 가져오라 해서는 꼼꼼하게 수정한 후 돌려주었다.

"필기장을 펼쳐 본 나는 몹시 놀랐고 동시에 불안하면서 감격했다. 나의 필기는 첫머리부터 마지막까지 죄다 빨간색으로 고쳐져 있었는데 미처 받아쓰지 못한 많은 대목들이 보충되었을 뿐만 아니라 문법적인

사진 3 센다이 도호쿠대학 내 루쉰상과 이곳이 옛 센다이 의학전문학교의 자리임을 알리는 유적비.

사진 4 실험실에 다소곳이 앉아 있는 후지노 선생의 모습.

오류까지 일일이 교정되어 있었다."루쉰, 「후지노 선생」, 『아침 꽃 저녁에 줍다』
(루쉰문고 06), 123쪽

그러나 루쉰이 회고한 대로, 당시의 루쉰은 공부를 등한시해 학년말에 치른 시험 성적의 결과는 겨우 낙제를 면할 정도(142명 중 68등)였다. 놀라운 일은, 루쉰의 이 초라한 성적이 일본인 학생들에게는 믿기지 않을 만큼 좋은 성적으로 받아들여졌다는 사실이다. 어느 날 학생회 간사들이 루쉰을 찾아와 그의 노트를 뒤적거리고 나간 후, 그 앞으로 편지 한 통이 배달되었는데, "너는 회개하라!"라는 성경 구절에 이어지는 내용인즉 후지노 선생이 학년말 시험 제목을 알려 주어서 그러한 성적을 받을 수 있었다는 이야기였다. 아! 인간의 심성이란 이토록 자잘한 것인가. 톱 3도 아니고 고작 68등을 시기하고 미워하다니! "중국은 약한 나라이므로 중국 사람은 당연히 저능아이다. 점수를 60점 이상 맞은 것은 곧 자기의 실력이 아닌 것이다. 이렇게 볼 때 그들이 의혹을 품는 것도 이상하지 않았다."루쉰, 앞의 글, 126쪽 루쉰이 느꼈을 모욕감과 수치심의 정도가 전해지고도 남는다.

2학년 말에 루쉰은 후지노 선생을 찾아가 작별을 고한다. "그의 얼굴에는 서글픈 빛이 떠올랐고 무엇인가 말을 하려는 듯한 표정이었으나 끝내 입을 떼지 않았다"고 루쉰은 회고한다. 떠나기 며칠 전, 후지노 선생이 루쉰을 집으로 부르더니 '석별'(惜別)이라고 쓴 자신의 사진 한 장을 건네며 루쉰의 사진을 한 장 줄 수 있겠느냐고 부탁하더라는 것. 이 대목을 읽을 때마다 어쩐지 가슴이 뭉클해진다. 후지노는 왜 루쉰을 기억하고 싶었던 것일까, 왜 루쉰에게 기억되고 싶었던 것일까? 애틋한 사제간의 정을 나눌 만한 일도 없었건만, 루쉰의 추측대로 중국에 새로운 의학이 생겨나기를 바라는 기대감 때문이었을까? 사진 한 장 얻지 못하고, 이후로도 끝내 편지

사진 5 센다이 도호쿠대학에 보존된 계단식 강의실. 루쉰은 여기에서 후지노 선생의 해부학 강의를 들었다.

사진 6 센다이 의전 동급생들과 찍은 사진.
뒷줄 오른쪽이 루쉰.

한 장 받지 못한 후지노는 어떤 순간에 어떤 식으로 루쉰을 떠올렸을까?

"그렇지만 어찌된 영문인지 나는 늘 그를 생각한다. 내가 스승으로 모시는 분들 가운데서 가장 나를 감격시키고 고무해 준 한 사람이다. (……) 매번 밤에 일에 지쳐 게으름을 피울 때면 등불 밑에서 검고 야윈 그를 쳐다본다. 억양이 뚜렷한 어조로 말을 하려는 것 같아 나는 양심의 가책을 받고 용기를 북돋우곤 한다. 그리하여 담배를 한 대 붙여 물고는 또다시 '정인군자' 따위들한테서 자못 미움을 사게 될 글을 계속 써 내려간다."루쉰, 「후지노 선생」, 『아침 꽃 저녁에 줍다』(루쉰문고 06), 128~129쪽

스승을 구하려는 젊은이들에게 "가시덤불로 길이 막힌 낡은 길을 물어 무엇하며, 탁하고 독한 기운으로 가득 찬 똥 같은 스승을 구해 무엇하겠느냐"루쉰, 「스승」, 『화개집』(루쉰전집 4), 이주노 옮김, 그린비, 2014, 88쪽며 차라리 벗을 구해 생존을 향해 나아가라던 루쉰은 후지노를 '위대한 스승'으로 마음속에 새긴다. 본디 삶에는 어떤 정해진 목적도 없음을 알면서도, 도호쿠대학 아카이브에 걸린 후지노 선생의 사진을 보다가 나는 억지위험을 무릅쓰고라도 이렇게 '목적론적으로' 말하고 싶어졌다. 루쉰이 센다이에 갈 '수밖에' 없었던 것은 후지노 선생을 만나기 '위해서'였노라고.

「후지노 선생」을 쓰던 당시 루쉰은 린위탕(林語堂)의 초빙으로 샤먼(廈門)대학에 있었다. 바로 몇 달 전, 3·18사건으로 제자들을 떠나보내고 이리저리 쫓기다 도착한 곳이었다. 그러나 샤먼이라고 별 다를 게 없었다. 허위의식과 교활함으로 무장한 지식인들이 '스승'이라는 명패를 단 채 권력 주변을 기웃거리고 있었다. 가르친다는 건 뭔가. 스승이란 어떤 존재인가. 후지노의 사진 아래서 루쉰은 펜을 든다. 그리고 쓴다. 정인군자들

사진 7 센다이 도호쿠대학에 있는 루쉰 아카이브 입구.

사진 8 후지노 선생이 루쉰과 헤어질 때 준 사진. 사진 뒷면에 '惜別'(석별)이라는 글자가 보인다.

따위에게 미움을 살 글을. 말없는 후지노 선생은 그 침묵으로, 표정으로, 루쉰을 그렇게 떠밀고 있었다.

센다이를 떠나 고향에서 진료소를 차린 후지노는 1935년에 루쉰의 「후지노 선생」을 읽었다고 한다. 그때 그의 표정은 어떠했을지. 어떤 마음으로 루쉰을 기억해 냈을지. 루쉰이 아니었다면 후지노 선생은 이름도 없이 사라졌을 것이다. 그러나 루쉰 역시 후지노 선생과의 인연이 아니었다면 또 조금 다른 루쉰이 되었을지도 모른다. 인연이란 그런 것이 아닐까. 현재로 끊임없이 파고드는 미지의 힘, 혹은 명확하게 인식할 수는 없지만 나를 살게 하고 나를 일으켜 세우는 부단한 파동 같은 것. 한산한 도호쿠대학에 썰렁하게 놓인 루쉰의 흉상 주변을 어슬렁거리면서 나는 나를 만든 인연들의 힘과 파동을 생각하고 있었다.

소세키의 '자기본위' vs 루쉰의 '자기해부'

1908년 봄부터 겨울까지 루쉰과 저우쭤런이 다른 동료들과 함께 머물렀던 집은 일명 '오사'(伍舍)다섯 사람의 집라 불린다. 우연히도 이 집은 1903부터 1907년까지 나쓰메 소세키가 머물렀던 집이기도 하다. 현재 그 집터에는 기념비 하나가 생뚱맞게 서 있을 뿐이지만, 생각할수록 놀랍다. 소세키와 루쉰, 그중 하나도 아니고 둘 모두가 머물렀던 집터라니!

루쉰이 신학문을 공부하기 위해 도쿄로 떠나오기 2년 전, 나쓰메 소세키는 영국 유학을 "명받아" 런던으로 갔다. 런던생활에 대한 소세키의 소회(所懷)를 한마디로 요약하자면 '불유쾌함'이다.

사진 9 루쉰이 거주했던 곳임을 밝히는 기념비. 센다이 도호쿠대학 정문에서 얼마 떨어지지 않은 곳에 루쉰이 기거했던 하숙집이 보존되어 있다.

사진 10 런던 체류 시절 소세키가 마지막에 거처했던 집

"런던에 살며 생활한 2년은 가장 불쾌한 시간이었다. 나는 영국 신사들 사이에서 늑대 무리에 낀 한 마리 삽살개처럼 애처롭게 생활했다. 런던의 인구는 500만이라고 한다. 500만 방울의 기름 속에서 한 방울의 물이 되어 가까스로 목숨을 부지하는 것이 당시 나의 상태였다고 주저없이 단언할 수 있다." 나쓰메 소세키, 「문학론 서문」 『나의 개인주의 외』 김정훈 옮김, 책세상, 2004, 32쪽

루쉰이 도쿄에 대해 그랬듯이 소세키는 런던에 대한 어떤 환상도 품지 않았다. 소세키에게 런던이란 더러움과 악취를 간신히 감추고 있는 잿빛 도시에 지나지 않았다. 소세키의 불쾌감은 어디에서 연유하는가? 영문학을 전공한 소세키는 여러 글에서 '영문학에 속은 듯한 느낌'을 언급한 적이 있다. 대체 문학이란 무엇인가. 나는 지금껏 서양이 만들어 놓은 '문학'이라는 허상 안에 갇혀 있었던 것이 아닌가, 하는 의심과 불안. 혹 나는 지금까지 이들이 자의적으로 만들어 놓은 '문학'의 틀 안에서 놀아난 것이 아닌가, 하는 불쾌감. 런던 한복판에서 불안과 불쾌에 시달리면서 소세키는 '문학이란 무엇인가'라는 물음 자체를 근본적으로 되묻기 시작했다. 그리하여 도달한 결론은 "'문학이란 어떤 것일까' 하는 개념을 근본적으로 자력으로 만들어 내는 것 외에는 나를 구할 방법이 없다"는 것. 그 결론이 바로 '자기본위'라는 개념이다.

"지금까지는 완전히 타인본위로 뿌리 없는 개구리밥처럼 그 근처를 아무렇게나 방황하고 있었으니 모두 허사였다는 사실을 겨우 알았습니다. (……) 나는 그후 문예에 대한 내 고유한 입장을 다지기 위해, 아니 새롭게 건설하기 위해 문예와는 전혀 관계 없는 책을 읽기

시작했습니다. 한마디로 말하면, 자기본위라는 네 문자를 가까스로 생각해 그 자기본위를 입증하기 위해 과학적인 연구와 철학적 사색에 몰두하기 시작한 것입니다. (……) 나는 그 네 자에서 새롭게 출발했습니다. 그리고 지금처럼 그냥 남의 꽁무니만 쫓아 허풍을 떠는 것은 대단히 염려되는 상황이므로 그렇게 서양인 흉내를 내지 않아도 좋은 확고부동한 이유를 그들 앞에 당당하게 제시하면 나 자신도 유쾌하고 남도 기뻐하리라고 생각해 저서나 그 외의 수단으로 그것을 성취하는 것을 내 생애의 사업으로 삼고자 했던 것입니다."나쓰메 소세키, 앞의 글, 51~54쪽

도쿄의 루쉰이 적막과 고독 속에서 유럽의 새로운 사상과 문학을 번역하는 것으로 문예의 길을 내고 있었다면, 런던의 소세키는 전범(典範)으로 '주어져 버린' 서양문명과의 거리감을 되새기면서 '문학이란 무엇인가'라는 질문 자체를 의심한 끝에 '자기본위'라는 네 자를 도출해 낸 것이다. 소세키에게 중요했던 것은 '서양'이라는 중심으로 환원되기를 거부하는 '자기본위'의 태도였다. 이와 달리, 루쉰에게 중요했던 것은 에누리 없는 '자기해부'였다. 자신의 환부를 자각하지 못하는 자는 아무것도 바꿀 수 없다. 자신의 노예성을 사무치게 자각하지 못하는 자는 꿈에서 깨어날 수 없다. 꿈에서 깨어나도 길이 없다. 자기의식의 허위, 역사와 이념에 대한 믿음, 확고부동한 근거에 대한 갈망… '나 자신'을 구성하는 이 모든 것들과의 싸움이 전제되지 않는 혁명이란 위선이고 허구다. 해부를 위한 그의 메스는 타인의 몸이 아니라 자신의 무의식을 향해 있었던 것이다.

다중(多重)의 근대

신칸센을 타면 도쿄에서 센다이까지 두 시간. 도쿄역 앞은 지금도 공사
중이다. 근대의 모든 도시는 언제나 '공사중'이다. 파괴되었기 때문에
세운다기보다는 새로 세우기 위해 끊임없이 파괴한다고 하는 편이 더
적절할 것이다. 세계도 자신도 그럴듯하게 새로 포장해서 진열하는 것
말고는 달리 삶을 전환시키는 방법을 알지 못하는 근대인들은, 그래서 늘
새로운 것을 좇는다. 그러면서 허무해하고, 허무해하면서도 끝내 멈추지
못한다. 소세키가 묘사한 대로, "자극에 굶주린" 거지들, "문명에 마비된
문명인".

> "개미는 단것에 모이고 사람은 새로운 것에 모인다. 문명인은 격렬한
> 생존 가운데서 무료함을 한탄한다. 서서 세 번의 식사를 하는 분주함을
> 견디고 길거리에서 의식을 잃고 쓰러지는 병을 걱정한다. 삶을 마음대로
> 맡기고 죽음을 마음대로 탐하는 것이 문명인이다. 문명인만큼 자신의
> 활동을 자랑하는 자도, 문명인만큼 자신의 침체에 괴로워하는 자도 없다.
> 문명은 사람의 신경을 면도칼로 깎고 사람의 정신을 나무공이로 둔하게
> 한다. 자극에 마비되고, 게다가 자극에 굶주린 자는 빠짐없이 새로운
> 박람회에 모인다." 나쓰메 소세키, 『우미인초』, 송태욱 옮김, 현암사, 2014, 193쪽

도쿄 시절에 루쉰이 애독했다는 소세키의 소설 『우미인초』(虞美人草)
에 묘사된 대로, 근대인은 자신이 이룬 문명 안에 스스로를 가두고 말았다.
소세키에겐 근대 자체가 거대한 철방이었던 셈이다. 그 철방 안에서
사람들은 지금 꿈을 꾸고 있다. 깨어나지 않는 자는 영원히 꿈을 꿀 테지만,

사진 11 준공 당시 도쿄역사 모습.

사진 12 나쓰메 소세키(왼쪽)와 『아사히신문』에 연재될 당시 『우미인초』 삽화(오른쪽).

깨어난 자는 100% 신경쇠약증에 걸릴 수밖에 없는 세계, 그게 소세키가 간파한 근대의 딜레마였다.

주지하다시피, 근대는 거대한 환상 위에 구축되었다. 세계, 지식, 사랑, 가족, 자아, 자유, 그리고 혁명에 대한 환상. 소세키와 루쉰은 이 환상들과 끝까지 싸운다. 과연, 두 사람 모두 니체의 충실한 애독자이자 번역자라 할 만하다. 소세키가 일관되게 주목한 것은 부부와 연인, 가족 등의 관계에 틈입하여 균열을 일으키는 근대성들이었다. 예컨대 근대의 속도, 화폐적 교환관계, 가치척도의 획일성, 이미지와 스펙터클 같은 것들이 어떻게 일상을 위협하고 인간의 마음을 교란시키는지를 소세키는 질릴 정도로 치밀하게 파고들어 간다. 소세키에게 근대란 타인의 시선과 자기애로 둘러쳐진 감옥이요, 허상으로 지어진 화려한 공중누각에 다름 아니었다. 그러나 그런 소세키가 끝내 사유할 수 없었던 것, 그것은 혁명이었다. 그리고 소세키가 사유하지 못한 그것을 루쉰은 온몸으로 사유했다.

소세키는 메이지유신(1868) 바로 전 해에 태어났다. 좋으나 싫으나 '근대문명'이라는 지반 위에서 시작했다는 얘기다. 하지만 루쉰에게는 이 지반이 없었다. 전통적 가치들은 공허한 관습으로 반복되고 있었고, 그 위에 더욱 공허한 근대적 가치가 살짝 얹어진 위태로운 지반 위에서 사람들은 아Q처럼 나름의 정신승리법에 도취되어 있었다. 이제 무엇을 할 것인가? 루쉰은 견고한 지반을 다시 구축하는 일에 착수하는 대신, 지반 자체를 부수는 쪽을 택한다. 서양의 근대에 맞서 중국의 전통을 지키려는 '옛것 옹호론자들'이나 "전진하라! 죽어라!"라며 청년을 고무하는 '혁명론자'들 모두 자신의 토대를 구축하고 보존하는 데 전념하느라 '생활'과 '생존'의 문제를 간과하고 있지 않은가. 루쉰은 삶을 위해 토대를 거부한다. 생활을 위해 주의(主義)를 부정한다. 불교적이라 해도 좋고 니체적이라 해도 좋을, 철저한 무근거적 삶의 태도를 루쉰은 끝까지 잃지 않았다. 그런 견지에서 그는 혁명을 사유했다.

혁명이란 무엇인가. 노예가 노예임을 자각하는 것이다. 자신이 노예임을 자각하지 못하는 노예는 기껏 자신보다 더 '총명한 자'를 만나 위로를 구하거나 '언젠가는 나아질 것'이라는 환상을 재생산하는 것으로 만족한다. 그러나 혁명은 휴머니즘이 아니다. '더 나은 삶'에 대한 희망도 아니다. 혁명은 꿈에서 깨어나는 것이다. 환상을 깨는 것이다. 루쉰은 "해방의 사회적 조건을 주어진 것으로 구하지 않았다. 주어진 것으로 구하지 않은 것은 일찍이 주어지지 않았고 지금도 주어지지 않았으며 미래에도 주어지지 않을 것이라는, 주어지지 않은 환경 가운데서 형성된 자각에서 온다."다케우치 요시미, 『일본과 아시아』, 백지운·서광덕 옮김, 소명출판, 2004, 48쪽 다케우치 요시미가 말한바, 그것이 루쉰의 저항이요, 루쉰의 혁명이었다.

소세키와 루쉰. 두 사람은 같은 근대를 살았지만, 그들이 맞닥뜨린 근대는 이처럼 달랐다. 일상을 파고드는 균열로서 근대를 체험한 소세키는 신경쇠약에 시달리며 글을 썼고, 깊이 잠든 노예들의 철방으로 근대를 체험한 루쉰은 전사가 되어 모든 주의자(主義者) 및 정인군자들과 싸웠다. 두 사람 모두 어떤 환상도 품지 않았으며, 때문에 그들은 지치지 않고 싸울 수 있었다. 각자의 자각으로부터, 각자의 방식으로.

"환상이 너무 높이 날아 오르면, 현실 위에 쓰러질 때 그 상처가 유난히 깊고 심한 법이다. 힘을 너무 갑작스럽게 쓰면, 쉴 때 몸을 움직이기 어려운 법이다. 일반적으로 볼 때, 어쩌면 자신이 지니고 있는 것이 인력(人力)에 지나지 않음을 아는 게 바람직하니, 이렇게 하는 게 오히려 확실하고 믿음직할 것이다."루쉰, 「여백 메우기」, 『화개집』(루쉰전집 4), 150쪽

백 년 전의 도쿄, 지금처럼 공사중이었을 도쿄. 그곳에서 각자의 길을 내고 있었던 소세키와 루쉰. 그로부터 백 년이 지나 그들의 텍스트를 읽고 그 흔적을 더듬는 우리. 여행이 경이롭게 느껴지는 순간이다.

우리는 살아가야 한다

도쿄와 센다이를 오가는 신칸센은 후쿠시마(福島)역을 경유한다. 3·11 이후 후쿠시마는 문명의 한 임계점을 지칭하는 일반명사가 되었다. 소문들이 들려온다. 대개가 이제 후쿠시마는 더 이상 사람이 살 수 없는 '재앙의 땅'이 되었다는 얘기들이다. 그런데 도쿄와 센다이를 오가는 길에 잠시 정거한 후쿠시마역에서 이런 생각이 스쳤다. 그래도 누군가는 이곳에서 살아가야 할 것이고, 살다 보면 살 만한 곳이 될 것이고, 사사키 아타루의 말마따나 그 위로 플루토늄의 반감기보다도 더 긴 시간이 흐를 것이라는. 그럼에도 불구하고 어쨌든 살아 있는 것들은 살아가게 마련이라는.

"인간은 살아가지 않으면 안 된다." 문예비평가 리장즈는 루쉰의 사상을 이 한 문장으로 압축한 바 있다. "그럼에도 불구하고 그가 의연하게 살아갈 수 있었던 것은 (……) '인간은 살아가지 않으면 안 된다'는 일종의 단순한 생물학적 신념이 있었기 때문이다…. 그에게 근본적인 신념인 무엇인가가 있었다고 한다면, 그것은 바로 이것이다."다케우치 요시미, 『루쉰』, 서광덕 옮김, 문학과지성사, 2003, 105쪽에서 재인용

루쉰의 작품 곳곳에 죽음의 그림자가 짙게 드리워진 것은 사실이지만, 루쉰이 주목한 것은 '그럼에도 불구하고' 살아가야 하는 자들이었다. 산 자들은 어떻게든 살아야 한다. 좌절하고 실패하고 절망하면서도 우리는

사진 13 동일본 대지진으로 바닷물에 잠긴 센다이 평야 연안부의 논. 사진은 2011년 4월 초의 모습.

살아가야 하고, 길이 없는 곳에서도 길을 만들어 가지 않으면 안 된다. 루쉰은 혁명에 좌절한 청년들에게 말한다. 너무 무거워지지 말라고, 미래를 지나치게 낙관하지 말라고, 그리고 우선 자신의 몸을 돌보라고, 애인을 굶기는 일이 없도록 하라고. 루쉰을 만나러 가는 길, 후쿠시마, 그 길 위에서 메아리 치던 구절. "인간은 살아가지 않으면 안 된다."

3·11 직후, 사사키 아타루는 기노쿠니야 인문 대상 수상 소감을 말하는 자리에서 사카구치 안고(坂口安吾)의 『타락론』을 인용하며 이렇게 말했다.

"타락이란 무엇인가. 모든 거대한 파괴, 모든 방대한 죽음, 모든 근거의 분쇄 끝에, 모든 도덕이 허망임이 폭로되어 모든 것을 믿을 수 없게 된 후에, 그것들이 무근거하다는 사실이 바닥의 바닥까지 드러난 후에, 지금부터 우리가 만들어 낼 것도 무근거하며 비도덕적이며 뭣도 아닐 것이며, 언젠가 다시 끔찍하게 깨부숴지겠지만, 그것을 다시금 만들어 낸다는 것입니다."사사키 아타루, 「부서진 대지에, 하나의 장소를」, 『사상으로서의 3·11』, 윤여일 옮김, 그린비, 2012, 80쪽

그렇다. 다시, 갈 뿐이다. 인생에 '되돌아감'이란 없다. 루쉰 말대로, "되돌아가 봤자 거기에는, 명분이 없는 곳이 없고, 지주가 없는 곳이 없으며, 추방과 감옥이 없는 곳이 없고, 겉에 바른 웃음이 없는 곳이 없고, 눈시울에 눈물 없는 곳이" 없는 것을.루쉰, 「길손」, 『들풀』(루쉰문고 05), 한병곤 옮김, 그린비, 2011, 49쪽 하여, 끝까지 가리라는 보장도 없고 우리를 기다리는 것이 죽음뿐이라 해도, 그저 가 보는 것, 걷고 또 걷는 것. 그게 우리가 할 수 있는 전부다.

루쉰을 읽는다는 것

모든 것은 우연히 시작되었지만, 생각해 보면 그 우연이 꼭 우연이기만 했던 것은 아니다. 2015년 봄, 내가 공부하는 규문에서 균열이 생겨나고 있었다. 그저 열심히만 하면 된다고 생각했지만 역부족이었다. 마음들은 산산이 부서졌고, 믿음은 깨졌다. 나는 나 자신을 너무 믿었고, 꼭 그만큼 상대도 나를 믿어야 한다고, 나도 상대를 믿고 있다고 스스로에게 강요하고 있었다. 그러나 기대는 절망으로, 믿음은 환멸로 되돌아왔다. 그때였던 것 같다. 루쉰을 읽어야겠다는 생각이 문득 '닥쳐' 온 것은.

루쉰을 읽으며 나는 재차 확인했다. 내 절망은 세계와 타인으로 인한 것이 아니라 내 기대의 붕괴에서 비롯된 것임을. 내가 구축한 환상에 내가 깔린 셈이다. 루쉰의 텍스트는 내 우울함을 삼켰고, 내 헛된 기대마저 날려

버렸다. 그리고 이렇게 가르친다. 인간은 인간에게 절망하지만, 그 인간이 바로 나를 살게 하는 힘이라고.

"모래바람에 할퀴어 거칠어진 영혼, 그것이 사람의 영혼이기에, 나는 사랑한다. 나는 형체 없고 색깔 없는, 선혈이 뚝뚝 듣는 이 거칠음에 입 맞추고 싶다. 진기한 꽃이 활짝 핀 뜰에서 젊고 아리따운 여인이 한가로이 거닐고, 두루미 길게 울음 울고, 흰 구름이 피어나고…. 이런 것들에 마음 끌리지 않는 바는 아니나, 그러나 나는, 내가 인간 세상에 살고 있다는 사실을 잊지 않는다." 루쉰, 「일각」 앞의 책, 93쪽

내게 루쉰은 그 자체로 영원한 '질문'이다. 미워하든 사랑하든, 자신을 속이지 않을 수 있는가? 절망도 희망도 없이, 끝까지 갈 수 있는가? 그런 것으로서의 혁명을, 너는 진심으로 원하는가? 내게 루쉰을 읽는다는 것은 이 질문을 쥐고 모래바람 가득한 사막에 서는 것이다.

'루쉰'(魯迅)의 탄생
― 위대한 몰락 혹은 계몽의 혁명

문성환(남산강학원)

베이징 ●

난징 ●
　　　　　● 상하이
항저우 ●
　사오싱 ●

타이완 ●

"생각건대 나는 이제 절박해도
입도 벙긋 못하는 그런 인간은 아니지만,
아직도 지난날 그 적막 어린 슬픔은 잊을 수가
없다. 그래서 어떤 때는 어쩔 수 없이 몇 마디
고함을 내지르게 된다. 적막 속을 질주하는
용사들에게 거침없이 내달릴 수 있도록 얼마간
위안이라도 주고 싶은 것이다."(「서문」, 『외침』 중에서)

intro_북경, 연경, 베이징

풍경 하나. 연경(燕京).

2004년 봄. 북경엘 가본 적이 있다. 정확하게는 북경이 아니라 북경을 경유한 '열하'(熱河)행이었다. 당시 몸담고 있던(그리고 지금도) 연구실의 열독서였던 연암 박지원(1737~1805)의 『열하일기』를 흠모한 열하여행이었던 것. 연암 박지원은 1870년 여름 청나라 건륭제 70세 생일 축하를 위한 사신단의 일원으로 생애 처음(이자 마지막) 해외여행(당시 청나라)을 하게 되었다. 압록강을 건너 산해관을 통과해 북경에 아니 정확히는 연경에 입성했는데, 마침 건륭제는 열하 피서산장에서 말 그대로 피서 중이었다. 그렇게 예정에 없던 1,200리 열하길이 '덤'으로 열렸다. 이 여정을 기록한 희대의 여행기가 '세계 최고의 여행기' 『열하일기』다.

조선 최고의 문장가로 회자되는 연암 박지원의 명문들이 득시글거리는 이 여행기는 한마디로 당대 최고 문명(청) 답사기였다. 압록강을 건너 청나라의 가장 변방으로 접속하자마자 연암은 조선에서 벌어지는 '오랑캐' 청나라에 대한 이념의 말들이 얼마나 허망한지 깨달았다. 세계는 이런 상황인데 정작 조선은 깜깜하게 귀 막고 눈 감고 잠들어 있는 형국이었달까. 물론 연암의 말마따나 정작 위태로움은 눈 먼 말을 타고 벼랑 끝에 서 있는 장님(조선)에게는 없었던 것이었을 터. 연암이 보기에 청나라는, 비록 오랑캐일지언정, 배워야 할 문명이었다.

풍경 둘. 베이징.

2016년 여름. 12년 만에 다시 북경엘 갔다. 정확히 북경만이 목적인 여행. 우리(남산강학원+감이당+문탁네트워크+규문)는 루쉰의 로드맵을 좇는 중이었고, 나는 그중 북경 시절(1912~1926) 루쉰의 길을 좇는 중이었다. 루쉰은 1912년 5월 북경에 도착했다. 1911년 신해혁명의 결과 수립된 난징의 임시정부 교육부 소속 일원으로 이제는 멸망한 옛 제국(청나라)의 수도로 입성했던 것.

루쉰은 북경 아니 정확히는 베이징에서 14년을 살았다. 몇 차례 이사를 다녔지만 대략 전반부 7년여간은 베이징 성 밖(사오싱紹興회관)에서, 후반부 7년여는 성 안(빠다오완, 좐타, 시싼탸오)에서 생활했다. 따지고 보면 베이징은 열여덟 살에 고향을 떠난 이래 일생을 망명자처럼 떠돌았던 루쉰이 가장 오랜 시간을 붙박혀 지낸 지역이기도 하다. 이 말은 거꾸로, 어쩌면 베이징에서의 14년이 루쉰에게는 일생 가운데 특별한 한 시기임을 의미하는 것이 아닐까. 베이징에서의 생활이 평온했다거나 녹록했다거나 안정적이었다는 말은 아니다. 일본에서 7년여간 유학생활을 경험했던

사진 1 루쉰이 머물던 시기의 사오싱회관 모습.

사진 2 베이징 루쉰박물관에 전시되어 있는 사오싱회관의 모형도. 루쉰이 처음에
거주했던 곳은 모형에서 가장 왼쪽 뒤에 있는 건물이었다.

루쉰에게 몰락한 구제국의 수도 베이징과 거기 살고 있던 사람들은 여러모로 불편하고 고루하고 답답한 현실이었을 것이다. 버리고, 파괴하고, 더 철저히 몰락시켜야 할!

문학이란 '무엇'인가

생각해 보면 문명은 늘 대륙으로부터 왔다. 이 구도가 바뀐 것은 아무리 봐도 근대 100여 년에 지나지 않는다. 근대계몽기(1895~1910)까지만 해도 아직 문명의 참조점은 중국 쪽에도 있었다. 요컨대 청일전쟁 이후 청나라와의 관계가 공식적으로 달라진 이후에도, 박은식·신채호 등의 조선 지식인들은 량치차오(梁啓超)로 대표되는 중국 근대 지식인들의 비전을 빠르게 흡수하곤 했던 것이다. 그런데 어느 순간 이 방향의 길이 끊어졌다. 새로운 시대(근대)의 참조점을 찾아야 했을 때, 우리와 같은 처지에 있었던 중국 쪽의 동향을 잃어버린 것은 우연이었을까. 어쩌면 이것은 상징적인 현상이 아니었을까. 이와 더불어 우리의 근대를 상상하는 동력은 빠르게 한쪽으로 흡수되어 버렸기 때문이다.

물론 대세는 이미 대륙에서 바다로 넘어가 버린 상태였다. 최남선의 「해(海)에게서 소년(少年)에게」는 이런 흐름의 판세를 가장 분명하게 보여 주는 표지이자 하나의 확인이었다. 문명은 이제 대륙이 아니라 바다[海]로부터 온다는 것. 일본 유학생들로 대표되는 바다 건너의 문명, 그것은 근대(近代)라는 이름의 '다른' 세계(서구)였다.

다른 세계를 받아들여야 했다는 점에서 애초에 한국(조선)과 중국(청), 나아가 일본 등에 본질적인 차이가 있을 리 없었다. 하지만 20세기 초가

사진 3 춘원 이광수(왼쪽)와 나쓰메 소세키(夏目漱石, 오른쪽).

되면 상황은 이미 많이 달라져 있었다. 일본은 성공적으로 근대국민국가로 전환한 선구적 이웃이었던 반면, 중국은 어떤 점에서 조선과 크게 다를 바 없는 몰락한 구제국이었다. 그런 점에서 조선의 참조점이 중국에서 일본(엄밀하게는 일본을 통한 서구)으로 옮겨 가게 된 것이 이해 못할 변화는 아니다. 다만 결과적으로 보면 아쉬운 점이 많다는 말인데, 이 문제를 문학의 입장에서 보면 어떨까. 문학이란 무엇인가. 즉 '근대란 무엇인가'이다.

조선의 대표적인 근대계몽지식인 이광수에게 문학(literature)은 과거의 문학(文學)과는 '문자만 같을 뿐 전혀 다른 것'이었다. 문학(리터러쳐)은 단순한 오락이 아니며, 문학이야말로 인생과 우주의 진리를 드러내는 장(場)이라는 인식은 일본 유학을 통해 이광수가 만난 새로움, 즉 근대의 표상 가운데 하나였다. 서양의 과학문명 배후에는 인간의 정신이 있고, 그 정신에 영향력을 가진 것으로서의 문학이 있다는 것.

그러므로 '문학이란 무엇인가?'라며 의문문의 형식을 취하고 있지만, 「문학이란 하오」는 조선식 계몽주의를 알리는 이광수발 선언문(宣言文)에 다름 아니다. 지금 여기에서 해야 할 문학이 저기(일본=서구) 있다는 것. 그것은 이제까지 우리에겐 없던 것이라는 것. 그러니 내가 가르쳐 주겠다는 것. 메이지(明治)중학교를 갓 졸업한 25세의 유학생 청년이 보여 준 이 패기 넘치는 선언에는 단순한 치기 이상의 당당함이 감지된다. 어째서일까. 선각자는 빛을 쥔 자이고 빛이 없는 곳에 빛을 비추는 자이기 때문이다. 조선의 계몽주의.

일본의 경우는 어떠했을까. 일본의 국민작가 나쓰메 소세키의 경우를 보자. 어려서 좌국사한(『좌씨전』, 『국어』, 『사기』, 『한서』)을 통해 문학(한학)에 입문(?)했고, 근대 학제에 따라 대학에서 일급의 문학자(영문학)가 되었으며, 나아가 문학의 본고장인 영국에서 유학까지 하게 되었을 때, 소세키의 고민은 '어쩐지 문학에 속은 듯한 기분'이었다. 결국 나쓰메 소세키는 '문학이란 무엇인가'라는 물음이 무엇인지를 다시 물어야겠다는 데 이른다. 내 식으로 다시 말해 보면 소세키의 고민은 다음과 같다. 어째서 '문학이란 무엇인가'라고 물으면 '영문학'만 대답으로 되돌아오는가.

나쓰메 소세키는 유학 생활 중 문학 관련 서적들을 트렁크 속에 쓸어 넣어 버렸다. 문학 서적을 통해 문학을 알려고 하는 것은 피로써 피를 씻는 것이라는 통렬한 인식은 바로 그 고통스럽지만 받아들일 수밖에 없는 정면 대결의 결과였다. 이 작업의 결과가 나쓰메 소세키의 『문학론』이었다. 이광수에겐 그저 이미 존재하는 것이었고, 쫓아가야 하는 모델이었던 문학이 나쓰메 소세키에게는 지금-여기-나에게 문학이란 무엇인가의 문제로 전환되었다.

물론 이광수와 나쓰메 소세키를 나란히 등가화해서 가치를 매기는 건

불가능할 뿐 아니라 부당한 일이다. 「문학이란 하오」와 『문학론』의 차이는 한국 근대(문학)와 일본 근대(문학)의 고민의 층위가 어느 순간 이미 어떻게 달라졌는가를 보여 주는 하나의 지표일 뿐이다. 이 둘 사이에 위계가 있다는 식의 은밀함이 한국 근대문학을 출발선으로부터 이미 패배한 것으로 만든다. 하지만 그렇다고 해서 한국 근대문학의 성글고 불완전한 서구 근대 모방기획이 긍정될 수 있는 것은 아니다. 적어도 근대계몽의 기획에 관한 한 한국 근대계몽주의자들은 철저하지 못했다. 나는 그 반면의 교사로서, 즉 계몽에 관한 가장 강렬한 투사이자 사상가로서 루쉰을 만난다.

루쉰의 적막

의학을 공부하러 일본으로 떠났던 루쉰이 문학(문예)으로 전환하게 된 이유는 이른바 '환등기 사건'이란 명칭으로 잘 알려져 있다. 센다이 의학전문학교 시절 루쉰은 영사기를 통해 당시 러일전쟁 전황 소식 등을 영상으로 보게 되었는데, 어느날 일본군에게 공개 처형당하는 변발한 중국인의 모습을 보게 되었던 것이다. 배경도 중국땅, 구경하는 이들도 온통 중국인들인 곳에서 러시아와 일본의 이중첩자로 처형당하는 중국인을, 일본땅에서 함께 공부하는 일본인 학생들의 환호에 둘러싸인 채 목도했던 것. 루쉰은 곧 의학을 포기한다. 루쉰이 보기에 중국인들에게 시급한 건 육체의 질병을 치료하는 의학보다는 정신(의식)을 개혁시킬 문예였기 때문이었다.

　하지만 루쉰의 문예가 곧바로 문예가로서 세상을 향해 큰 반향을 일으킬 수 있었던 것은 아니었다. 오히려 그 반대였다. 루쉰은 다니던 학교를 그만두고 센다이에서 도쿄로 거처를 옮긴 후 문예운동을 준비했다. 하지만 의욕을 갖고 기획했던 『신생』(新生)이라는 이름의 잡지는 시작도 해보기 전에 실패하고 말았다. 막상 기한이 다가오자 함께 하기로 했던 이들이 뿔뿔이 흩어져 버렸기 때문이었다. 한 번도 태어나 보지 못한 새로운[新] 생명[生]이었다. 훗날 루쉰은 『신생』의 좌절 이후 이제껏 경험해 보지 못한 무료를 느꼈다고 회고했다. 왜?

> "무릇 누군가의 주장이 지지를 얻게 되면 전진을 촉구하게 되고 반대에 부딪히면 분발심을 촉구하게 된다. 그런데 낯선 이들 속에서 혼자 소리를 질렀는데 아무런 반응도 없다면, 다시 말해 찬성도 반대도 하지 않는다면, 아득한 황야에 놓인 것처럼 어떻게 손을 써 볼 수가 없다. 이는 얼마나 슬픈 일인가."루쉰, 「서문」, 『외침』(루쉰문고 03), 공상철 옮김, 그린비, 2011, 12~13쪽

루쉰은 자신이 느낀 이 슬픔을 '적막'이라고 불렀다. 이 적막은 생각보다 깊고 길었다.

루쉰은 1912년 5월 처음 베이징에 도착했다. 외형적으로는 그 사이 혁명(1911년 신해혁명)이 있었고, 청제국이 멸망했으며 중화인민공화국이 수립되었다. 루쉰은 공화국의 임시정부 교육부에 근무하는, 말단이지만, 관료였다. 하지만 새로운 시대에 대한 의지와 변혁에 대한 루쉰의 갈망은 아이러니하게도 신해혁명을 통과하면서 더욱 큰 슬픔과 적막으로 자리잡았다. 혁명의 주체들도 권력을 잡게 되면서 금세 낡은 구세력과 비슷해졌을 뿐 아니라, 위안스카이가 주도하는 정국은 불안했으며, 진보 인사들에 대한 노골적인 탄압과 방해가 자행되었으며, 반혁명의 세력들은

사진 4 루쉰이 사오싱회관에서 교육부로 출근하던 길에 지나야 했던 처형장 차이스커우와 선무문에는 오늘날 전철역이 들어서 있다. 왼쪽이 차이스커우 역, 오른쪽이 선무문 역.

여전히 완강하게 버티고 서 있었기 때문이었다. "적막은 나날이 자라 큰 독사처럼 내 영혼을 칭칭 휘어감았다." 루쉰, 앞의 글, 13쪽

　문예운동으로서의 『신생』 실패 이후 루쉰은 몇 가지 일에 뛰어들었지만 궁극적으로 적막을 깨뜨릴 만한 사건은 없었다. 1909년 일본에서 고향 사오싱으로 돌아와서도, 항저우에서 교사 생활을 할 때도, 신해혁명을 맞아 완고한 고향 마을 사오싱에도 혁명군이 도래했을 무렵 잠시 고무됐을지는 몰라도, 본질적으로 루쉰의 적막은 변하지 않았던 것이다.

　사오싱회관과 교육부는 베이징 내성(內城) 안팎에 위치하고 있다. 사오싱회관을 나서서 교육부로 출근하려면 청나라의 유명한 공개 처형장인 차이스커우(菜市口)를 지나야 한다. 이곳은 무술정변 때 혁명가 담사동(譚嗣同)이 처형당한 곳이지만 이제는 그저 번화한 상가거리일 뿐이다. 차이스커우를 지나면 곧 베이징 내성 남쪽 성벽의 서문(西門)인 선무문(宣武門)이다. 루쉰은 매일 이 선무문을 통해 내성으로 들어가고,

빠다오완. 루쉰이
1919~23년에 살았던 집.

1924년에 이사한
시싼탸오(西三條)
21호. 현 루쉰박물관.

좐타 후퉁. 빠다오완에
서 나온 후 루쉰이 잠시
혼자 살았던 집(특별관리
되지는 않고 현재 다른 사
람이 살고 있음).

당시 베이징대학
자리. 현 5·4 기념관.
천두슈, 차이위안페
이(蔡元培)의 흔적 및
루쉰이 강의했던 강
의실 등이 보존되어
있다.

루쉰 당시
베이징여자
사범대학
(현재 루쉰중
학교).

루쉰이 처음 베이징
에 들어올 때 내렸던
기차역.

학부(學部).
루쉰이 교육부
관리로 근무
하던 곳.

사오싱회관. 루쉰이 베이징에 와서
처음 머물던 곳.

사진 5 1908년 발행된 베이징 지도에 표시한 루쉰의 거처와 일터들.

사진 6 루쉰이 잠시 기거했던 좐타
후퉁의 집 앞에 선 필자.

선무문을 나와 차이스커우를 지나 사오싱회관으로 돌아왔다. 교육부와 사오싱회관, 혹은 사오싱회관과 교육부는 루쉰에게는 무료함과 좌절의 연속이었다.

어쩌면 루쉰은 날마다 고서와 고비석 등을 베끼는 적막 속으로 스며들어 갔다. 말이 교육부 2과 과장이지 실제로는 턱없는 예산으로 할 수 있는 일이 거의 없는 상태이기도 했다. 날마다 그저 출근하는 게 일이었다. '온종일 우두커니 앉아 있는 게 너무 따분해서' 책 읽지 않을 수 없던 시절. 막상 혁명이 일어나도 별 게 없구나, 싶던.

철방으로부터의 외침―루쉰의 탄생

어쩌면 개인적일 수도 있는 소회 한 자락. 「광인일기」의 최초 외국어 번역이 조선에서 이루어졌다는 사실에서 보듯, 루쉰은 우리에게 일찍부터 읽혀 온 작가였다고 할 수 있다. 하지만 그럼에도 루쉰은 어딘가 모르게 문학적이기보다는 이념적으로 읽히는 작가였다. 나는 루쉰의 작품이 평소 내가 좋아하는 작가들, 이를테면 가르시아 마르케스, 보르헤스, 레이먼드 카버, 오에 겐자부로 등에 비해 종종 덜 문학적이라고 생각하곤 했었다. 왜 그랬을까. 지금도 그 이유를 정확히 말하긴 어렵지만, 어쩌면 루쉰이 다루고 있는 작품(소설)의 소재와 배경 등이 중고등학교 시절 교과서에서 배우던 한국 근대소설가들의 작품들과 오버랩되었기 때문인지도 모르겠다. 스토리 라인이 흥미진진·복잡다단한 것도 아니었고, 배경이 이국적이고 낯선 것도 아니었으며, 특별히 주제가 철학적이거나 문체가 강렬한 것도 아니었다.(루쉰의 문체가 얼마나 강렬한 것인지는 루쉰의

잡문들을 경험하게 되면서 비로소 깨닫게 되었다.^^)

그럼에도 나에게 루쉰은 꾸준히 읽혀 온 작가였다. 젊은 날 소설 창작을 꿈꾸던 문청 시절에도, 대학원에서 근대문학을 전공으로 논문을 써야 했던 시절에도, 그리고 거의 20여 년에 이르는 공부 공동체의 연구원 생활에도 루쉰은 언제나 있었다. 그리고 어느 순간이라고 딱 꼬집어 말할 수 없이 루쉰은 내게 조금씩 스며들어 왔다. 글쓰기의 결기와 철저함 그리고 계몽에 관한 루쉰의 인식 등은 독보적인 것이라고 나는 생각한다. 그리고 나는 늘 이 지점에서 루쉰을 한국문학(근대)의 거울로서 만난다.

어느 여름날 루쉰은 오랜 적막 속에서 여느 날과 다름없이 고비석 탁본을 베껴 쓰고 있었다. 그때 오래된 친구 첸쉬안퉁(錢玄同)이 루쉰의 사오싱회관(보수서옥)을 방문했다. 당시 첸쉬안퉁은 베이징대학 교수 및 베이징사범대학 국문과 주임을 지내면서, 천두슈(陳獨秀) 등과 함께 『신청년』이란 진취적인 잡지를 주도하고 있었다.

한참 동안 루쉰의 작업을 지켜보던 첸쉬안퉁이 루쉰에게 이렇게 물었다. "이런 것들을 베껴서 무엇에 쓰려는 건가?" 루쉰이 대답했다. "아무 쓸 데 없겠지." 첸쉬안퉁이 다시 물었다. "그럼 무슨 이유로 그것들을 베끼고 있는 건가?" 루쉰이 대답했다. "아무 이유도 없다네." 그러자 첸쉬안퉁은 진지한 표정으로 루쉰에게 이럴 바에야 무언가라도 글을 써 보는 게 어떻겠는가 물었다. 자신들과 함께 계몽운동을 하자는 것. 이에 대한 루쉰의 유명한 대답.

"가령 말일세, 쇠로 만든 방이 하나 있다고 하세. 창문이라곤 없고, 절대 부술 수도 없어. 그 안엔 수많은 사람이 깊은 잠에 빠져 있어. 머지않아 숨이 막혀 죽겠지. 허나 혼수상태에서 죽는 것이니 죽음의 비애 같은 건

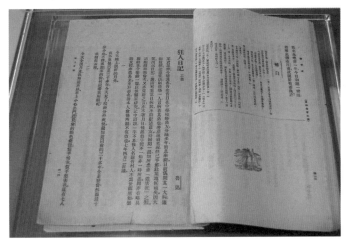

느끼지 못할 거야. 그런데 지금 자네가 고래고래 소리를 질러 의식이 붙어 있는 몇몇이라도 깨운다고 하세. 그러면 이 불행한 몇몇에게 가망 없는 임종의 고통을 주는 게 되는데, 자넨 그들에게 미안하지 않겠나?"루쉰,

「서문」, 『외침』(루쉰문고 03), 14~15쪽

　루쉰의 말에 첸쉬안퉁은 이렇게 대꾸했다. "그래도 기왕 몇몇이라도 깨어났다면 철방을 부술 희망이 절대 없다고 할 수야 없겠지." 어찌됐건 루쉰은 이 일을 계기로 글을 쓰기로 마음먹는다. 그리고 마침내 1918년 5월, 루쉰은 그의 첫번째 소설 「광인일기」를 『신청년』에 발표한다. 이 소설은 백화문으로 이루어진 최초의 중국 근대소설이자 '루쉰'이라는 필명으로 쓰여진 첫번째 작품이었다. 「광인일기」 이후 루쉰은 더 이상 적막하지 않았다. 아니 적막할 수가 없었다.

루쉰은 묻는다. 출구가 없는 철로 된 밀폐 방에서 나의 외침은 몇 사람을 깨울 수 있을지 모른다. 깨지 않았다면 그럭저럭 죽기 전의 슬픔을 느끼지 않을 수 있음에도 굳이 그들을 깨워 임종의 슬픔을 주어야만 할까. 「광인일기」는 이 질문에 대한 루쉰의 대답이라고 보아도 좋고, 대답의 출발이라고 보아도 좋다. 가깝고 작게 보자면 이 경우 깨우는 행위의 정당성이 어디에서 확보될 것인가의 문제가 있다. 멀고 크게 보자면 결국 그래서 어떻게 할 것인가의 문제와 만난다.

루쉰은 누군가 적막 가운데를 돌진하는 용사가 있다면 그로 하여금 안심하고 앞장서 달릴 수 있도록 다소의 위안이 되고 싶다고 했다. 그러기 위해서는 지금의 내 자리를 분명하게 자각해야 한다. 한 번 발을 내디딘 이상 다시 돌아가는 길은 없을지도 모른다, 그럼에도 그 길에 뛰어들겠는가? 라고 묻는 것. 훗날 루쉰은 자신이 어떻게 소설을 쓰게 되었는가를 회고하는 글에서 무엇보다도 이 순간 자신의 목표는 계몽주의였고, (중국인들의) 인생을 개량하는 것이었다고 밝혔다.

나는 루쉰의 철의 방 이야기에서 두 가지에 주목한다. 첫째, 깨인 자는 다시 잠들 수 없다는 것. 둘째, 깨인 자인 나 역시 철의 방 안에 있다는 것. 그리고 또한 나는 루쉰의 이 비유를, 깨인 자에게는 깨인 자의 운명이 있다는 말로도 이해한다. 계몽의 선각자들이 범하는 흔한 착각이 한 가지 있다. 깨인 나는 방 밖에 있고 무지하게 잠든 자들은 방 안에 있다는 식의 태도. 계몽의 빛을 내가 너희에게 비추어 준다는 오만함. 하지만 루쉰의 계몽주의는 이 지점에서 이제까지 한 번도 보지 못한 모습을 보여 준다. 나 역시 철의 방 안에 있다는 것. 그리고 지금 내가 너희들을 깨우는 건 철의 방 바깥으로 나갈 희망이 있어서도 아니라는 것. 아, 진짜? 그럼 어쩌자는 건가!

위대한 몰락, 계몽의 혁명

싸움을 벌일 땐 퇴로부터 끊어 두기. 어찌 보면 병법의 기본이고, 어찌 보면 병법의 반역이다. 하지만 이것은 최소한 루쉰이 터득했던 처절하고 철저한 자기 몰락의 외침이면서 루쉰식 계몽주의의 기본 형식이다. 퇴로를 끊는다는 건 어떤 의미일까. 기어이 승리해야 하거나, 패배한다면 살아 봤자 죽음보다 못하다는 확신이 있거나. 그런데 루쉰의 경우는 또 다른 듯하다. 마치 지기 위해서라도 싸워야 한다는? 지금 깨어 있기에 무엇을 할 뿐이라는? 요컨대 그 무엇은 미래의 무엇으로 보상되는 것이 아니라는 것. 일부러 지기 위해 싸움을 하는 것은 아니지만, 질 수밖에 없을 때에도 싸움은 해야 하고 그럴 때일수록 제대로 깨져야 한다는 것. 완전히 몰락할 때까지 깨지고 깨지고 깡그리 다 깨져야 한다는 것. 그러기 위해서는 지금 이 낡고 쳐부수어야 할 몽매함에서 나 역시 자유롭지 않다는 자각이 필수적이다. 다시 말해, 깨어 있다 한들 나 역시 잠든 자들의 운명과 다르지 않다는 것이다. 그러므로 루쉰의 대답은 이런 것이다. 새로운 시대의 창조자가 되려고 하지 말라, 낡은 시대를 끌어안고 남김없이 몰락해 버려라.

"아이를 구해야 할 텐데…. 아직 아이를 먹지 않은 사람이 있을까?"

「광인일기」의 마지막 구절. 이 구절은 읽는 뉘앙스에 따라 두 가지 버전이 다 가능하다. 사람을 먹어 본 적 없는 아이가 혹 있을지도 모르니 그 아이를 구해야 한다는 간절함 하나, 과연 사람을 먹어 본 적 없는 아이가 있을 수 있을까라는 깊은 절망 하나. 작품의 화자인 '나'는 중국의 역사책들을 꼼꼼히 살펴본 결과 글자들 사이로 빼곡히 적혀 있는 '식인'(食人)이란 글자를 발견한다. 하여 나는 식인의 역사를 바로잡고자

사진 8 루쉰이 첫번째 소설인 「광인일기」를 비롯해 「약」, 「쿵이지」 등을 집필한 사오싱회관 내 보수서옥(補樹書屋) 사진.

하지만 그러던 중 자신도 식인하지 않았다고 말할 수 없다는 걸 알게 된다. 위 구절은 그러한 자각이 있은 이후 주인공 '나'가 마지막으로 내뱉은 말이다.

　요컨대 「광인일기」의 주인공은 스스로 식인의 과거로부터 자유롭지 못함을 자각한 것이다. 자신은 식인의 습관에 젖어 버린 몽매한 사람들 사이에서 새로운 시대를 열어 가는 주체가 되고 싶었지만 이미 그 자신도 그들과 다르지 않은 운명이라는 자각. 많은 계몽가들이 이 지점에서 발목이 걸리곤 했다. 자신은 빛을 비추는 자라는 자의식. 하지만 루쉰은 신해혁명을 목도하면서 분명하고 철저하게 깨달았다. 이런 혁명 혹은 선각으로는 아무도, 심지어 자기 자신조차도 변화(개혁)시키지 못한다는 것을. 「광인일기」의 미치광이 동생이 그랬고, 「약」(藥)에서 처형당한 혁명가 샤위가 그랬다.

「약」의 샤위는 혁명을 해보기도 전에 붙잡힌다. 그는 붙잡힌 상태에서도 사람들에게 이렇게 말했다. 이 청나라는 너희들의 것이라고. 이 '황당한'(!) 이야기에 사람들은 샤위를 확실한 "미치광이"로 믿어 의심치 않는다. 미래가 어떤 길인지를 아는 자는 깨인 자이다. 하지만 반대로 생각해 보면 자신도 몰락할 수 있다는 사실을 깨닫지 못할 때 사람은 결국 무자각자가 되는 법이다. 루쉰에게는 이들은 모두 아Q다. 아Q는 패배를 모른다. 하지만 한 번도 제대로 패배해 본 적이 없는 까닭에 끝내 승리할 수도 없다. 깨인 자가 해야 할 일은 새로운 창조에만 있지 않다. 다음의 창조를 위해서라도 '아Q들'과 함께 철저하게 몰락하기. 철방 안의 우리는 모두 아Q일 수 있음을 받아들이기.

> "노인들은 소년들이 걸어가도록 길을 열어 주고 재촉하고 장려해야 한다.
> 그들이 가는 도중에 심연이 있으면 자신들의 주검으로 메워야 한다.
> 소년들은 심연을 메워 준 그들에게 감사하며 스스로 걸어 나가야 한다.
> 노인들도 자신들이 메운 심연 위를 걸어 멀어져, 멀어져 가는 그들에게 감사해야 한다." 루쉰, 「수감록49」, 『열풍』(루쉰문고 02), 이보경 옮김, 그린비, 2011, 74쪽

소년들이 걸어가도록 기꺼이 자신의 주검으로 심연을 메우고 나면 어떻게 되는가. 소년들은 기꺼이 심연을 메워 준 노인들에게 감사해하며 스스로 그 길을 걸어 나가는 것이다.

루쉰의 대표작 「아Q정전」(1921)은 신해혁명을 배경으로 깡촌 마을 웨이좡(未莊)에서 아Q가 벌이는 리얼 '버러지' 어티쇼다. 아Q는 무시와 천대를 당하며 날품으로 연명하는 노동자다. 그러던 어느 날 핍박받는 그에게는 획기적인 사건, 즉 혁명이 일어난다. 직전까지 혁명이 나쁜

것이라고 생각했던 아Q는 자신을 핍박하던 자들이 벌벌 떠는 모습을 보며 금세 신바람이 났다("혁명도 나쁘지 않구나").

하지만 혁명은 아Q의 삶을 아무것도 바꾸어 주지 못했다. 혁명당이 성에 들어왔다는 소식은 들렸지만 봉건 관료들도 명칭만 바뀌었을 뿐 모두 그대로였고 이전의 자리는 비슷한 다른 인물로 채워졌다. 그곳에 아Q의 자리는 없었다. 혁명 후 달라진 점이 있다면 변발을 머리 위에 얹는 사람들이 많아졌다는 정도뿐이었다. 어째서 혁명은 아Q의 삶을 변화시켜 주지 못했을까. 답은 간단하다. 아Q는 혁명하지 않았기 때문이다. 아Q는 계몽하지 않았기 때문이다.

계몽과 혁명은 절대 낭만적이지 않다. 무엇인가가 뒤집히면, 즉 명[命]을 바꾸면[革] 금세 이전과는 다른 획기적인 무엇(유토피아)이 있으리라는 생각은 전혀 혁명적이지 않다. 또한 혁명은 누구에 의해 대신할 수 있는 것도 아니다. 아Q의 유명한 정신승리법이 잘 보여 주듯, 혁명은 패배를 패배로서 자각하지 못하는 자에게는 들어갈 자리가 없다. 이것은 또한 많은 혁명들이 시작과 함께 급속히 그 열기를 잃어버렸던 이유이기도 하다.

그럼 어떻게 할 것인가. 모든 이들이 혁명의 주체가 될 때까지 기다려야 하는가. 아니다, 그렇지 않다. 계몽한 주체가 되어야 혁명을 하는 것도, 혁명을 해야 계몽한 주체가 되는 것도 아니다. 계몽이 혁명이다. 계몽을 혁명해야 한다. 루쉰의 말처럼, 계몽과 혁명은 차라리 무자각한 상태에서는 편안하게 죽을 수 있는 사람들에게 굳이 임종의 슬픔을 자각하게 만드는 일일지 모른다. 그럼에도 그 일이 필요하다면, 그것은 어쩌면 가능할지도 모를 미래의 장미빛 희망 때문이 아니라(희망은 허망하다, 절망이 그러한 것처럼!), 어딘가엔 꿈을 깬 사람들이 있게

사진 9 루쉰이 「아Q정전」을 집필한 빠다오완(八道灣)후통의 집(왼쪽)과 러시아어판 「아Q정전」 출간을 기념하기 위해 1928년 베이징에서 촬영한 사진(오른쪽).

마련이고, 그들은 이미 꿈속으로 다시 돌아갈 수 없기 때문일 것이다. 그렇기에 계몽과 혁명은 완성이 있을 수 없다. 그것은 언제나 미완이고, 현재형이며, 영구적인 것이다. 그것은 깨인 자에게는 일종의 숙명과도 같은 것이다. 한 가지 분명한 건 비록 고통스러울진 몰라도 그 길을 가지 않을 수는 없다는 사실이다. 왜? 길이란 누군가 가지 않는 한 만들어지지 않는 법이니까(본래 세상에 길이란 게 없었다. 사람들이 다니다 보니 길이 된 것이다).

"애석하게도 중국은 바꾸기가 너무 어렵습니다. 설령 탁자 하나를 옮기고 화로 하나를 바꾸려 해도 피를 흘려야 할 지경입니다. 게다가 설령 피를 흘렸다고 하더라도 반드시 옮길 수 있고 바꿀 수 있는 것도 아닙니다. 커다란 채찍이 등에 내려쳐지지 않으면 중국은 스스로 움직이려 하지 않습니다. 나는 이 채찍이 어쨌든 내려쳐질 것이라고 생각합니다. 훌륭한 것인지 나쁜 것인지는 별문제입니다만, 어쨌든 내려쳐질 것입니다.

그러나 어디서 어떻게 내려쳐질지 나도 확실하게 알 수는 없습니다."루쉰,

「노라는 떠난 후 어떻게 되었는가」, 『무덤』(루쉰문고 01), 홍석표 옮김, 그린비, 2011, 257~258쪽

outro_길

12년 만에 다시 가 본 베이징은, 당연하게도, 그 베이징이 아니었다. 물론 어떤 베이징일 리도 없다. 단지 나에게는 크고 거대한 건물들이 놀라우리만치 많아졌고, 도시 자체가 점점 거대해지고 아니 비대해지고 있다는 느낌. 교통수단은 여전히 놀라웠다. 다만 지상을 가득 메웠던 자전거 행렬 대신 전기차를 비롯한 각종 자동차들이 도로를 가득 메우고 있었고(우버와 띠디를 보라), 지하철 또한 이미 서울보다 훨씬 더 복잡하고 거대하고 촘촘하게 거미줄처럼 얽히고 있었다. 근대화라면 근대화일 것이고 발전이라면 발전일 테지만, 아무래도 이방인일 뿐인 내게는 이것들의 대가로 내주어야 했던 베이징의 널찍하고 고즈넉했던 예스러움, 정겨운 미로였던 후통 골목들, 그리고 무엇보다 파랗던 하늘 색이 못내 아깝게만 느껴졌다. 루쉰이라면 어땠을까, 부질없는 궁금증이 들기도 했다.

　　루쉰은 베이징에서의 14년 가운데 절반 정도를 내성 바깥(사오싱 회관)에서, 그리고 나머지 절반을 내성 안쪽에서 살았다. 이 두 시기는 일본 유학에서 돌아와 고향땅 사오싱과 난징에서 교육부 관련 교사 혹은 관리를 하다가 베이징으로 올라오게 된 루쉰의 적막한 시기와, 루쉰이 본격적으로 문예계의 전사로서 맹활약하게 되는 시기와 정확하게 겹친다. 공교롭게도 루쉰은 「광인일기」, 「쿵이지」 등을 발표하면서, 즉 작품 활동을 시작하면서 사오싱회관을 떠난다. 그가 루쉰이라는 이름으로 살기

시작한 것도 이때부터다. 그러므로 엄밀히 말해 '루쉰'은 그의 글쓰기에 대한 실존의 이름이다. 노둔한(魯) 질주(迅)? 아니다. 어쩌면 이 이름은 모든 모순형용을 현재화하는 하나의 상징기호일지도 모른다. 계몽자이자 피계몽자이고, 선각자이면서 함께 몰락해야 하는 대상인. 나이면서 너이고 네가 곧 나인. 성 안(빠다오완 11호/시싼탸오 21호)에서의 글쓰기=루쉰과 성 밖에서 들락거리던 관료=저우수런(周樹人)의 동선을 짚어 보다가, 묘하게도 혼종+이질을 끌어안을 수밖에 없었던 루쉰을 알 것도 같다는 착각이 들 정도였다. 그렇게 한여름 땡볕을 무릅쓰고 며칠간을 걷고 또 걸으면서 루쉰의 뒷자락을 좇아다닌 결론치고는 좀 허무하지만, 최소한 글쓰기=루쉰은 그가 걸어다닌 길(道)과 분리되지 않는다는 어찌 보면 당연한 사실의 재확인.

'고독한 전사'의 끝질긴 싸움

길진숙(남산강학원)

베이징

난징

상하이

항저우

사오싱

타이완

"안 됩니다! 가야 합니다. 되돌아가 봤자
거기에는, 명분이 없는 곳이 없고, 지주가
없는 곳이 없으며, 추방과 감옥이 없는 곳이
없고, 겉에 바른 웃음이 없는 곳이 없고,
눈시울에 눈물 없는 곳이 없습니다.
저는 그것들을 증오합니다.
돌아가지 않을 겁니다."(『길손』, 『들풀』 중에서)

두 차례의 베이징 여행

2016년 6월, 베이징에 다녀왔다. 남산강학원의 '루쉰 읽기 세미나' 팀과 함께 했다. 하루 1만 5천 보 이상을 걷다 보니, 의도치 않게 웰빙-건강 여행까지 겸하는 격이었다. 나는 베이징의 루쉰박물관을 두 차례 방문했다. 첫날 폐관시간에 쫓겨 찬찬히 살피지 못해 다시 갔던 것이다. 이것이 일종의 조짐이었을까? 같은 곳을 다시 가는 행운(?)은 여기서 끝나지 않았다.

서울에 돌아와 알게 된 사실! 우리가 어렵사리 찾아갔던 빠다오완 (八道灣) 후통(胡同)골목길이란 곳은 루쉰이 살던 그 동네가 아니었고, 현재의 베이징대학교와 베이징사범대학은 루쉰이 강의했던 그 베이징 대학교와 그 베이징여자사범대학이 아니었다. 빠다오완 후통의

사진 1 연구실 후배가 발견한 과거 베이징여자사범대학의 교사. 현재의 루쉰중학교.

사진 2 청학부로 남아 있는 루쉰이 근무했던 교육부.

집터에는 베이징 제35고급중고중부가 들어섰고, 옛 베이징대학교 홍루는 신문화운동기념관으로 보존되어 있고, 베이징여자사범대학의 그 교사는 루쉰중학교로 사용되고 있으며, 루쉰이 근무했던 교육부는 청학부(淸學部)로 남아 있다는 것이었다. 우리보다 뒤에 베이징을 다녀온 연구실 후배가 걷다가 걷다가 그곳들을 우연히 발견한 것이다. 철저하지 못했던 자료조사에 화가 났지만, 이제 와서 어쩌랴. 김이 쭉 빠졌다. 베이징을 또 가야 하나 말아야 하나?

갈등은 짧게 결정은 빠르게! 다시, 중국으로 향했다. 이번에는 내 아이들과 함께했다. 내심 아이들이 많이 걸으면서 루쉰의 삶을 느끼고, 이를 통해 새로운 여행의 가능성을 찾기를 바랐기 때문이다. 내친 김에 루쉰의 어린 시절부터 장년까지의 자취를 몰아쳐 보기로 작정하고 길을 나섰다. 8월의 그 폭염 속에 항저우, 사오싱, 난징을 누비고, 난징에서 고속기차를 타고 베이징으로 올라갔다.

루쉰 덕분에 중국을 이토록 부지런히 오가다니, 게다가 루쉰의 흔적만을 밟아 가는 여정이라니! 이 정도면 사생팬? 내 생애 다시없을 특별한 여행이었다. 1차 여행의 부족함이 오히려 다행이었다. 항저우에 도착하여 여행을 시작하면서 불만 가득했던 마음이 나도 모르게 사라졌다. 루쉰의 자취를 따라 루쉰의 글을 곱씹어 보는 여정은 분명 여느 여행과는 달랐다.

루쉰과 항저우의 뇌봉탑

1924년 9월 25일 항저우(杭州)의 뇌봉탑(雷峰塔)이 무너졌다. 항저우의 서호십경(西湖十景) 중 하나로 일컬어지는, 그 유명한 뇌봉탑이 저절로

사진 3 항저우 뇌봉탑.

붕괴되어 버린 것이다. 루쉰은 베이징에서 이 소식을 듣고 두 편의 글을 썼다. 한 편은 「뇌봉탑이 무너진 데 대하여」(1924년 10월 28일)이고, 다른 한 편은 「다시 뇌봉탑이 무너진 데 대하여」(1925년 2월 5일)이다.

나는 이 글이 뇌리에 오래 남았다. 어려서부터 세상의 부조리에 민감했던 루쉰이 인상 깊었기 때문이다. 그래서 항저우에 도착했을 때, 뇌봉탑이 자못 궁금했다. 루쉰의 글을 읽지 않았다면 뇌봉탑을 탐방하지 않았을 것이다. 그것도 두 차례나! 첫날 폐관 시간에 걸려 탑의 실루엣만 보았기에 다음날 다시 뇌봉탑을 찾지 않을 수 없었다.

처음 루쉰은 뇌봉탑이 무너졌다는 소식을 듣고 아주 통쾌해했다. 그리고 무너져도 싸다, 라고 썼다. 유적이 사라졌는데 무너져도 싸다니,

좀 심하지 않나? 그러나 이내 수긍할 수밖에 없었다. 루쉰은 어려서 할머니한테 뇌봉탑에 얽힌 전설을 듣고 불편한 마음이 가득했다. 나중에 이 남루한 뇌봉탑을 보았을 때도 여전히 편치 않았고 탑이 무너졌으면 하고 바랐다.

할머니는 어린 루쉰에게 백사 낭자가 뇌봉탑 밑에 갇혀 있다는 이야기를 들려주었다. 허선이라는 선비가 푸른 뱀, 흰 뱀 두 마리를 구해 주었다. 뒤에 흰 뱀은 은혜를 갚고자 여인으로 변해 허선에게 시집을 왔고, 푸른 뱀은 여종으로 변해 함께 따라왔다. 법해선사라는 득도한 중이 허선에게서 요사한 기운이 도는 것을 보고, 허선을 금산사의 불상 뒤에 숨겨 둔다. 백사 낭자가 남편을 찾으러 오자, 법해선사는 금산사를 물바다로 만들어 버린다. 이것도 모자라 법해선사는 백사 낭자를 작은 바리때 속에 가두고, 이 바리때를 땅 속에 묻은 후 그 위에 탑을 세웠다. 바로 뇌봉탑이다.

루쉰은 납득이 되지 않았다. 요괴와 인간이 사랑하면 안 되는가? 요괴를 아내로 맞이한 건, 허선의 자유 아닌가? 무슨 권리로 다른 이의 삶을 짓밟는가? 중이라면 제 염불이나 하면 될 일이지, 흰 뱀과 허선이 부부가 된 것을 왜 상관하는가 말이다. 중이 질투심 때문에 공연히 시비를 일으킨 것인지 모른다. 루쉰은 자신만 이렇게 생각한 게 아니란다. 오월의 산간 마을과 해변 마을의 백성들은 모두 법해에게 의분을 느낀다는 것이다. 과연, 탑이 무너졌으니 루쉰뿐 아니라 온 세상 사람들의 기쁨이 얼마나 컸겠는가?

그러나 기쁨은 지속되지 않았다. 몇 달 뒤 루쉰은 뇌봉탑에 대한 글을 다시 쓴다. 뇌봉탑이 무너진 이유는 사람들이 탑의 벽돌을 파 갔기 때문이었다. 탑의 벽돌을 소유하면 모든 일이 뜻대로 잘된다는 미신 때문에 너도나도 파내다가 결국 탑이 붕괴된 것이다. 도적질에 의한 파괴! 노예근성에 의한 파괴! 파괴조차 제대로 안 되니 건설은 말해 무엇하랴? 그러니 탑이 무너져도 사람들은 달라지지 않는다. 십경(十景)이 구경(九景)이 되었다고 안타까워할 뿐! 낡은 벽돌 조각을 고이 모셔 두고 이익을 탐할 뿐!

루쉰은 예언했다. "백성이 안락하고 물산이 풍부해지면 십경병(十景病)이 발작해 새 뇌봉탑이 다시 세워질 수 있다."루쉰, 「다시 뇌봉탑이 무너진 데 대하여」, 『무덤』(루쉰문고 01), 홍석표 옮김, 그린비, 2011, 302쪽 루쉰의 말은 딱 들어맞았다. 세상에 이런 일이? 2002년, 서호의 십경을 채우려는 사람들에 의해 새 뇌봉탑이 건립된 것이다. 남루했던 이전의 모습과는 완연히 다르게 찬란하게 재탄생했다. 그리고 새로운 탑 안에 옛 탑의 잔해를 고이 모셔 두었다. 그곳엔 동전이 수북했고, 2016년 8월에도 사람들은 변함없이 동전을 던지고 있었다. 큰 복과 큰 돈을 비는 사람들. 항저우의 거대한 빌딩과 사람들로 북적거리는 서호. 루쉰의 외침은 여전히 유효하고, 그때와 마찬가지로 루쉰은 적막할 것임에 틀림없다.

"큰소리를 지르며 돌진하면서 전체든 조각이든 발길에 채는 낡은 질서라면 말끔히 쓸어 없애는" 혁신적 파괴자는 어디 있는가? 사방을 둘러봐도 보이지 않는다. 다만 혁명의 노예가 되었거나, 여전히 전통의 노예인 자들만이 눈에 띌 뿐이다. '그게 그거!'인 세상에서, 루쉰은 고독했다.

베이징, 적막한 전장

베이징에서 루쉰이 한 일은 진정한 파괴, 그 지난한 싸움을 끈질기게 이어

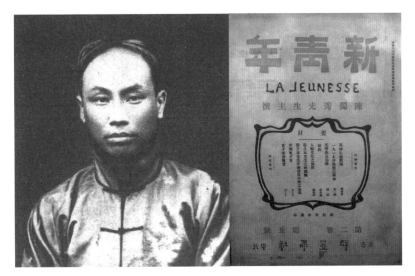

사진 4 청년기의 천두슈와 잡지 『신청년』

가는 것, 결코 포기하지 않는 것이었다. 철방에서 기약 없는 그 '응원의 함성'을 지르기 시작한 이래, 루쉰은 외침을 멈추지 않았다. "남을 해부하고 자신을 사정없이 해부하여" 폭로하는 데 온 힘을 다 쏟을 따름이었다. 실망에 실망을 거듭하면서도, 결코 절망에 머무르지 않았다. 희망과 마찬가지로 절망도 허망함을, 베이징 시절의 루쉰은 온몸으로 절감했기 때문이다.

1921년 「아Q정전」으로 루쉰은 명실상부 문예운동의 기수가 되었다. 그런데 참으로 공교롭다고 해야 할지? 적막 속의 루쉰을 일으켜 세운 신문화운동의 기수, 『신청년』이 1921년 분열된 것이다. 1921년에 중국공산당이 탄생하면서 천두슈(陳獨秀)와 리다자오(李大釗)는 『신청년』의 기조를 마르크스주의와 사상혁명에 두었고, 후스(胡適) 등은 이에 반기를 들었다. 후스는 미국에서 존 듀이(John Dewey)의 실증주의 세례를 받은 개량주의자였다. 정치와 주의에 치중하는 천두슈와 문학·철학에 치중하기를 바라는 후스 사이의 골이 좁혀지지 않았던 것이다. 결국 천두슈와 후스가 결별했고, 문화운동은 광저우의 『신청년』과 베이징 문학연구회의 『소설월보』로 나뉘게 된다. 이후 서로 다른 사상과 색채를 표방한 잡지들이 이곳저곳에서 창궐했다. 전우들이 흩어진 것이다.

이제 중국 사방에서는 군부, 국민당, 공산당, 혁신파, 국수파, 계급혁명문학파, 순수문학파, 아카데미의 순수연구자, 정치학자 등등이 저마다 목소리를 드높였다. 이들의 대의는 모두 중국 인민과 나라를 위한 것이었다. 허나, 가장 시급한 혁신적 파괴와 건설에 힘을 모으지 않았다. 총력전을 벌여도 모자랄 판에 소모적인 시시비비에 몰두했다.

주의-사상의 난립, 정치-문화의 분쟁! 이들은 모두 지나치게 '자대'(自大)하여 스스로를 혁신할 수 없었고, 중국을 혁신할 수 없었다. 루쉰에겐, 단지 주인으로 군림하기 위한 혹은 편안한 노예가 되기 위한 각개의 몸부림으로만 보였다. 루쉰에겐 이 모두가 길이 아니었다. "적막한 새 문단, 평안한 옛 전장, 둘 사이에 병졸 하나 남아서 창을 메고 홀로 방황하네."루쉰,

「『방황』에 제사한 시」; 왕후이, 『절망에 반항하라』, 송인재 옮김, 글항아리, 2014, 43쪽에서 재인용

루쉰은 최후의 병사로 투창을 높이 치켜 들었다.

"그가 무물(無物)의 진(陣)으로 들어서자 마주치는 사람마다 한 본새로 인사를 한다. 그는 이런 인사가 적의 무기라는 것을, 피 한 방울 흘리지 않고 사람을 죽이는 무기라는 것을 안다. 수많은 전사가 그것 때문에 멸망하였다. 그것은 포탄처럼, 용맹한 전사들을 맥 못 추게 하였다."루쉰,

「이러한 전사」, 『들풀』(루쉰문고 05), 한병곤 옮김, 그린비, 2011, 80쪽

사태가 이럴진대, 루쉰은 어떤 주의, 사상, 문파에도 속할 수 없었다. 아니 그 어디에도 속하지 않았다. 루쉰은 특정 주의에는 냉정했으나, 혁명에는 열정을 다했다. 하여, 뚜렷하게 대치한 적(敵)은 없었다. 그야말로 '무물(無物)의 진(陣)', 전우도 없고 적도 없는 전장! 역설적으로 홀로 남은 루쉰에게 적은 사방 도처에 있었다. 그러나 적들은 공리(公理)로 치장하고 자신의 실체를 감춘 채 우아하게 예의를 차리고 있었다. 적은 적이되, 실체 없는 적이었다. 하여 루쉰이 투창을 들고 공격하는 순간에야 그 적은 드러났다.

혁명가·사상가·문학가·군부·토비·정인군자·학자·민중 심지어 자신까지 루쉰에게는 모두가 적일 수 있었다. 그들 중 누구라도 폭압, 전제, 도적질, 맹목, 노예적 비굴함, 안일함, 허위, 기만, 합리화, 비겁함, 구경꾼의 방관적 태도, 자포자기를 드러낸다면 루쉰은 그들을 향해 창을 겨누었다. 그리고 결코 용서하지 않았다. 말하자면 루쉰의 싸움은 각개격파의 유격전이었다. 그 누구든, 그 언제든 문제가 있다면 전선을 구축했다. 그 진지는 소설일 수도, 잡문일 수도, 강연일 수도, 번역일 수도 있었다. 기동력에 있어서 루쉰을 당할 자는 없었다.

"루쉰은 더 이상 대규모 혁명에 힘을 쏟지 않았고 엄밀한 정치활동을 조직하려고 하지 않았다. 그 대신 근대도시의 밀림에서 유격전을 펼쳤다. 간행물 창간, 단체 조직, 칼럼 신설, 필명 교체 등을 통해 사회생활 각 방면에서 소규모 기습을 했다. 그는 이것을 '사회비평'과 '문화비평'이라고 불렀다." 왕후이, 『절망에 반항하라』 43~44쪽

동생과의 결별, 루쉰의 방황

1923년 8월 루쉰은 동생 저우쭤런(周作人)과도 틀어졌다. 루쉰은 막강한 책임감을 지닌 가장이었다. 결혼한 쭤런은 빠다오완 11호에서 형과 함께 살았고, 루쉰은 쭤런 가족의 생활비를 감당했다. 루쉰과 쭤런은 각별한 형제였을 뿐만 아니라, 일본 유학을 함께 하고 번역을 함께 하고 신문화운동을 함께 한 전우였다. 그런데 그런 형제가 갈라서게 된 것이다.

루쉰 형제가 갈라선 이유는 저우쭤런의 부인 하부토 노부코(羽太信子) 때문이었다. 1923년 7월 18일 동생 저우쭤런은 형 루쉰에게 "뒷마당에 있는 우리 집에 다시는 오지 말아 달라"는 절교의 편지를 보냈다. 훗날 루쉰은 "일본 여자에게 쫓겨났다"고 표현했다. 루쉰과 저우쭤런은 절교에 관한 한 이 이상의 언급은 하지 않았다. 주변 사람들의 전언에 의하면, 생활비를 절제 없이 썼던 노부코의 사치가 문제였다고 한다. 가정 경제를 도맡아 책임지느라 동분서주 고단했던 루쉰, 수입 규모를 생각지 않고 돈을 써댄 제수씨 하부토 노부코, 이 갈등의 골을 메꿀 수 없었던 동생 저우쭤런! 이 갈등의 끝은 절교였던 것이다.

루쉰은 빠다오완 11호를 떠나 좐타(磚塔) 61호로 거처를 옮겼다. 신문화운동의 전우들은 이미 흩어졌고, 쭤런마저 멀어졌으니 그는 정말 혼자였다. 루쉰에게 동생과의 결별은 깊은 상처였으리라. 결별 과정에서 못다 한 말을 하고 싶었던 것일까? 루쉰은 1925년 「형제」라는 제목의 소설을 내놓는다. 주인공 페이쥔과 그 동생 징푸, "두 형제는 한 사람 같아"라는 부러움을 살 정도로 우애가 남다르다. 다른 집 형제들은 "돈 때문에 세세하게 따지며" 싸우기 일쑤인데, 페이쥔 형제는 그런 적이 없다. 그러나 동생이 심각하게 아프자, 페이쥔의 마음이 이전과 같지 않다. 생계 문제로

사진 5 저우쮜런(왼쪽)과 그의 아내 하부토 노부코.

사진 6 결별하기 불과 몇 달 전인 1923년 4월의 형제 모습. 앞줄 맨 왼쪽이 저우쮜런, 그 옆이 루쉰.

사진 7 오늘날 베이징의 콴타 후통 표지판(왼쪽)과 골목길
모습(오른쪽).

머리는 복잡하고 동생네 식구들이 부담스럽게 느껴지기 시작 한 것이다.
천만다행. 동생의 병이 홍역으로 판명되자 다시 예전 생활로 돌아온다.

이상하다. 페이쥔은 "만사가 모두 해결되고 주위가 모두 평온한데도
마음은 오히려 텅빈 것 같았다". 동생의 병이 깊었다면 진짜 어떻게
되었을까? 페이쥔은 자신을 믿을 수 없었다. 우애를 보장하는 건 경제력!
인간이 다 그렇게밖에는 살 수 없는 게 아닌가? 페이쥔의 마음이 루쉰의
마음이 아니었을까? 그 헛헛함과 존재의 슬픔.

콴타 후통을 걸었다. 마을 어귀 전탑(磚塔)이 있는 곳에서 골목길을
따라 한참을 걸어야 루쉰의 베이징 생활 중 세번째 거주지인 콴타 61호가
나온다. 좁은 골목길에 사람, 자전거, 오토바이, 소형차들이 오가느라 경적
소리가 요란했다. 소리에 놀라며 차를 피하느라 정신없이 걷다 보니 후통의

사진 8 루쉰이 베이징 생활 중 마지막으로 머물렀던 당시 시싼탸오(西三條) 21호.

끝자락 즈음 61호가 보인다. 작고 허름한 집. 루쉰이 살던 시절의 모습 그대로를 간직한 채 다른 사람이 살고 있었다.

루쉰은 이 골목길을 걸으며 무엇을 생각했을까? 동생 쥐런에 대한 미움이었을까? 아니면 그보다 더 깊은 슬픔, 외로움이었을까? 루쉰은 상처를 헤집고 어루만지면서도 유격전을 멈추지 않았다. 짧은 시간 동안, 루쉰은 열 편의 글을 썼다. 「축복」, 「행복한 가정」, 「비누」,

「술집에서」, 「노라는 떠난 후 어떻게 되었는가」, 「천재가 없다고 말하기 전에」 등. 그리고 1924년 1월, 베이징 생활의 네번째이자 마지막 거주지 꿍먼커우(宮門口) 시싼탸오 21호로 이사한다.

　루쉰은 좐타와 시싼탸오 시절에 쓴 소설을 1926년 『방황』이란 제목으로 묶어 출판한다. 루쉰은 여느 때와 다르게 서문을 쓰지 않았다. 대신 초나라 굴원(屈原)의 「이소」(離騷) 일부를 제사로 인용했다. "길은 까마득히 아득하고 먼데, 나는 오르내리며 찾아 구하고자 하네."

　이때 루쉰의 마음은 참소와 비방을 받으며 내쳐졌던 굴원의 심정과 같았던 것일까? 다시 돌아갈 수 없다면 어디로 가야 하는가? 어쨌든 전진해야 한다. 하지만 그 길에서 무엇을 만날지 그 길의 끝이 어디인지 아무도 모른다. 가다가 죽을 수도 있다. 그래도 가는 길을 멈출 수는 없는 법. 그렇다면 그 먼 길을 떠나는 가운데 오르고 내리고 방황하며 숨고르기가 필요하다. 지금까지 걸어 온 과정 그리고 침잠의 시간을 살펴야 그 다음 스텝을 내딛을 수 있다.

방황하는 지식인들

이 시절 루쉰은 지식인들의 좌절과 방황에 주목한다. 혁명의 뜻은 드높았고 계몽의 빛은 찬란했지만, 현실에 발붙이기 어려웠다. 사회는 이들에게 냉담할 뿐만 아니라 이들을 배척하고 몰아내기까지 했다. 이들은 혁명의 성공과 혁명의 완성이 환상이었다는 사실을 너무 빨리 알아차렸다. 이들은 각자의 생의 무게만큼 '고독'으로 진지를 구축했다. 그리고는 냉담과 냉소, 무기력과 방관, 위선과 위악으로 자신들을 무장한 채 지치고 스러져 갔다.

사진 9 루쉰의 두번째 소설집으로 「축복」,
「고독자」 등이 실린 『방황』 표지.

혁명 이후에도 민중은 인습의 굴레에 막혀 여전히 그렇게 살고 있었다.
지식인들은 이들의 삶을 답답해하지만 딱히 어떤 행동도 할 수 없었다.
이들도 혁명의 그 지난함에 깊이 좌절했고 무엇을 할지 헤매는 중이었다.
이들이 하는 일은 그저 관찰. 그 전형을 「축복」의 주인공 '나'가 보여 준다.

"현세에서 살아 봤자 별 수 없는 자가 죽는다는 것은, 보기 싫던 자가
보이지 않는 것만으로도 남을 위해서나 자신을 위해서나 모두 좋은
일이다. 나는 창밖에 사락사락 소리를 내면서 내리는 눈에 귀를 기울이며
이렇게 생각하니 오히려 마음이 한결 후련해졌다." 루쉰, 「축복」, 『방황』(루쉰문고
04), 서광덕 옮김, 그린비, 2011, 18~19쪽

「축복」의 주인공 '나'가 샹린댁이 죽었다는 소식을 듣고 변명하는

말이다. 샹린댁은 자신의 의지로 살아본 적이 없는 하층여성이다. 아니 그녀에게는 의지나 선택이 허용된 적이 없었다. 결혼도 재혼도 남편과 아이의 죽음도 불가항력이었음에도 동네 사람들은 샹린댁을 부정한 여인으로 무시했다. 유교적 관습과 미신이 뿌리 깊은 루전 마을. 그곳에서 재가한 여인의 수난은 이승에서의 수난으로 끝나는 것이 아니었다. 저승에 가서도 수난은 계속된다는 잔인한 미신으로 샹린댁은 죽음 이후의 세계까지 두려워해야 했다.

때문에 샹린댁은 죽기 직전, '나'를 찾아와 인간에게 영혼이 있는지 없는지를 물었다. 그러나 '나'는 귀찮은 일에 얽힐까 봐 대충 얼버무렸다. 그런데 샹린댁이 죽은 것이다. '나'는 왠지 그녀의 죽음에 책임이 있는 듯 마음이 무거웠지만, 이 또한 회피해 버린다. 애써 그녀의 죽음을 합리화한 것이다. 진정 「축복」의 '나'는 비겁한 방관자의 전형이다.

루쉰은 지식인으로서 민중의 삶과 그들의 각성에 대해 심각하게 고민했다. 군주전제에서 입헌민주제가 되었지만, 그 민중은 여전히 노예의 삶을 살고 있다. 중국의 민중은 샹린댁처럼 깨어나기엔 너무 어렵고 막막한 조건에서 살고 있다. 루쉰은 민중 '아Q'가 스스로 깨어나길 바랐지만 그리고 그것만이 혁명의 길이라 믿었지만, 그것이 당장은 불가능함을 통감했다. 민중을 깨우는 방법은 무엇일까? 그 답을 찾아 루쉰은 계속 방황 중이었다.

좌절한 지식인, 「고독자」의 주인공 웨이렌수는 어떠한가? 웨이렌수를 통해 루쉰은 지식인의 고독을 파헤쳤다. 웨이렌수는 사회에서 고립되었기 때문에 고독한 것이 아니다. 이 냉담하고 적막한 사회와 타협할 수 없어서 그리고 그 사회에 반항하기 위해 스스로 고독으로 무장한 것이다.

웨이렌수는 낡은 질서의 파괴를 외쳤던 혁명가이다. 그러나 사회는 혁명가를 배척하고 벼랑으로 내몬다. 중국의 구사회는 여간해서는 꿈쩍하지 않는다. 냉담하고 잔인하며 강력하기까지 하다. 어떤 방법으로도 이길 수가 없는 것이다. 그렇다면 어찌해야 하는가? 웨이렌수는 위악적 복수를 선택한다. 자신이 증오했던 것, 반대했던 것들 모두를 몸소 실행하기. 자신이 숭배하고 주장했던 모든 것을 거부하기!

웨이렌수는 모든 아이들을 사랑했고 어려운 사람들에게 먼저 손을 내밀었다. 그러나 사회의 냉대와 배척으로 가난에 시달리고 보잘것 없어지자 아이들도 어른들도 웨이렌수를 함부로 대하며 멀리한다. 처절한 절망. 웨이렌수는 기꺼이 사람들이 좋아하는 걸 선택한다. 사단장의 고문이 되어 돈을 흥청망청 쓰기. 사람들을 조롱하고 경멸하며 노예처럼 대하기. 웨이렌수는 이것이 복수라 생각했다. 저들이 했던 것처럼 되돌려 주는 것. 그리고 몰락해 버리는 것. 소모적이고 악의적인 인간관계 속에서 웨이렌수는 서서히 죽어갔다. 궁극의 승리가 이런 것이었을까?

그의 복수는 죽어서도 이어졌다. 이 세상에서 사라져야 할 군부. 그는 관 속에 들어갈 때도 군복으로 수의를 대신했다. 자신의 몰락과 함께 구사회도 사라져야 한다는 역설! 군복을 입고 관 속에 누워 있는 웨이렌수의 얼굴은 '냉소로 가득했다'라고 루쉰은 묘사했다.루쉰, 「고독자」, 『방황』(루쉰문고 04), 158쪽 가장 악마적인 저주이자 복수였던 것일까? 이해는 되지만 통쾌하지는 않다. 아주 답답하다. 루쉰이 노린 것이 이런 마음인지.

웨이렌수의 고독의 몸부림과 이 처절한 반항을 알아준 이는 단 한 사람, 선페이 '나'이다. 나는 웨이렌수의 마지막을 지켜보며 자기도 모르게 울부짖음으로써 그 고독과 비애의 심연에 응답했던 것이다. '웨이렌수'와 '나'는 또한 루쉰의 분신들이었으리라. 「고독자」를 읽으면 아무것도 할 수 없었던, 배척당하고 궁지에 몰렸던 혁명가들, 그들의 분통 터질 것 같은 심정이 그대로 전해진다.

루쉰은 지식인들의 내면의 상처를 소설로 끄집어냈다. 물론 루쉰은
이들을 동정하지 않았다. 대신 이 심연, 이 좌절을 그대로 폭로했다. 그는
지식인들의 현재를 은폐하거나 포장하지 않고, 그 절망의 한가운데를
뚜벅뚜벅 가로질렀다. 그리고 고민했다. 이 좌절하고 방황하는 지식인들에게
당장 필요한 것은 무엇일까? 어떻게 '절망에 반항'왕후이, 『절망에 반항하라』하며
길을 갈 것인가?

무엇을 할 것인가? : 생존하라, 생계를 해결하라, 전진하라!

루쉰은 1920년부터 베이징대학교 강사를 겸임했다. 그리고 1923년에는
베이징여자사범대학의 강사도 겸임했다. 베이징에서 루쉰은 청년들의
스승이었다. 베이징대학교에서의 중국소설사 강의는 학생들로 넘쳐났고,
강연장은 물론 그가 있는 곳에는 항상 청년들로 북적거렸다. 그런데
아이러니하게도 루쉰은 청년들의 스승이 되고자 하지 않았다. 어쩌면 결코
스승이 된 적이 없었는지도 모른다.

루쉰은 혁명가, 사상가, 지도자를 자처하지 않았다. 오히려 선배와
스승을 믿지 말라고 했다. 루쉰이 가장 싫어한 말이 사표(師表)와 같은 말이
아니었을까? 루쉰은 다만 혁명하고 있는 자요, 길을 가는 자였다. 루쉰은
각자가 혁명하는 길을 찾아서 걸어가라고 했다. 그 길은 하나가 아니므로.
루쉰은 자칫 하나의 길을 선동하다 청년들이 죽음에 내몰릴까 두려웠다.
루쉰에게 혁명은 살기 위해 하는 것이다. 각자가 노예가 아닌 주인으로
살기 위해 혁명하는 것이다.

北京女子師范大学外景 　　　1924年秋至1925年11月，
这里发生了波及全国的"女师大风潮"。
The Beijing Women's Normal College where Lu Xun taught
between July 1923 and November 1925.

사진 10 베이징 루쉰박물관에 전시되어 있는 베이징여자사범대학의 당시 모습.

사진 11 베이징여자사범대학의 현재 모습. 지금은 베이징 루쉰중학교이다.

　　그럼에도 루쉰은 청년들에게 말하지 않을 수 없었다. 혁명의 방향이 아니라, 루쉰 자신이 그리고 청년들이 지금 당장 무엇을 해야 하는지를 말이다. 1923년 12월 베이징여자사범학교 문예회 강연문 「노라는 떠난 후 어떻게 되었는가」와 소설 「죽음을 슬퍼하며」(1925년 10월 21일 완결)는 청년들에게 주는 루쉰의 메시지이다.

　　노르웨이의 입센(Henrik Johan Ibsen)은 「인형의 집」의 노라를 통해 여성 해방의 출발선을 보여 주었다. 입센은 꼭두각시가 아니라 독립된 인격으로 살기 위한 '출가'(出家)의 행위, 그 결단에 의미를 두었다. 마침내, 노라는 집을 떠났다. 그후, 중국의 루쉰은 입센이 묻지 않은 것을 물었다. 노라는 집을 떠나서 어떻게 되었는가? 물론 루쉰 당대에도, 이걸 질문한 사람은 거의 없었다. 루쉰이라서 집 떠난 노라 그 이후를 물은 것이다.

　　베이징여자사범대학의 여학생들에게 루쉰은 말한다. 집 나간 노라는 굶어 죽거나, 타락하거나, 집으로 돌아올 것이다. 왜냐? 손가방 즉 경제력이 없기 때문이다. "인생에서 가장 고통스러운 것은 꿈에서 깨어났는데 갈

사진 12 교장 양인위 축출 투쟁에 승리한 후 함께 사진을 찍은 베이징여자사범대학의 선생과 학생들(1926년 1월).

수 있는 길이 없다는 것입니다. (······) 만일 갈 수 있는 길을 찾아내지 못했다면 가장 중요한 것은 그를 놀래 깨우지 말아야 한다는 것입니다."루쉰, 「노라는 떠난 후 어떻게 되었는가」, 『무덤』(루쉰문고 01), 251쪽 길을 나서려면 반드시 생계를 해결할 경제력이 있어야 한다. "자유는 물론 돈으로 살 수 있는 것이 아닙니다. 그러나 돈 때문에 팔아 버릴 수도 있습니다."루쉰, 앞의 글, 253쪽 생계가 마련되지 않으면 혁명은 불가능하다. 아니 생계를 해결하는 게 해방이요, 혁명의 과정이다.

또 다른 한편, 루쉰은 소설 「죽음을 슬퍼하며」에서 매우 촘촘하게 자유연애와 결혼, 혁명, 계몽의 문제를 파고들었다. 루쉰의 글은 손톱만큼의 환상이나 희망 따위를 허용하지 않는다. 대신 꼬질꼬질하고 치사하고 너절한, 그러나 분투해야 하는 현실의 장을 적나라하게 폭로한다. 모든 파괴와 건설은 이 남루한 현실 위에서 일어나는 것이므로.

「죽음을 슬퍼하며」에서 남자주인공 쥐안성과 여자주인공 쯔쥔은 자유연애로 결혼을 했다. 쥐안성은 쯔쥔에게 자유연애의 빛을 선사했다.

쯔쥔은 쥐안성으로 인하여 서구식 사랑의 자유와 평등에 눈떴다. 쥐안성과 쯔쥔은 불타오르는 사랑의 힘으로 집을 박차고 나왔다. 가족들과의 절연을 감수할 만큼 자유연애는 폭발력이 있었다. 혁명도 마찬가지이다. 터지는 그 순간의 폭발력은 아무도 말릴 수 없다.

그렇지만 이 연애의 시작에는 계몽과 유토피아가 자리한다. 계몽의 주체 쥐안성은 자유연애의 유토피아에 먼저 눈떴고, 쯔쥔에게 그 유토피아를 약속했다. 쯔쥔은 자각한 자가 아니다. 사랑의 유토피아에 취해 쥐안성에게 모든 것을 맞출 뿐이다. 남녀의 자유로운 사랑과 결혼, 구식사회 중국에서 이 얼마나 황홀했겠는가? 문제는 모두 이 판타지에 황홀해할 뿐, 사랑의 변화와 그 분투는 상상하지 않았다는 사실이다.

자유연애가 이상이라면 결혼은 현실이다. 쥐안성과 쯔쥔의 부푼 꿈은 고픈 배를 채울 먹거리와 자질구레한 생활 앞에서 깨지기 시작한다. "날마다 '강물이 흐르듯 끊임없이' 되풀이되는 것은 밥 먹는 일이었다." 생활의 쓰나미가 사랑의 환희를 뒤엎어 버렸다. 쯔쥔은 쥐안성의 실직으로 흔들리기 시작했고, 쥐안성은 쯔쥔의 생활방식에 염증을 느끼기 시작했다. 그럴수록 쯔쥔은 사랑의 판타지에 매달리고 쥐안성은 집에서 멀어져 갔다. 환멸만 남은 두 사람. 선각자답게 쥐안성이 환멸 그 진실(?)을 먼저 고백함으로써 결별하게 되고 얼마 뒤 쯔쥔은 자살한다. 판타지의 결말은 죽음이라니, 루쉰은 냉정하다. 환상 위에 구축된 이념이 생활의 현장에서 얼마나 나약한 것인지를 루쉰은 냉철하게 정시했던 것이다.

결국 쯔쥔은 사라지고 쥐안성은 남았다. 마치 혁명의 좌절로 어떤 이는 스러지고 또 어떤 이들은 남은 것처럼. 그러면 쥐안성은 어찌해야 하는가? '살아 있으므로', 쥐안성은 그 공허와 비애를 안고 또 살아 내야 한다. 이것만이 생의 진실이다. 자유와 평등은 그 남루한 생활의 장에서 끈질기게 투쟁해야 만들어진다는 진실, 그것을 얻었으니 쥐안성은 또 가야 한다.

"만약 젊은이들이 어떤 목표를 향해 나아가야 하느냐고 굳이 묻는다면 남을 위해 마련해 놓은 이야기를 해줄 수 있을 뿐입니다. 그것은 첫째는 생존하는 것이요, 둘째는 배불리 먹고 따뜻이 입는 것이요, 셋째는 전진하는 것입니다. 이 세 가지를 방해하는 자가 있다면 그 자가 누구이든 그에게 반항하고 그를 박멸해야 합니다!(1925년 5월 8일)" 루쉰, 「베이징통신」 『화개집』(루쉰전집 4), 이주노 옮김, 그린비, 2014, 82쪽

이 시절 루쉰은 혁명을 새롭게 사유했다. 혁명은 하루아침에 이루어지지도 않을뿐더러 제도나 체제의 혁신으로 끝나는 것이 아니다. 그러나 많은 지식인들이 이념에 대해서는 턱없이 거대하고 무모한 반면, 생활에 대해서는 턱없이 치졸하고 무력했다. 그래서 혁명가들이 놓칠 수 있는 '생활'과 '습속'의 힘을 강조했다. 매일 먹고 입고 살아야 하는 '생활', 내 몸을 길들이고 있는 '습속'을 소홀히 해서는 안 되는 것이었다. 루쉰은 자칫 혁명이라는 관념에 매달려 쉽게 기대하고 쉽게 좌절하는 이들에게 혁명은 현실 위에서 일어나는 끈질기고도 외로운 싸움임을 보여 주었다.

2016년 8월의 베이징여자사범대학 또는 루쉰중학교

옛 베이징여자사범대학, 지금은 루쉰중학교가 된, 그 학교의 문을 두드렸다. "루쉰에 대한 글을 준비하는 사람으로 루쉰의 자취를 꼭 보고 싶다"는 편지를 써 간 덕분에 학교 안으로 들어갈 수 있었다. 연구실의

사진 13 루쉰중학의 교사(校舍)로 사용 중인 베이징여자사범대학의 옛 건물. 루쉰 당시 베이징여자사범대학의 명칭은 경사여자사범학당이었다.

사진 14 3·18참사 때 희생된 루쉰의 제자 류허전(사진 왼쪽)과 양더췬.

중국어 능통자에게 부탁하여 청원의 편지를 준비해 갔던 것이다. 항저우에서도 난징에서도 이 편지 덕을 톡톡히 보았다.

2016년의 8월, 옛 베이징여자사범대학의 교정은 아담하고 고즈넉했다. 루쉰 선생이 교장 양인위(楊蔭楡)와 투쟁을 벌이던 그때의 상황이 떠올랐다. 고루하고 편협하며 탐욕스러운 돤치루이(段祺瑞) 정부·교육부·교장에게 있는 힘을 다해 저항했던 제자 쉬광핑(許廣平)과 그의 친구들. 학생들의 편에 서서 교장 양인위와 교육당국의 기회주의적인 권력욕과 완고함을 비판하며 맞서 싸운 루쉰.

이때 마흔 살을 훌쩍 넘은 중년의 루쉰은, 제자 쉬광핑이 평생의 반려자가 될 줄 알았을까? 그리고 1926년의 3·18참사*를 상상이나 했을까? 3·18참사로 마흔일곱 명의 학생이 총에 맞아 사망하고, 그 시신들 속에 베이징여자사범대학의 제자 류허전(劉和珍)과 양더췬(楊德群)이 있을 줄 짐작이나 했을까? 살아 있는 한, 폭풍과 격랑은 그치지 않는다. 아니 더 센 폭풍과 격랑이 오기도 한다. 그러나 루쉰의 말처럼 살고, 생계를 꾸리고, 전진할 뿐이다. 루쉰은 그후, 또 어디로 나아갔는가?

---

* 1926년 3월 펑위샹(馮玉祥)의 국민군과 장쭤린(張作霖)의 봉군이 교전을 벌이다가 봉군이 패했다. 이에 일본제국주의는 국민군의 방어선인 다구커우(大沽口)를 공격하고, 영국·프랑스 등과 함께 최후통첩을 해왔다. 3월 18일 중국의 2백여 단체, 10만여 군중이 천안문 광장에 모여 8개국의 최후통첩에 반대하는 국민대회를 열고, 돤치루이 정부 청사까지 행진했다. 돤치루이 정부군은 일본제국주의에 반대하는 군중을 향해 총을 쏘았고, 학생 47명이 사망하는 참사가 벌어졌다. 이를 3·18참사라 일컫는데, 이때 루쉰이 가르쳤던 베이징여자사범대학의 류허전과 양더췬이 사망했다.

아름답지 않은
삶을 쓰다

신근영(남산강학원)

베이징

난징
항저우 상하이
사오싱

타이완

광저우 샤먼

"지난날을 앙모하는 자, 지난날로 돌아가라!
세상을 벗어나고 싶은 자, 어서 세상을 벗어나라!
하늘에 오르고 싶은 자, 얼른 하늘로 올라가라!
영혼이 육체를 떠나려 하는 자, 서둘러 떠나라!
현재의 지상에는 현재에 집착하고 지상에
집착하는 사람들이 살아야 한다."

「잡감」, 『화개집』 중에서)

루쉰로드의 마지막 여행이 시작되었다. 베이징을 떠나 샤먼과 광저우를 거쳐, 상하이에 이르는 루쉰 후반기의 삶을 추적하는 여행이었다. 거리로 치면, 4천 킬로미터가 넘는 대장정이었다. 그중에서도 내가 특별히 관심을 두고 보아야 할 곳은 샤먼(廈門)이었다. 샤먼은 루쉰이 14년간의 베이징 생활을 접고 향한 곳이자, 그의 후반기 삶의 문턱이 되는 공간이다.

사실 샤먼은 전체 루쉰로드를 두고 볼 때 예외적인 공간이라 할 수 있다. 루쉰은 성인이 된 후로 줄곧 번잡한 대도시에서 삶을 꾸려 나갔다. 그것은 루쉰이 혁명의 한복판에서 살아갔다는 사실을 의미한다. 이런 루쉰이 딱 한 번 도시를 떠난 적이 있었는데, 그곳이 바로 샤먼이다. 중국 남쪽 변방, 해변이 아름다워 영국 조계지가 들어선 곳. 지금도 중국인들이 손꼽는 아름다운 관광지인 샤먼에서 루쉰은 4개월가량의 시간을 보냈다. 이 빗겨간 길 위에 선 루쉰을 만나는 것이 내게는 이번 여행의 목표이자 바람이었다.

하지만 막상 길 위에 오르자 그 예상은 금세 어그러졌다. 루쉰로드에서 각자가 맡은 영역에 조정이 필요했던 것이다. 그 이유는 일단 루쉰의 샤먼 생활이 매우 짧았다는 데서 찾을 수 있다. 게다가 이왕에 베이징에 들렀으니 베이징 후반기의 삶부터 추적해 들어가는 게 샤먼이라는 시공간을 이해하는 데 더 좋을 것 같다는 얘기가 오고간 것이다. 그렇게 예기치 못한 출발선에서 이 여행을 다시 시작해야 했다. 당황스러웠다. 하지만 이렇게 돌발적이니까 여행이다. 나는 비로소 길 위에 섰다는 생각이 들었다.

민국 이래 가장 어두운 날, 쓰다

여행의 출발은 1923년 베이징. 이즈음 루쉰은 청년들과 찐한 만남을 가졌다. 청년들이 마음껏 말할 수 있는 잡지를 창간하는가 하면, 청년문학 단체를 조직하기도 했다. 루쉰에게 청년이란 「광인일기」 마지막에 나오는 "사람을 먹어 본 적이 없는 아이"였을까. 루쉰은 성심을 다해 학생들을 가르쳤고, 때로는 그들의 싸움에 힘을 보태기도 했다. 싸움의 현장은 베이징여자사범대학(이하 '여사대'). 루쉰은 그곳에서 한 번 웃었고, 한 번 울었다.

여사대 사건은 '양인위'(楊蔭楡)라는 여자 교장이 부임한 1924년에 시작되었다. 그녀는 외국에서 신문명을 접했건만, 극히 보수적이었다. 그녀의 관심은 하나, 권력이었다. 양인위는 교육부를 등에 업고 소통의 문을 걸어 잠근 채, 구미에 맞는 몇몇 교수들과 학교를 좌지우지했다. 이에

사진 1 예전 베이징여자사범대학 자리에 현재는 루쉰중학교가 들어서 있다. 사진은 루쉰중학 중정에 있는 루쉰의 동상.

학생들이 일어섰다. 길고 지난한 싸움이 이어졌다. 그 과정에서 여섯 명의 학생이 제적되었다. 학생 자치회는 교직원들에게 도움을 청하는 편지를 보냈다. 루쉰의 손에도 그 편지가 도착했다. 루쉰은 청년들에 응답했다. 여러 곳에 글을 써서 사태의 본질을 알리고, 양인위와 교육부의 음모를 폭로했다. 하지만 사태는 좋아지기는커녕 나날이 나빠졌다. 루쉰은 파면되었고, 학생들은 경찰과 용역에 의해 학교에서 쫓겨났다.

청년들은 굴하지 않았다. 쫑마오(宗帽) 골목에 민가를 빌려 임시학교를 열고는 싸움을 이어 갔다. 그리고 1925년 11월, 베이징에 분 혁명의 바람에 교육부가 물러나게 된다. 학생들도, 루쉰도 다시 학교로 돌아왔다. 작지만 값진 승리였다. 그러나 중국의 오랜 습속의 힘은 강했다. 낡은 습속이 벌이는 식인의 잔치가 되돌아왔던 것이다. "윤회의 놀이"였다.

1926년 3월 18일, 천안문 앞에서 대규모 시위가 열렸다. 사건의 시작은 국민군과 봉계 군벌 사이에서 벌어진 교전이었다. 봉계 군벌을 지지하고 있었던 일본은 톈진(天津)의 다구커우(大沽口) 항구에서 봉계 군벌의 진입을 호위하며 국민군에게 포격을 가했다. 이에 국민군 또한 포격으로 맞서 일본 군함을 항구 밖으로 쫓아냈다. 이를 빌미로 일본은 영국, 미국 등 8개국을 규합하여 베이징 정부에 최후통첩을 날려 다구커우에 있는 군사시설에 대한 철수를 요구했다. 일본의 이런 부당한 요구에 베이징 정부는 침묵했지만, 베이징 민중들은 크게 반발했다. 2백여 단체 10만여 민중이 천안문 앞에서 8개국의 최후통첩에 반대하며 반제국주의 구호를 외쳤다. 그중 2천여 명의 청원단이 조직되어 집정부를 향했다. 무기 하나 없는 맨몸이었다. 하지만 그들에게 돌아온 것은 죽음의 총탄. 군벌의 총부리는 일본이 아닌, 자국민을 향했다. 47명이 사망했고, 200여 명이 부상을 당했다. 사망자들 중에 류허전(劉和珍)과 양더췬(楊德群)이 있었다. 여사대 투쟁의 주역이자, 루쉰의 제자들이었다.

루쉰은 이루 말로 다할 수 없이 비통했다. 희망도, 절망도 없이 살아가겠노라 했건만, 어린 학생들의 피 앞에서 그 다짐은 쓸모없었다. 스러져 간 생명들에 대한 슬픔, 자국민을 죽음에 몰아넣는 정부에 대한 분노, 그리고 무엇보다 자신의 무력함에 대한 분노까지. 루쉰은 자신을 쏘아보며 자탄했다. 어린 생명이 스러져 가는 동안 너는 무엇을 했느냐, 쥐어짜듯 몇 편의 글을 쓴 것이 전부가 아니더냐, 대체 글이란 무엇이냐, 이 피 앞에 한갓 종이조각에 지나지 않는 글이란 무엇이냐.

그럼에도 불구하고 다시 펜을 들 수밖에 없었다. 무력하기 그지없는

사진 2 베이징여자사범대학 학생회 간부들 모습. 뒷줄 가운데가
3·18참사로 희생당한 류허전이다.

자신이지만, 그런 자신이 쓴 글은 더욱 무력하겠지만, 그래도 자신이 할 수
있는 것이 글쓰기인 한, 그는 써야 했다. 망각이라는 구세주가 강림하지
못하게, 피의 부채를 갚을 때까지 그 빚을 기억하기 위해, 그리고 청년들의
무덤 앞에 무력하게 서 있는 자신을 고발하기 위해. 그렇게 그는 "민국 이래
가장 어두운 날", 먹이 아닌 청년들의 피로, 썼다.

"만약 중국이 아직 사망하지 않았더라도 기왕의 역사적 사실이 우리에게
가르쳐 보여 줬듯이 장래의 일은 학살자의 의중을 상당히 벗어나게 될
것이다.
이는 한 사건의 끝이 아니라 시작이다.

먹으로 쓴 거짓말은 절대로 피로 쓴 사실을 가릴 수 없다.

피의 부채는 반드시 같은 것으로 갚아야 한다. 늦게 갚을수록 이자는 더 많아진다!

이상은 모두 헛된 이야기이다. 붓으로 쓰는 건 아무런 소용이 없다!

실탄에 맞아 흘러나온 것은 청년의 피이다. 피는 먹으로 쓴 거짓말을 가릴 수 없고 먹으로 쓴 만가(輓歌)죽은 이를 애도하는 노래에 취하지도 않는다. 위세도 피를 억누를 수 없다. 왜냐하면 피는 속일 수 없고 때려서 죽일 수도 없는 것이기 때문이다."루쉰, 「꽃이 없는 장미(2)」, 『화개집속편』(루쉰전집 4), 박자영 옮김, 그린비, 2014, 334~335쪽

부드러운 칼을 든 요괴들

베이징 남문인 선무문에서 도보로 10분 거리에 루쉰중학교가 있다. 이곳이 옛 여사대다. 루쉰중학교 왼편 작은 교정에는 3·18 기념탑이 서 있다. 3·18참사가 있은 일주일 후, 여사대에서 추도회가 열렸다. 루쉰도 참석했다. 기념탑은 그때 세워진 것이다. 기념탑 뒤로 '홍양루쉰정신'이란 글자가 들어왔다. 루쉰정신을 널리 선양한다는 뜻이다.

3·18 직후 루쉰의 정신은 "분노의 경계"를 넘어서 있었다. 소위 '정인군자*'라 불리는 문인들 때문이었다. 그들은 권력의 편에서 헛소리를

---

* 정인군자(正人君子)는 본래 품행이 바르고 사욕이 없는 사람을 뜻한다. 그러나 여기서는 『현대평론』을 중심으로 활동하는 문인들을 가리킨다. 친정부 잡지였던 『대동완바오』는 '공리'(公理)를 내세우는 이 문인들에게 정인군자라는 이름을 붙여 주었다. 루쉰은 그들이 공리라는 명분으로 정부 편에 서서 자신들의 사욕을 채우는 것을 풍자하기 위해 이 말을 사용했다.

사진 3 루쉰중학교 교정에 서 있는 3·18 기념탑. 탑 뒤로 '홍양루쉰정신'(弘扬鲁迅精神; 루쉰의 정신을 널리 선양한다)이란 글자가 들어온다.

사진 4 3·18참사 일주일 후 세워졌던 3·18 기념탑.

사진 5 루쉰이 정인군자(正人君子)라 일컬으며 비판했던 이들이 활동했던 잡지 『현대평론』.

해댔다. 학생들이 어리석어 공산당에 휘둘렸다는 둥, 치기 어린 학생들이 자진해서 사지로 걸어 들어갔다는 둥, 이 일을 교훈 삼아 조용히 공부나 하라는 둥. 지식인이란 자들이 하는 일이 죽은 청년들을 다시 죽이고, 산 영혼들을 침묵에 몰아넣는 것이었다.

물론 루쉰 역시 청년들이 다시는 사지에 가지 않기를 바랐다. 하지만 그건 그들의 변화에 대한 열망을 질책하기 위함이 아니었다. 피 없는 혁명은 없으나, 모든 피가 혁명인 것은 아니다. 혁명은 피의 양과는 상관없다. 중요한 것은 끝까지 싸워 나가는 것이다. 참호를 파고 때로는 쉬기도 하면서 스스로를 보호하며 싸움을 이어 나가라는 것. 피야말로 소중하다. 그렇기에 조급함에 함부로 낭비해서는 안 된다.

반면 정인군자 무리는 문제를 교묘히 왜곡했다. 3·18참사의 책임이 총을 쏜 정부가 아니라, 학생들에 있다는 것이었다. 그러면서 그들이 내건 캐치프레이즈는 '공리'였다. 정인군자들이 공리란 말로 청년들의 숨통을 조여 왔던 것은 여사대 사건 때부터였다. 변화를 향한 청년들의 운동이 공리를 해친다든지, 몇몇 과격분자에 휘둘리지 말고 본분을 지키라는 식의 공리였다. 그들의 공리는 사람들을 잠재우기 급급했다. 그저 숨죽이며 노예로서 삶을 연명해야 공리가 유지된다고, 그렇게 조용히 잠자면서 죽어가라고 말하는 사람들.

　　루쉰은 깊은 울분에서 나온 차디찬 분노로 그들에 맞섰다. 집요하게 물고 늘어져 그들의 가면을 벗겼고, 말 한마디 한마디를 곱씹으며 창을 날렸다. 루쉰의 이런 싸움에 사람들은 물었다. 왜 사람들을 죽이고도 눈 하나 깜짝하지 않는 군벌들은 내버려 두고, 힘없는 지식인들만 괴롭히냐고. 루쉰은 답했다. 총보다 더 무서운 죽음의 칼날을 숨기고 있는 "부드러운 칼을 든 요괴들"을 질책하기 위해서라고. 이를 위해 루쉰은 새로운 무기 하나를 벼렸다. '잡문'(雜文)이었다.

잡문, 그리고 길 위의 전사

1920년대에 들어서면서, 루쉰은 문학계의 유명인사가 되었다. 발표하는 작품마다 세간의 화제가 되었고, 루쉰은 그 누구도 무시할 수 없는 문학계의 거목으로 인정받았다. 그런 그가 문학이 아닌, 단평들을 쏟아 내기 시작했다. '잡문'이라 불리는 이 짧은 글은 자질구레한 일상에 대한 감상들을 풀고 있다. 이 잡문에 대해 사방에서 공격이 쏟아졌다. 이번에도 정인군자들이었다. 그들은 루쉰에게 예술을 하지 않고 쓸데없는 잡감이나 풀어 놓는다며 공격을 퍼부었다.

　　당시 정인군자들은 예술의 궁전에 들어앉아 있었다. 그것은 권력에 기생하여 얻어진 궁전이었다. 그들은 그 궁전에서 고상하게 차를 마시며, 문학이란 모름지기 예술이며, 삶은 예술에 의해 승화되어 아름답게 그려져야 한다고 떠들었다. 그러나 루쉰이 보기에 그것은 자기기만이요, 세상에 대한 기만에 지나지 않았다.

정인군자들은 세상에 대해 눈을 감고 있었다.

> "문인들은 어쨌든 민감한 인물로서 그들의 작품을 통해 볼 때, 일부 사람들은 확실히 벌써부터 불만을 느끼고 있다. 그러나 결함이 드러날 것 같은 위기일발의 순간이 되면 그들은 언제나 얼른 '전혀 그런 일이 없다'고 하는 동시에 눈을 감아 버린다."루쉰, 「눈을 크게 뜨고 볼 것에 대하여」,
>
> 『무덤』(루쉰문고 01), 홍석표 옮김, 그린비, 2011, 367쪽

그러면 모든 일이 원만해지고, 초조해할 필요도 없이 한담을 나누기만 하면 끝이다. 그러다 영감이 떠오르면 한두 글자 적어 보고, 혹 그들의 한담을 깨는 방해꾼이 나타나면 시의에 맞지 않는다며 공격을 퍼부으면서 말이다.

예술의 궁전에서 내뿜는 고상한 공기가 나쁜 것은 지상의 삶을 질식시키기 때문이다. 그들이 그린 아름다운 삶은 마음을 따뜻하게 해주는 난로불일지 모른다. 허나 사람들은 그 난로 앞에서 꾸벅꾸벅 졸며 무슨 일이 닥치는지도 모른 채 서서히 죽어갈 것이다. 그렇기에 그들의 글은 어떤 총칼보다 잔혹한 "부드러운 칼"이다. 잡문은 이 부드러운 칼에 맞서는 루쉰의 무기다.

잡문에는 말 그대로 잡스러운 애기들로 넘친다. 약, 욕, 사탕, 수염, 머리, 엉덩이 따위의 이야기다. 루쉰은 그 잡스러운 것들을 가지고 "좋은 일,

나쁜 일, 그럴듯한 일, 쪽팔린 일, 부끄러운 일, 슬픈 일"을 적나라하게 썼다. 고상한 예술가들은 물었다. 너무 잡스럽고, 추하지 않냐고. 맞다. 하지만 그것들은 피와 살을 가지고 살아 숨쉬는 현실의 것들이다. 그 보잘것없는 것들이야말로 삶이요, 가장 정치적인 것이다. 변발을 보라. 그 머리 모양 하나를 바꾸기 위해 얼마나 많은 피가 필요했는가. 그러니 기꺼이 쓰겠다. 그 잡스럽고, 아름답지 않은 것들을.

루쉰은 그렇게 예술의 궁전을 박차고 나왔다. 그리고 아무런 미련 없이 지상으로 내려왔다. 모두가 그를 위대한 예술가라고 우러르던 때, 그는 기꺼이 잡스러워지길 택했던 것이다. 이미 얻은 명성을 누가 그토록 쉽게 내동댕이칠 수 있을까. 당시 난다 긴다 하는 많은 문인들이 있었다. 하지만 루쉰처럼 그 명성이란 놈을 버리고 갈 수 있는 사람은 없었다. 여기서 루쉰의 길이 갈린다. 달콤함에 젖은 문인들이 허공에 앉아 영감이 오길 기다리는 동안, 지상에서 쥐어짜며 글을 쓰는 한 사람. 그 글로 땅에 발을 붙이고 저 허공의 아름다운 것들과 대적하는 스트리트 파이터. 길 위의 전사, 루쉰이다.

길 위의 전사가 본 삶은 그렇게 아름답지 않다. 하지만 아름답지 않기에 위대하다. 변혁의 열망 속에 죽어간 전사들의 위대함도 여기에 있다. "그는 우리들과 마찬가지로 신도 아니요, 요괴도 아니요, 괴수도 아니다. 그는 평범한 사람이며 그저 그런 정도에 지나지 않는다. 바로 그렇기에 그는 위대한 사람이다." 이런 전사들의 시신 위로 파리들이 허공을 날며 비웃음을 날리지만, "결점을 지닌 전사는 어쨌든 전사이고, 완미(完美)한 파리 역시 어쨌든 파리에 지나지 않는다".루쉰, 「전사와 파리」 『화개집』(루쉰전집 4), 이주노 옮김, 그린비, 2014, 66~67쪽

한없이 무력하기만 한 글이 그래도 한 줌 할 일이 있다면 이 파리들을

잡는 것이다. 현실과 마주해, 현실을 직시하고, 그 모습을 적나라게
드러내며, 현실과 싸우는 글을 쓰는 것. 하여 루쉰은 아름답지만 비쩍 마른
주검 대신, 퇴폐와 염세일지라도 살아 있는 사람의 일을 쓴다. 잡문을 쓴다!
그 잡문들은 뚜껑을 열면 눈이 부신 보석상자가 아니다. 하지만 눈을 멀게
만드는 그 화려한 빛이 없기에 사람들은 찬찬히 그 상자를 뒤져볼 수 있다.
누군가는 상자 속에서 자신에게 쓸모있는 것 한 개쯤 반드시 건지리라.
그리고 인생과 마주하여 보잘것없기에 위대한, 그 싸움을 해 나갈 것이다.

'호랑이꼬리'를 떠나다

시싼탸오(西三條) 골목 21호. 루쉰이 베이징을 떠날 때까지 살았던 곳이다.
루쉰이 이 집으로 이사를 온 것은 1924년. 친구들에게 돈을 빌려 낡은
집 한 채를 사고, 수리를 하기 위해 직접 설계를 했다. 루쉰이 이렇게
무리를 해 가면서까지 집을 마련한 것은 어머니 '루루이' 때문이었다.
루쉰이 동생 저우쭤런과의 불화로 거처를 옮긴 후, 저우쭤런과 살고
있던 루루이는 하루가 멀다 하고 이곳을 찾았다. 루루이의 잦은 방문은
루쉰보다는 며느리인 '주안' 때문이었다. 저우쭤런의 아내는 일본인인
데다, 시어머니에게 별 관심이 없었다. 하지만 주안은 달랐다. 전통적
여성이었던 주안은 시어머니를 극진히 공양했다. 그녀는 남편과의
소원함을 시어머니를 통해 풀었다. 주안에게도, 루루이에게도 마음 둘 곳은
서로밖에 없었다. 루쉰은 이 고부를 위해 방도를 마련해야 했다.
　직접 가 본 시싼탸오 21호는 아담했다. 자그마한 정원을 자그마한
건물들이 둘러싸고 있었다. 'ㅁ'자형으로 베이징 전통 가옥 구조인

사진 6 시쌴타오 21호에서 '호랑이꼬리'라 이름 붙였던 루쉰 방(왼쪽)과 이 집에 대한 소개 안내판(오른쪽).

사합원(四合院)이었다. 그러나 이 집은 북쪽 건물 뒤편으로 빼죽이 방 하나가 나와 있어 '凸'모양을 하고 있었다. 루쉰은 이 변형된 사합원을 '호랑이꼬리'라고 불렀다.

사합원에 호랑이꼬리가 달린 것 역시 루루이와 주안 때문이었다. 결혼한 이후 부부생활을 하지 않았던 루쉰은 주안의 방을 따로 설계해 왼편에 두고, 맞은편에 어머니 방을 두었다. 그리고 나니 자신의 방을 둘 곳이 없었다. 궁여지책으로 가운데 뒤쪽을 넓혀 방 한 칸을 겨우 마련했다. 넓혔다고 하지만 겨우 2평 남짓한 방이었다. 뒤로 빠진 루쉰의 방을 사이에 두고 서로 마주보고 있는 루루이와 주안의 방. 그들 간의 관계를 그대로 보여 주는 배치였다.

집안은 다시 평안해졌지만, 루쉰의 생활은 점점 어려워졌다. 3·18참사 이후, 루쉰은 수배령으로 인해 도피생활을 해야 했다. 수배령은 돤치루이(段祺瑞) 정부가 물러나고 펑톈(奉天) 군벌이 권력을 잡으며 풀렸다. 그러나 펑톈 군벌도 별 다를 게 없었다. 그들은 공산당을 선전하는 사람은 모두 사형에 처한다는 발표를 했다. 마음에 들지 않으면 공산당이란 명목으로 누구든 죽일 수 있음을 의미했다. 무엇보다 큰 어려움은 경제적인 문제였다. 월급은 밀릴 대로 밀려서 2년 전 월급을, 그것도 극히 일부분만을 받는 형편이었다. 루쉰은 출판한 책에서 나오는 인세로 근근이 생활을 유지해야 했다.

그즈음 루쉰은 샤먼(廈門)에 있는 한 친구로부터 연락을 받았다. 그 친구는 군벌을 피해 샤먼에 내려가 교편을 잡고 있던 린위탕(林語堂)이었다. 린위탕은 자신이 일하는 샤먼대학에 루쉰을 추천했고, 대학이 이를 받아들여 루쉰을 초빙하기로 한 것이다. 루쉰은 1926년 8월, 14년간의 베이징 생활을 접고 샤먼으로 향한다.

죽은 불이 깨어나다

이번 여행계획에서 최고의 하이라이트는 샤먼행 열차였다. 베이징에서 샤먼까지, 거대한 중국 대륙을 남북으로 가로지르는 2천 킬로미터가 넘는 길. 시속 300킬로미터의 고속열차를 이용한다 해도, 12시간 정도는 꼼짝없이 기차 안에서 보내야 했다. 생각만으로도 피곤함이 느껴졌지만, 그보다는 묘한 설렘에 마음이 들떴다. 샤먼으로 향하던 루쉰의 마음에 조금이라도 더 다가갈 수 있지 않을까 하는 기대였다. 거기에 대륙을 종단함으로써 실감하게 될 그 압도적 크기에 대한 긴장감과 설렘도 있었던 것 같다. 어찌 됐건 루쉰이 아니었다면 꿈에서라도 가 보지 못할 길이었다. 우리는 그렇게 루쉰을 쫓아 샤먼행 고속열차에 몸을 실었다.

루쉰은 이 길을 완행열차와 배로 이동했다. 1926년 8월 26일에 베이징을 떠나 톈진(天津)-푸커우(浦口)-상하이를 거쳐, 그곳에서 배를 타고 샤먼에 도착했다. 9월 4일이었다. 그 길에 루쉰은 혼자가 아니었다. 상하이까지 그와 동행한 사람은 '쉬광핑'. 훗날 인생의 반려자가 될 사람이었다.

쉬광핑과 루쉰의 인연이 시작된 곳은 여사대였다. 여사대 사태가 발생할 무렵, 쉬광핑은 루쉰의 제자였으며, 학생 자치회의 대표로 활동 중이었다. 쉬광핑은 학생 대표로서 루쉰에게 도움의 편지를 보냈고, 이후 그들의 편지와 만남은 계속되었다. 쉬광핑은 루쉰보다 열일곱 살 어린 학생이었다. 하지만 그들의 편지를 읽고 있노라면, 그런 나이 차를 거의 느낄 수 없다. 쉬광핑은 혁명에 대한 깊은 고민들을 솔직하게 털어놓는가 하면, 재기발랄한 농담을 던지기도 하고, 자신의 의견을 한 치의 물러섬 없이 개진하는가 하면, 루쉰이 던진 충고의 말에 자신을 뼈저리게 성찰하기도 했다. 쉬광핑은 루쉰을 존경했지만, 루쉰의 작품 「죽음을 슬퍼하며」에 나오는 쯔쥔처럼 아무런 자각 없이 그저 따르기만 하는 그런 인물이 아니었던 것이다.

쉬광핑은 그렇게 루쉰의 마음으로 밀고 들어왔다. 모든 사랑이 그렇듯 손쓸 겨를도 없이 이미 와 버리고만 사랑. 루쉰은 당황스러웠다. 각자의 방에서 따로 생활하긴 했지만, 여하튼 자신에게는 아내가 있었다. 루쉰의 결혼은 1906년 어머니의 일방적인 추진으로 돌연히 이루어졌다. 루쉰에게

사진 7 쉬광핑(許廣平, 1898~1968).

어머니는 거역할 수 없는 사랑이었다. 자신의 일부분을 희생한다 해도, 어머니를 따를 수밖에 없었다. 주안은 그 일부분의 희생이었다. 주안을 돌려보낼 수도 없었다. 구습에 젖은 주안에게 그것은 「축복」에 나오는 샹린댁처럼, 살아도 사는 것이 아닌 삶, 요컨대 죽음뿐이었을 테니까. 그녀 역시 낡은 습속의 희생물일 뿐이었다.

　그렇게 루쉰은 주안을 '식구'로 맞아들인다. 루쉰은 주안을 안주인으로 정중히 대했다. 생활비에 대한 경제권도 주안에게 주었고, 여유가 생기면 따로 개인적으로 쓸 돈도 주었다. 그러나 딱 거기까지였다. 마주앉아 이야기를 나누는 일도 없었으며, 밤이 되면 각자의 방에서 잠들었다. 입으로는 변혁을 외치면서, 우유부단함으로 구습에 주저앉아 버린 자신, 결국은 엉거주춤하게 서 있는 자신의 그 꼴사나운 모습에 대한 자괴감. 루쉰은 그 차디찬 자괴감 한가운데 사랑이라는 말을 묻어 버렸다.

그런 루쉰에게, 사랑이 온 것이다. 얼음골짜기에서 "죽은 불"이 되어 누군가를 숨죽여 기다려 온 것일까. 루쉰은 이렇게 쓴다. "죽은 불꽃, 이제 너를 얻었구나!"루쉰, 「죽은 불」, 『들풀』(루쉰문고 05), 한병곤 옮김, 그린비, 2011, 66쪽 그러나 되살아난 불을 지니고 있을 수도 없었다. 그러다가는 타서 없어질 테니. 그렇다고 다시 버리고 갈 수도 없었다. 얼음골짜기에서 얼어 죽고 말 테니. 또 다시 막다른 골목이었다.

그 즈음 작은 출구 하나가 생겼다. 샤먼행이 결정된 것이다. 무엇보다 급한 생활비를 해결하기 위한 선택이었지만, 그건 여하튼 호랑이꼬리를 떠나는 일이기도 했다. 루쉰은 쉬광핑과도 2년간 떨어져 지내기로 했다. 루쉰은 샤먼에서, 쉬광핑은 광저우에서 각자 생활을 꾸려 나가 보자는 것. 그렇게 쉬광핑과 루쉰은 상하이에서 헤어졌다. 하지만 그들의 약속은 지켜지지 못했다. 1년도 되지 않아 루쉰은 광저우로 향했고, 1927년 10월 둘은 함께 생활하기 시작한다.

천당에서 삶으로

루쉰이 샤먼에 도착했을 때, 샤먼은 잘나가는 도시였다. 개항지가 되면서 외국회사들이 들어와 활발한 무역이 이뤄지고 있었고, 샤먼 옆 작은 섬 구랑위(鼓浪嶼)는 영국 조계지로 삐까뻔쩍한 집들이 들어차 있었다. 그렇지만 여하튼 변방의 작은 도시였다. 새로운 변화의 바람은 이곳에까지 미치지 못했다. 구습에 젖은 관료정치에 돈이 더해지자 금권정치가 횡횡했다. 샤먼대학 역시 이런 분위기 속에 있었다. 바다를 바라보는 풍광 좋은 곳에 세워진 신식 건물에서 공자가 읽히고, 문언이 쓰였다.

사진 8 샤먼대학 전경. 맨 위 사진은 루쉰이 근무할 당시의 전경이고, 아래는 오늘날 샤먼대학의 모습이다.

베이징에서는 생활은 있으나 돈이 없었다면, 샤먼에서는 돈은 있으나 생활이 없었다. 이런 샤먼을 루쉰은 '천당'이라 불렀다. 하지만 루쉰은 지옥만큼이나 천당을 싫어했다.

"나는 원래 지옥에 떨어지는 것을 그다지 좋아하지 않습니다. 왜냐하면 눈 가득 칼산과 검나무밖에 없어서 너무 단조로워 보이고 고통도 감당하기 어려울 것이기 때문입니다. 지금은 또 천당에 가는 것이 좀 두렵습니다. 사시사철이 다 봄이고 1년 내내 복숭아꽃을 보러 오라고

사진 9 샤먼대학 캠퍼스 내 루쉰 동상 앞에선 필자 일행들.

청할 테니 생각해 보면 얼마나 재미가 없을 것인가요. 설사 그 복숭아꽃이 차바퀴만큼 크다 할지라도 처음 가 봤을 때 잠깐 놀랍지 매일 '복사꽃 화사하고' 등의 시 한 수를 쓸 수는 없을 것입니다."루쉰, 「샤먼 통신(2)」

『화개집속편의 속편』(루쉰전집 4), 박자영 옮김, 그린비, 2014, 464쪽

샤먼은 이런 천당이었다. 잔혹한 군벌도 없었고, 교정을 보거나 글을 쥐어짜느라 밤잠을 설치는 일도 줄었다. 건강도 좋아졌고, 가장 큰 곤란이었던 경제적 문제도 어느 정도 해결되었다. 한마디로 무사태평이었다. 하지만 루쉰에게 그런 무사태평은 또 다른 지옥이자, 감옥과 같은 삶이었다. 감옥에서는 굶어 죽을 염려도 없고, 규칙적인 생활에 몸도 좋아질 것이며, 강도 또한 들어올 일 없으니, 이야말로 만사가 태평한 삶이다. 그러나 이 안락한 감옥에 없는 한 가지, '자유'다. 그런

사진 10 샤먼 남보타사(南普陀寺) 뒤편 분묘 중턱에서의 루쉰.

사진 11 오늘날의 남보타사 경내.

까닭에 감옥은 태평하나 구차한 삶이다.

　루쉰은 샤먼에서의 구차한 삶에 몸서리쳤다. 아무도 없는 휑한 학교 건물에 혼자 남아 강의안을 작성하며 자신을 소모해 가는 하루하루였다. 거기에 멀리서부터 끊임없이 들려오는 자신에 대한 공격, 권력과 재력을 이용해 보수적인 교육을 밀어붙이는 교장과 그에 빌붙은 학자들의 또 다른 공격이 더해졌다. 편히 이야기 나눌 사람조차 거의 없는 곳에서, 그가 할 수 있는 일이란 아무것도 없었다. 무력감이 그를 엄습했다. 루쉰은 이 무력감을 떨치기 위해 펜을 들었다. 그는 지나온 자신의 삶들을 되짚어 가며 한 글자, 한 글자 적어 내려갔다. 이 글들이 실린 책의 제목대로, 그것은 "아침 꽃을 저녁에 줍는" 일이었다. 그는 떨어져 시들어 가는 꽃들을 주우며, 자신이 흠모했던 니체의 말을 곱씹었을지도 모르겠다. "여기서 살았다, 여기서 살고 있기 때문에, 여기서 앞으로도 살 것이다. 우리는 끈질기고 하룻밤 사이에 꺾이지 않을 것이기 때문에"니체, 『반시대적 고찰』(니체전집 2), 이진우 옮김, 책세상, 2005, 310쪽라고.

　하지만 이것만으로는 부족했다. 이제는 천당을 떠나 삶으로 들어가야 했다. 그는 자주 오르던 남보타사(南普陀寺) 뒤편에 어지러이 모여 있는 무덤들을 찾았다. 한 편지에서 루쉰은 「길손」의 나그네가 무덤을 향해 걸어가는 것에 대해 이렇게 말했었다. "비록 앞으로 가면 무덤인 줄을 뻔히 알면서도 기어코 가려고 하는 것은 바로 절망에 대한 반항이지요."루쉰, 「1925년 4월 11일 조기문에게 보내는 편지」, 『한 권으로 읽는 루쉰 문학선집』, 송춘남 옮김, 고인돌, 2011, 510쪽 윤회의 놀이만 할 뿐, 한 치의 변화도 일어나지 않는 이 천국이자 지옥 같은 삶. 이 삶에 대한 절망. 루쉰은 그 절망에 대한 반항으로 무덤을 택했다.

　무덤은 몰락의 증표다. 시간의 무상함 앞에서 모든 것은 지나가고,

지나갈 것이다. 그래서 삶은 허무하다. 허나 그렇기에, 무상하여 허무한 시간은 윤회의 놀이 또한 데리고 갈 것이다. 그러니 기꺼이 그 무상함을 살아내야 하지 않겠는가. 무상의 시간에 무상한 삶으로 화답하는 루쉰. 무덤은 그 무상함을 증언한다. 모든 것은 몰락에 이를 것이라는, 그리고 그 몰락 뒤에 새로운 삶이 올 것이라는, 무상함의 혁명성을. 루쉰은 그렇게 무덤가에 앉아 샤먼에서의 마지막 사진을 찍는다. 4개월의 짧은 시간이었다.

> "모래바람에 할퀴어 거칠어진 영혼. 그것이 사람의 영혼이기에 나는 사랑한다. 나는 형체 없고 색깔 없는, 선혈이 뚝뚝 듣는 이 거칠음에 입 맞추고 싶다. 진기한 꽃이 활짝 핀 뜰에서 젊고 아리따운 여인이 한가로이 거닐고, 두루미 길게 울음 울고, 흰구름이 피어나고…. 이런 것에 마음 끌리지 않는 바는 아니나, 그러나 나는, 내가 인간 세상에 살고 있다는 사실을 잊지 않는다."루쉰, 「일각」, 『들풀』(루쉰문고 05), 93쪽

남보타사 뒤편 무덤들은 현재 다른 곳으로 옮겨졌다. 이 사실을 알지 못했던 우리는 샤먼에 가면 무덤에서 찍은 루쉰의 사진을 재현해 볼 꿈에 부풀어 있었다. 하지만 무덤들은 세월과 함께 그 자취를 감춘 상태였다. 이 또한 시간의 무상함이 만든 흔적일 터였다. 그때, 불현듯 또 다른 생각이 머리를 스쳐갔다. 1926년에서 90년의 시간이 흐른 지금, 윤회의 놀이는 무상함에 휩쓸려 사라진 것일까. 이 무덤들처럼 시간과 장소만을 바꾸어 다시 판을 벌이고 있는 것은 아닐까.

　이런 내 마음을 달래 준 것은 남보타사의 천수보살상이었다. 세속의 온갖 물건을 천개의 손에 들고 있는 것은 세속의 고통받는 중생들을

구제하겠다는 의미란다. 처음 본 천수보살을 넋을 잃고 바라보고 있는데, 이번 로드를 함께했던 고미숙 선생님이 한마디를 던지셨다. "봐, 저게 천개의 변신이야." 그랬다. 천수보살의 그 손들은 천개의 변신, 천개의 길이었다. 나는 그 천개의 변신, 천개의 길을 찾아 계속 떠날 것이다. 루쉰과 같은 이들이 남긴 무덤 주위에서 사우(師友)들과 함께 모여, 웃고, 떠들고, 배우면서.

혁명은
어디에 있을까

이희경(문탁네트워크)

"그러나 그는 투창을 들었다.
그는 마침내 무물의 진 속에서 늙고, 죽었다.
그는 결국 전사가 못 되었다.
무물의 물이 승자였다. 이쯤 되면 아무도,
전투의 함성을 듣지 못한다. 태평. 태평…
그러나 그는 투창을 들었다!"

「이러한 전사」, 『들풀』 중에서)

1926년, 지나가고 있는 중

인생에는 한 치 앞도 내다보기 힘든 때, 어디로든 갈 수 있지만 막상 어디로 가야 할지 모르는 막막한 순간들이 있다. 루쉰에게는 1926년이 그러한 해가 아니었을까?

3월 18일. 일본의 부당한 요구에 항의하러 모인 시민과 학생을 향해 중국정부가 발포를 했고 루쉰은 자신의 제자 류허전(劉和珍)과 양더췬(楊德群)을 잃었다. 가까이서 목격한 첫번째 살육. 이후 루쉰은 수배자가 되어 '도바리'(도망)를 치다가 돤치루이(段祺瑞)가 물러나자 집으로 돌아온다. 베이징에서 산 것도 벌써 14년째. 루쉰은 본의 아니게 유명해졌다. 학자라 호명되기도 했고, 문인이라 호명되기도 했고, 심지어 사상계의 선구자라고 호명되기도 했지만, 그 어떤 것도 루쉰은 아니었다.

루쉰은 "다시 살고" 싶어졌고 베이징을 떠나기로 한다. 마흔여섯이었다.

> "글은 지금까지 쓰고는 있는데, 사실 '글'이라기보다는 '욕'이라고 하는
> 게 더 맞을 게요. 이제는 나도 너무 피곤해서 좀 쉬고 싶은 마음이라오.
> (……) 근래에는 다시 살고 싶은 마음이 강해졌소. 왜일 것 같소?
> 말하자면 아마 웃을 텐데, 첫째는 이 세상에 아직도 내가 살기를 바라는
> 사람들이 있기 때문이고, 둘째는 나 역시 살아서 의론도 펼치고 문학에
> 관한 책도 좀 내고 싶기 때문이오. (……) 요즘 내 사상은 이전에 비해
> 낙관적이 되었소. 그다지 의기소침하지도 않고." 1926년 6월 리삥중에게 보내는
> 루쉰의 편지; 린시엔즈, 『인간 루쉰』(상), 김진공 옮김, 사회평론, 2006, 800쪽에서 재인용

1926년 8월 26일 베이징을 출발한 루쉰은 9월 4일 샤먼(廈門)에
도착한다. 그러나 샤먼은 "제기랄, 오지 말았어야 해"라고 후회할 만큼,
베이징 못지않게 아니 베이징보다 더 적막했다. 자신을 불러 준 친구
린위탕(林語堂)한테 미안하긴 하지만 그래도 더 머물 수는 없었다. 문제는
샤먼 이후. 이제 또 어디로 가야 할까? 루쉰과 쉬광핑 사이에 오간 편지를
보면 이 시기 루쉰은 정말 헤맨 것 같다. 돈도 생활도 여자도 어느 것 하나
확실한 것이 없었던 시절. 그러나 원래 확실한 것은 어디에도 없는 것
아닐까? 삶이란 다만 묵묵히 걸어가다가 어느 날 그 길의 끝에서 소실되어
버리면 그뿐! 역사적 중간물이라는 의식은 어떤 점에서는 루쉰을 자유롭게
해주었는지도 모른다. 모든 것이 세월과 더불어 지나갔고 지나가고 있고
지나가려 한다면 어떤 길이든 나서지 못할 이유도 없다. 루쉰은 쉬광핑이
있는, 그리고 새로운 혁명적 기운이 피어오르는 광저우(廣州)로 간다.

사진 1 샤먼대학의 저장성(浙江省) 동향회가 광저우로 가는 루쉰을 환송하며 찍은 사진.

혁명이란 무엇인가?

1927년 1월 18일. 광저우에 도착한 루쉰. 시작부터 떠들썩했다. 그는
중산대학(中山大學)에서도 가장 장엄하고 화려한 곳, "대종루(大鐘樓) 위에
떠받들어"졌고, "강당의 짝짝 하는 한바탕 박수"로 전사로 확정되었다.
수많은 사람들의 환호와 기대, 방문의 대상이 된 루쉰. 하지만 실상은
밤새 설쳐 대는 스무 마리 가까이 되는 쥐들과 새벽부터 고래고래 부르는
'노동자 동무'들의 노랫소리 때문에 잠도 제대로 잘 수 없었던 상황.
난감하고 황당했을 루쉰의 표정이 상상되지 않는가? 나는 그 대종루를
보고 싶었다. 그러나 그곳의 루쉰기념관은 문이 닫혀 있었다. 알고 보니
2016년 10월 19일, 루쉰 서거 80주년을 맞아 재단장 중이었다.

루쉰이 남하할 무렵 광저우는 붉은 도시였다. 쑨원은 봉건군벌의 지배를 타도하기 위해 광저우를 거점으로 삼아 국민당을 재정비하고, 제1차 국공합작을 성립시키며(1924년 1월), 황푸군관학교를 건립(1924년 6월)한다. 마침내 1926년 7월 장제스를 총사령관으로 삼은 혁명군은 봉건군벌을 향해 북벌을 시작한다. 신해혁명에 이은 두번째 혁명. 국민혁명! 이들은 거침없이 북진하였고 채 1년도 되지 않아 강남의 대부분의 도시를 탈환한다. 삭막하고 단조로운 샤먼 시절, 유일하게 루쉰에게 기쁨을 준 것도 바로 이 국민혁명의 소식이었다. 국민혁명에 얼마나 많은 사람들이 열광하고 있었는지는 혁명가 김산의 일대기를 다룬 『아리랑』에도 잘 나타난다. 당시 조선의 젊은이들도 중국의 이 새로운 물결에 감격하면서 중국의 해방이 조국 해방의 첫걸음이라고 생각하고 자진해서 광저우로 달려갔다.

> "1925년 가을 내가 광저우에 도착하였을 때 소위 중국 '대혁명'에 뛰어들어 투쟁하기 위해 모인 한국인은 겨우 예순 명에 불과하였으며, 그 대부분이 의열단의 테러리스트였다. 그러나 1928년까지 800명 이상의 한국인이 광동으로 속속 몰려들었다. (……)
> 불과 6개월 이내에 양자강 유역까지 도달한 북벌군의 승승장구하는 급진격이 한창이었을 때 모든 혁명가들이 느꼈던 환희와 열광은 지금도 기억해 내기도 어려울 정도였다. 화북으로! 그리고 조선으로!——우리의 가슴은 미칠 듯이 기뻐 날뛰었던 것이다!"님 웨일즈, 『아리랑』, 조우화 옮김, 동녘, 1984, 121, 131쪽

확실히 광저우는 여기저기 혁명의 유적이 많이 남아 있었다. '황화강 72열사 공원묘지'는 1911년 3월 29일 반청 무장봉기 때 숨진 열사들의

사진 2 황푸군관학교 옛터에 설립된 기념관 앞에서 필자.

사진 3 1927년 12월 11일에 일어난 공산당의 광저우봉기와 3일간의 광저우 코뮌을 기념하고 있는 광저우봉기기념관.

사진 4 광저우 황화강 72열사 공원묘지에서의 필자.

사진 5 광저우 황화강 72열사 공원묘지의 묘비.

시신을 모셔 놓은 곳이다. 관리가 잘 되어 있었고 시민들이 휴식을 취하고 있었다.

루쉰은 광저우에 도착한 직후 「황화절의 잡감」이라는 글을 쓰게 된다. 황화절은 3·29 광저우봉기를 기념하는 명절이다. 글의 첫머리에서 루쉰은 자신이 사건의 정황을 잘 모르니 자칫하면 글에서 뻥을 치게 생겼다면서 걱정을 한다. 그래서 불과 17년 전의 일이니 사건을 직접 목격한 사람들이 분명히 있을 것이라 생각하고 수소문을 했지만 도무지 찾을 수 없었다고 썼다. 하긴 고향에서 혁명가 추근(秋瑾)이 죽었을 때도 그랬고, 베이징에서 학생운동을 하던 제자들이 죽었을 때도 마찬가지였다. 대부분의 '구경꾼'들에게 이런 일이란 잠시 애석해하거나 안주 삼아 씹어 대다가 금방 잊어버리는 일이니까. 하지만 3·29 봉기는 그 자체는 실패했지만 곧 우창에서 일어난 신해혁명의 성공 덕분에 혁명성공의 선구자가 되어 해피엔딩을 맞게 되었으니 다행이고 경사라고 말한다.

그러나 진짜 중요한 루쉰의 이야기는 그 다음부터이다. 해피엔딩과 잊히지 않는 것, 그것이 혁명의 성공이냐는 물음! 혁명이 성공했다면서 꽃을 꺾거나 과실을 따먹는 사람만이 있고 그것을 지속적으로 길러 주는 사람이 없다면 결과가 뻔하지 않겠는가? 그러니 혁명은 끝이 없고 "아직 성공하지 않은 것"이어야 한다. 황화절도 하루 정도 떠들썩하면 될 뿐 그 다음엔 집에 가서 푹 자고 이튿날 "반드시 해야 할 하루 일과를 열심히 해야 한다".루쉰, 「황화절의 잡감」(1927. 3. 24), 『이이집』(루쉰전집 5), 홍석표 옮김, 그린비, 2014, 27쪽

루쉰이 보기에 실패한 혁명을 금세 싹 잊어버리는 사람들이나 성공한 혁명을 흥청망청 즐기는 사람들이나 그들이 '구경꾼'의 형상을 하고 있다는 점에서는 다르지 않았다. 구경꾼은 노예처럼 둘러싸고 파리처럼 앵앵거리는 자들이다. 구경꾼과 혁명은 아무 관련이 없다. 만약

혁명이 있다면 그것은 쑨원이 이야기했던 것처럼 "아직 성공하지 않은 것"(革命尚未成功)으로만 존재한다. 루쉰은 그것을 매일매일의 진보와 개혁을 의미하는 '소혁명'이라 불렀다. 쑨원과 루쉰이 수렴하는 지점이고 루쉰이 결점 많은 평범한 인간 쑨원을, 그럼에도 불구하고 위대한 전사라고 생각하는 이유였다.

붉은 도시 광저우는 붉지 않다

그런데 루쉰이 직접 광저우에 도착해서 목격한 것은 '혁명'이 아니라 오히려 '태평'이었다. 만약 혁명이 실제로 이루어졌다면 더 많은 '소리'와 '일'들이 벌어져야 할 터. 그러나 광저우에서는 어떠한 조짐도 없었다. 10여 년 전처럼 구시대의 인물은 의연했고, 신문·잡지의 문예도 여전했다. 대신 루쉰이 목격한 것은 거리에 붙어 있는 빨간 천의 구호들, 깃발을 높이 든 노동조합의 행진들, 황화절의 떠들썩한 기념들, 그리고 자신들은 혁명 때문에 박해를 받았으니 이제 성적이 나빠도 봐주어야 하는 게 아니냐고 유세를 떠는 학생들의 어~필. 구호나 행진이나 기념이나 유세가 혁명이라면 그것은 '봉지혁명'(奉旨革命), 임금의 뜻을 받들어 모셨던 구시대 관습을 리바이벌한 것에 불과한 것이 아닐까? 루쉰은 엄중하게 경고했다. 구호를 혁명으로 생각하는 한 혁명의 책원지 광저우는 언제든지 반혁명의 책원지도 될 수 있다고.루쉰, 「종루에서」(1927. 12. 17), 『삼한집』(루쉰전집 5), 김하림 옮김, 그린비, 2014, 289쪽

한편 1927년 4월 12일, 장제스는 국공합작의 약속을 깨고 노동자와 공산당원을 체포, 살육하는 우익 쿠데타를 감행한다. 곳곳에서 백색테러가

사진 6 1927년 8월 광저우에서 찍은 사진.

자행되었다. 상하이에서만 300명이 살해되고 500명이 체포되었다. 그로부터 사흘 뒤 4월 15일에는 광저우에서도 같은 일이 벌어진다. 2천여 명의 노동자와 공산당원이 체포되고 100여 명이 살해되었다. 2년 전 베이징에서와 같은 일이 또 벌어진 것이다. 그런데 더 끔찍한 것은 이번엔 그 살육이 혁명의 이름으로 행해졌다는 사실이다.

> "혁명, 반(反)혁명, 불(不)혁명.
> 혁명가는 반혁명가에게 죽임을 당한다. 반혁명가는 혁명가에게 죽임을 당한다. 불혁명가는 혁명가로 간주되어 반혁명가에게 죽임을 당하거나 반혁명가로 간주되어 혁명가에게 죽임을 당하거나 아무것으로도 간주되지 않아 혁명가 또는 반혁명가에게 죽임을 당한다."루쉰,「사소한 잡감」(1927. 9. 24), 『이이집』(루쉰전집 5), 186쪽

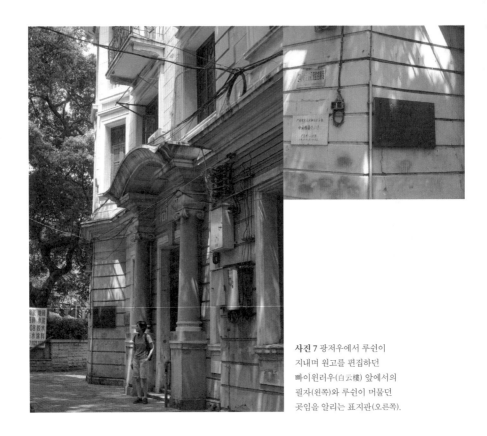

사진 7 광저우에서 루쉰이
지내며 원고를 편집하던
빠이윈러우(白云樓) 앞에서의
필자(왼쪽)와 루쉰이 머물던
곳임을 알리는 표지판(오른쪽).

학생들이 잡혀가자 루쉰은 강력하게 항의하였지만 속수무책. 중산
대학은 '당교'(黨校)이기 때문에 정부 방침에 반하면 안 된다고 말하는
학교 관계자들. 늘 공리와 대의를 입에 달고 살다가 어느새 장제스의
청천백일기(靑天白日旗) 밑으로 기어 들어간 기회주의적 문인들. 이들은
주인보다 더 사나운 '발바리'들이었다. 루쉰은 4월 21일 중산대학을
사직하고 입을 닫는다. "침묵하고 있을 때 나는 충실함을 느낀다, 입을
열려고 하면 공허함을 느낀다"루쉰, 「제목에 부쳐」, 『들풀』(루쉰문고 05), 한병곤 옮김,
그린비, 2011, 9쪽고, 그때, 루쉰은 썼다. 그리고 빠이윈러우(白云樓) 26호 2층.

오후에야 해가 드는 서향의 방 안에서 묵은 원고를 편집하면서 "살아 있는 시간을 마치 죽은 사람처럼 보"냈다. 무덥고 지루한 여름이 지나가고 있는 중이었다.

적막한 베이징을 탈출하기 위해 찾아간 샤먼에서 더 큰 적막에 빠져 버렸고, 다시 광저우로 "꿈을 안고 왔다가 현실에 부딪히자 꿈의 세계에서 추방되어 적막만 남았다". 1년 사이에 겪은 롤러코스트. 냉온탕의 경험. 혁명에 대한 두번째 좌절. 청년들에 대한 깊은 실망. 가을이 되자 루쉰은 아무 미련 없이 광저우를 떠난다. 도착할 때와는 달리 이번엔 조용하게.

문화위초(文化圍剿)―혁명문학논쟁

1927년 10월 루쉰과 쉬광핑은 상하이에 도착한다. 광저우에 더 이상 머무를 수도 없었지만 그렇다고 다시 베이징으로 갈 수도 없는 상황. 하여 택한 상하이행은 어쩌면 출구 없는 퇴로. 혹은 퇴로 없는 출구. 당시 상하이는 장제스 정권의 제2의 수도였을 뿐 아니라 『웹스터 사전』에 동사 'to Shanghai'(상하이하다)가 "아편으로 인해 마비되어, 인력을 구하는 배에 팔려 버리다"라거나 "사기와 폭력으로 한바탕 싸움을 일으키다"라는 뜻으로리어우판, 『상하이 모던』, 장동천 외 옮김, 고려대출판부, 2007, 32쪽 적혀 있을 정도로, 복마전 그 자체였다.

그런데 루쉰이 상하이에 도착하자마자 맞닥뜨린 상황은 장제스의 위협이 아니라 "창조사, 태양사, '정인군자' 무리의 신월사 구성원이었던 문호들의 날카로운 포위공격"이었다.루쉰, 「서언」(1932. 4. 24), 『삼한집』(루쉰전집 5), 252쪽 '정인군자' 무리들과의 논쟁이야 수년째 이어오고 있는 상황이니

사진 8 1927년 10월 4일 상하이에 도착한 루쉰(앞줄 맨 오른쪽)이 동료들과 찍은 사진.

특별히 이상한 일도 아니었다. 문제는 창조사, 태양사 문인들의 루쉰에 대한 공격이었다. 그들 대부분은 국민혁명에 참여했던 젊은 청년들이었고, 장제스의 반동쿠데타와 공산당 토벌작전으로 쫓기는 몸이 된 사람들이었으며, 따라서 당시 루쉰이 유일하게 장제스 정권에 함께 대항할 수 있을 것이라 생각했던 동지들이었다. 그러니 그들의 느닷없는 공격은, 어쩌면 루쉰에게는 날벼락 아니었을까? 소위 1928년 혁명문학논쟁이 시작된다. 몇 년 후 루쉰의 정리.

"재작년에 이르러서야 '혁명문학'이라는 이름이 성행하기 시작했습니다. 이를 주장했던 이들은 '혁명의 책원지'에서 돌아온 몇몇 창조사 원로와 약간의 신인이었습니다. 혁명문학이 성행했던 까닭은 물론 사회적 배경으로 말미암아 일반 대중과 젊은이들에게 이러한 요구가 생겨났기 때문입니다. 광동으로부터 북벌을 시작했을 때, 적극적인 젊은이들은 모두 실제 사업에 뛰어들었지만, 당시에는 아직 눈에 띄는 혁명문학운동은 없었습니다. 정치 환경이 돌변하여 혁명이 좌절을 겪고 계급적 분화가 분명해졌으며, 국민당이 '청당'(淸黨)이라는 이름으로 공산당 및 혁명대중을 대량학살하고, 살아남은 젊은이들이 다시 억압받는 처지에 들어가게 되었습니다. 이때 비로소 혁명문학이 상하이에서 강렬한 활동을 보였던 것입니다. 그러므로 혁명문학의 성행은 표면적으로는 다른 나라와 달리 혁명의 고양에 따른 것이 아니라, 혁명의 좌절로 말미암은 것이었습니다."루쉰, 「상하이 문예의 일별」(1931. 7.), 『이심집』(루쉰전집 6), 이주노 옮김, 그린비, 2014, 149쪽

따라서 혁명문학이 장제스의 배신에 정신이 번쩍 든 젊은 지식인들의 암중모색, 고군분투의 결과라는 것은 분명하다. 다만 불행인 것은 대부분 일본 유학생 출신이었던 창조사의 문인들이 참조한 것이 1926년 일본 좌익을 풍미했던 후쿠모토 가즈오(福本和夫)의 이론이었다는 점이다. 그런데 소위 후쿠모토주의라는 것은 일본에서조차 몇 년 못 가 퇴출되어 버린 섣부르고 관념적이고 청산주의적인 이론이었다. 그럼에도 이들 창조파는 후쿠모토를 따라 "이제 때가 되었다. 우리는 총결산을 해야 한다. 그러나 무엇을 할 것인가? 어디서부터 시작할 것인가"청팡우, 「축사」, 『문예비판』 창간호(1928. 1. 15); 김하림, 「창조사, 태양사와 혁명문학논쟁」, 『중국어문논총』 3권 0호, 1990, 242쪽에서 재인용라고 외치면서 문단의 선배그룹을——그들의 스펙트럼에 상관없이—— 몽땅 '아우프헤벤'(aufheben; 지양/제거)하기 시작했다. 특히 문단의 좌장이었던 루쉰을 공격하는 것은 이들의 전략상 필수적인 선택이었을 것이다. 창조파의 펑나이차오(馮乃超)는 "루쉰이란 이 늙은이는 늘 어두침침한 술집 한구석에 앉아서 흐뭇하게 취한 눈으로 창 밖의 인생을

내다본다"고 말한다. 루쉰은 몰락한 봉건 정서를 추모하거나 낙오자의 비애를 읊조리거나 기껏해야 인도주의적 미사여구를 던지는 인물이고 이것이야말로 전형적인 프티부르주아적 태도라고 비판한다. 그들에게 있어 루쉰은 한가한 문학, 취미문학의 담지자였다.

태양사도 비슷했다. 다만 이들의 다른 점은 일본이 아니라 소련의 교조적인 문예이론을 참조했다는 점. 어쨌든 이들도 "아Q의 시대는 이미 가 버렸다. 우리는 더 이상 그 해골들에 미련을 두지 말아야 하고, 그 아Q의 유골과 정신을 함께 매장해 버려야 한다"첸싱춘, 「죽어 버린 아Q의 시대」(1928); 린시엔즈, 『인간 루쉰』(하), 김진공 옮김, 사회평론, 2006, 224쪽에서 재인용고 주장했다. 이들의 공통된 인식. 문학은 사회의 상부구조라는 점. 혁명은 프롤레타리아가 주체가 되어야 한다는 점. 문학은 개별적 자아가 아니라 프롤레타리아 계급의 의지를 표현해야 한다는 점. 한마디로 문학은 프롤레타리아 혁명의 선봉장이 되어야 한다는 주장이었다.

'문학은 힘이 세다'라는 혁명문학 진영의 모토와 비교해 본다면 루쉰은 일찌감치 '문학은 무력하다'고 말한 바 있다. 글이라는 것은 피의 살육을 막지 못한다는 것. 한 편의 시(詩)가 아니라 한 대의 대포가 적을 물리친다!루쉰, 「혁명시대의 문학: 황푸군관학교 강연」(1927. 4. 8), 『이이집』(루쉰전집 5), 43쪽 그렇다고 문학이 천상 위에 앉아 있는 고매한 것도 아니다. 그것은 그저 한때의 사회적 현상 혹은 시대의 인생기록에 불과한 것이다. 그 점에서 루쉰은 혁명문학가들이 주장하는 대로 문학이 선전이 될 수도 있다고 생각했다. 그러나 그러기 위해서라도 "먼저 내용을 충실히 하고 기교를 높여야"루쉰, 「문예와 혁명」(1928. 4. 4), 『삼한집』(루쉰전집 5), 354쪽 한다. "형제들이여! 태양을 향하여 광명을 향하여 걸어가자! (……)우리는 어둠 속에서도 새벽이 올 것을 확신하고 있다. (……) 태양의 빛 아래서 우리는 소리 높여 노래를 부르겠노라"『태양월간』 권두어; 김하림, 「창조사, 태양사와 혁명문학논쟁」, 246쪽에서 재인용 정도의 글로는 선전조차 될 수가 없다. "모든 문예는 물론 선전이지만 모든 선전이 죄다 문예인 것은 아니"지 않을까?루쉰, 「문예와 혁명」, 『삼한집』(루쉰전집 5), 354쪽 루쉰이 보기에 혁명문학은 무엇보다 수준이 낮았다.

그러나 더 중요한 것은 그들이 당면한 현실의 폭력과 암흑을 정시하지 못한다는 것이다. 톨스토이를 인도주의자에 불과하다고 이미 낙후된 인물이라고 비판하는 자들이 "정부의 폭력, 재판행정의 희극적인 가면을 찢어 버린" 톨스토이의 몇 분의 일만큼의 용기라도 있는 것일까? 낙후된 것은 톨스토이가 아니다. 누군가의 지휘를 받거나, 이념을 간판처럼 내거는 것 자체가 낙후된 것이다. 자신이 낙후된 것인지조차 모르는 것이 바로 "흐뭇하게 취한 눈"인 것이다.

나는 전혀 복고주의자가 아니지만 루쉰을 읽을 때 종종 과거로 돌아간다. 아니 느닷없이 과거가 현재로 소환된다는 것이 더 맞는 말일지도 모르겠다. 혁명문학논쟁을 읽을 때도 마찬가지인데, 나는 1980년대 20대의 내가, 1928년 마흔여덟의 루쉰에게 대들고 있는 모습을 발견한다. 내가 선배들에게 그랬다. 시국이 엄중한데 당신들은 뭘 하고 있느냐고 공격했고, 싸잡아 기회주의자라고 매도했고, 기어코 동아리에서 퇴출시켰다. 그때는 삶이 절대로 이념으로 환원되지 않는다는 것도 정치보다 무서운 것이 밥이라는 것도 알지 못했다. 그러니 루쉰에게 그만 좀 하라고, 젊은이들에게 너무 심한 것 아니냐고, 말하고 싶기도 하다.

한편 2016년 50대인 내가, 1928년 날 선 이론투쟁을 벌이고 있는 2, 30대의 중국 젊은이들과 직접 맞서고 있는 느낌이 들기도 한다. "피 역시 돈과 같아서 인색해서도 안 되지만 낭비해서도 안 된다"는 것을 그들에게 알려주고 싶고, 혁명은 한 번에 '혜까닥' 뒤엎는 게 아니라 어둡고 비좁고 답답한 참호 속에서 매일매일 반복되는 과업을 묵묵히 수행하는 것이라는 것을 전달하고 싶어진다. 루쉰의 글자들 사이에서 싸우는 것은 루쉰과 청팡우 등만이 아니다. 나도 그들과 뒤엉켜 싸우고 있다. 어쩌면 나에게 루쉰 읽기는 늘 이런 것인지도 모르겠다. 시공간이 모였다 흩어지는 경험. 1920년대, 30년대의 루쉰과 함께 여기 이 자리로 다시 돌아오는 것!

'루쉰'이라는 어떤 삶

적과 동지들을 동시에 상대하면서 싸우는 칼날 같은 자리, 그곳에서 휘두르는 비수의 날카로움과 단호함. 하지만 루쉰에게 이런 면모만 있었다면 나는 그를 존경했을지언정 좋아하지는 않았을지도 모른다. 그러나 현실이 늘 자신의 의도를 배반한다는 것을 알면서도 기꺼이 그 배반당하는 자리에 서 있었기 때문에 나는 루쉰을 정말 좋아한다. 내가 생각하기에 그곳이야말로 계몽의 자리가 아니라 전사의 자리이다.

장제스 국민당 정부의 언론, 출판, 집회, 시위의 자유에 대한 탄압이 점점 심해지자 1930년 2월 '중국자유운동대동맹'이 결성되었다. 루쉰은 이런 사회적 투쟁의 방식을 좋아하는 사람이 아니었다. 그러나 참석했고, 자리를 지켰고, 선언문에 이름을 올리도록 허락했다. 결국 썩 내켜 하지 않았지만 자유운동대동맹이 주최하는 분회들의 강연에 응하기도 했다. 같은 이유로 1930년 3월 결성된 '중국좌익작가연맹'(약칭 '좌련')에도 참여했다. 이번엔 과거 격렬한 논쟁을 벌였던 혁명문학파들과 함께하는 것이었다. 여전히 그들이 만들어 온 강령, "승리가 아니면 죽음이다" 같은 글이 마음에 걸렸지만 넘어갔다. 심지어 주석단에 오르기까지 했다. 그러나

사진 9 상하이 루쉰박물관에 전시되어 있는 좌련 5열사의 사진 및 자료를 보고 있는 필자.

유명한 에피소드 하나. 좌련 창립대회에서 루쉰은 전의를 다지고 장도를 축하하기는커녕 "나는 지금의 좌익 작가들이 아주 쉽게 우익 작가가 될 수 있다고 생각"한다면서 찬물을 끼얹었다는 것. 거기 모인 사람들은 아마도 고개를 절레절레 저었을 것이다. 그래도 루쉰은 개의치 않았다. 그가 원한 것은 지도자가 아니라 '사다리'였기 때문이다. 누구라도 나를 딛고 올라갈 수만 있다면, 누구라도 나를 딛고 나갈 수가 있다면, 자기의 평판 따위는 아무 상관이 없었다.

해가 바뀌고 1931년 1월. 회합을 갖던 일련의 좌익 작가들이 국민당 특무의 습격을 받아 전원 체포되었다. 이들 가운데 러우스, 인푸, 후예핀, 펑겅, 리웨이썬 등은 좌련 소속의 젊은이들이었다. 한 달 후 이들 모두가 총살되었다. 루쉰의 젊은 동지 러우스의 몸에는 총탄이 열 발이나 박혔다. 베이징에서 제자들의 죽음을 목격했고, 광저우에서도 역시 제자들이 살육당하는 것을 지켜봤다. 이번이 세번째였다. 2년 후 그는 「망각을 위한 기념」이라는 글에서 "젊은이가 늙은이를 기념하는 글을 쓰는 게 아니라, 지난 30년 동안 내가 목도한 수많은 청년들의 피가 켜켜이 쌓여 숨도 못 쉬게 나를 억눌러 이런 필묵으로나마 몇 줄 글을 쓰게 만드니"루쉰, 「망각을 위한 기념」, 『남강북조집』(루쉰전집 6), 공상철 옮김, 그린비, 2014, 387쪽라고 쓴다. "처자식을 건사하느라 귀밑머리 세는 게" 세속의 삶이라지만, 그럼에도 불구하고 젊은이들보다 오래오래 살고 있는 삶이란 얼마나 구차하고 치욕스러운가?

1931년 9월 18일 만주사변이 발발한다. 상황은 계속 악화되어 간다. 체포되어 죽거나, 고문당해 죽거나, 총 맞아 죽어도 하나도 이상하지 않았던 시절이었다. 사람도 살해당하고, 글도 살해당하던 시절, 동지들은 노골적으로 배신하고, 어쩔 수 없이 배신하고, 아니면 루쉰이 전혀 동의할 수 없는 방식으로 투쟁을 전개한다. '모로 서서' 적과 동지를 동시에 상대해야 했던 힘겨운 시절. 그리고 1933년 5월, 그러니까 앞서 말한 「망각을 위한 기념」을 쓴 직후, 딩링과 판츠니엔이 체포된다. 딩링은 2년 전 처형된 좌련 5열사 중의 한 사람인 후예핀의 아내였다.

나는 이즈음 루쉰이 이들을 애도하는 자기만의 방법을 찾아냈다고 생각한다. 비통이 커지는 만큼 일을 두 배로 늘리는 것. 좌련 5열사의 희생 때에는 그들을 추모하는 간행물 『전초』(前哨)를 발행했고, 딩링의 행방불명 이후에는 딩링의 작품을 출판했다. 몇 년 후, 루쉰과 깊은 우정을 나눈 취추바이(瞿秋白)가 총살을 당했을 때도 마찬가지였다. 루쉰이 했던 일은 『취추바이 선집』을 간행하는 것이었다. 고된 작업이었고 자신의 육체를 갉아먹고 목숨을 단축하는 일이었다. 당시 루쉰은 자신의 '중간물' 이론대로 끈질기게 버티되 서서히 사라지는 방법을 실현시키고 있었는지도 모르겠다.

딩링의 실종 직후인 1933년 6월, 루쉰도 열심히 참여하고 있었던 '중국민권보장동맹'의 간사, 양취엔이 백색테러에 희생당한다. 루쉰은 양취엔의 장례식에 참석하면서 열쇠를 챙기지 않고 나갔다고 한다. 죽을 수도 있다고 생각했을 것이다. 그래도 어쩔 수 없다고도 생각했을 것이다. 나는 이날의 사무치는 루쉰의 심정을 생각한다. 나도 사무쳤다. 1933년, 루쉰은 자신도 모르는 자신의 죽음을 향해 뚜벅뚜벅 걸어가고 있는 중이다.

나는 루쉰을 만났을까?

이번의 루쉰 여행은 미친 듯이 더운 한여름에, 5박 6일을 꽉꽉 채워서, 3개의 성과 한 곳의 직할시를 돌아다니는 하드한 일정이었다. 그런데 사는 게 바빠서인지 몇 달 전 여행이 이미 아득하다. 하도 많은 루쉰을 봐서 내가 본 게 샤먼에서인지, 광저우에서인지, 상하이에서인지도 벌써 헷갈린다. 솔직히 말해 이미 아는 것을 다시 보는 것은 재미없다. 재현의 앎, 승인의 앎. 진부하다. 그런데 나도 역시 이미 아는 것을 다시 보고 온 것은 아닐까? 그게 아니라면 나는 무엇을 본 것일까?

우리가 루쉰이 마지막 10년을 보냈던 상하이에 도착한 때는 8월의 아침이었다. 그런데 하늘이 너무 청명해 가을 같았다. 중국인 기사 분에 의하면 상하이에서 이런 날을 보는 것은 거의 기적이란다. 우리는 그런 행운이 얼마 전 상하이를 지나갔다는 태풍 덕이라 생각했다. 그런데 우리의 여행 코디네이터 '쭌언니' 왈, 상하이의 파란 하늘은 9월에 항저우에서 열리는 G20 정상회담을 앞두고 중국 당국이 대기오염을 관리하고 있기 때문이란다. 아, 그래 여기가 공산주의 국가였지! 새삼스럽게 중국이 당이 지배하는 당국(黨國)이라는 것이 실감되었다.

광저우와 달리 상하이에서 루쉰은 아주 잘 보존되어 있었다. 지금은 루쉰공원이라 불리는 홍커우공원 안에 위치한 상하이 루쉰기념관은 위풍당당했다. 베이징의 그것보다도 커 보였다. 그러나 이미 너무 많은 기념관을 본 터, 특별한 감흥은 없었다. 그리고 찾아간 같은 공원 내의 루쉰 무덤. 죽음까지 살아내려 한 마지막 순간의 루쉰을 생각하면 난 당연히 그의 무덤 앞에서 숙연해질 줄 알았다. 그런데 이상하게도 그런 기분이 들지 않았다. 심지어 나는 루쉰 무덤의 난간에 잠시 걸터앉는 '불경'을 저지르다가 관리인에게 걸려 혼쭐이 나기까지 했다. 중국에서 루쉰은 너무 많고, 너무 잘 보존되어, 니체 식으로 말하면 철저히 '기념비적 역사'가 되어 있었다. 전범이 되어 버린 루쉰. 루쉰을 닮으라는 명령! 살아생전 그렇게 싫어하는 방식으로 루쉰은 상하이 곳곳에 서 있었다.

사진 11 상하이 루쉰공원 입구.

사진 12 상하이 루쉰공원 안에 있는 루쉰의 무덤.

사진 13 상하이에서 루쉰의 첫번째 거처였던 징윈리 23호.

다음 일정은 쓰촨루 대륙신촌 9호였던 루쉰고거 방문. 그곳은 루쉰의 마지막 상하이 거처이다. 나는 기념관처럼 관리되고 있는 그곳 대신 루쉰이 상하이에 막 도착한 후 여관에 여장을 풀고 겨우 겨우 구했던 살림집. 쉬광핑과 둘이서 각각 침상 하나, 책상 하나, 의자 하나만 단출하게 놓고 살았다던 그 집. 징윈리(景云里) 23번지가 보고 싶었다.

찾을 수 있을까? 여행 코디인 쭌언니의 도움으로 겨우겨우 찾아갔지만 그곳은 이미 철거가 상당히 진행된 지역이었다. 그곳에서 루쉰의 옛집을 찾을 가능성은 낮아 보였다. 그러나 구글 맵의 안내로 더듬더듬 찾아간 작은 골목 끝에서 우리는 '루쉰고거'라는 팻말을 발견할 수 있었다. 뿐만 아니라 그 옆에는 예성타오(葉聖陶), 펑쉬에펑(馮雪峰), 마오둔(茅盾)의 고거 라는 팻말도 발견할 수 있었다. 사람이 살고 있어서 그 안에 들어갈 수는 없었지만 우리는 흙 속의 진주를 발견한 것마냥 신기하고 감격스러웠다.

사진 14 상하이에서 루쉰의 두번째
거처였던 베이스촨루(北四川路)
라모스 아파트 앞의 필자.

사진 15 상하이에서 루쉰의 마지막
거처였던 쓰촨루 대륙신촌 9호.

사진 16 루쉰의 옛집 골목에서 살고 계신 곳을 보여 주시겠다고 한 할머니를 따라 들어선 집.

아, 이 좁은 골목에서 루쉰과 그의 친구들이 옹기종기 모여 살았구나. 뭔가 벅찬 느낌도 들었다. 그런데 마침 그 골목에 나와 앉아 우리의 소란을 보고 계시던 할머니 한 분이 자기 집을 보여 주겠다고 나서신다. 마치 한국말을 알아들으신 것처럼. 할머니를 따라, 수십 년 동안 살고 계신다는 그 집의 문을 열고 들어선 순간, 난 여행 중 처음으로 약간 울컥했다. 그곳이 너무 좁아서, 루쉰이 이런 곳에서 살았겠구나 싶어서, 그리고 여전히 이런 곳에서 누군가 평범하고 남루한 일상을 이어 가는구나 싶어서. 비로소 루쉰을 만나는 느낌이었다.

　마지막 여행의 포인트, 와이탄(外灘). '상하이시 인민영웅 기념탑'이라는 남근적 상징물이 우뚝 솟아 있었고 황푸강 건너편에는 개혁개방의

사진 17 상하이 와이탄.

상징인 상하이의 랜드마크 건축물들이 서 있었다. 그러나 나는 그것들이
무슨 공상과학영화에서 불쑥 튀어 나온 것처럼 느껴져 전혀 실감이 나질
않았다. 황푸강 이쪽에는 옛날 영국조계지의 흔적인 영국식 건축물들이
고풍스럽게 서 있었다. 건물마다 빨간 깃발이 꽂혀 있었는데 한결같이 은행
아니면 증권 건물이었다. 갑자기 며칠간의 강행군이 아득하게 느껴졌다.
이곳이 혁명을 치른 나라가 맞을까? 혁명은 어디에 있고, 또 루쉰은 어디에
있는 것일까? 다시 원점. 여행은 그렇게 끝나고 있었다.

아무도 용서하지 않는 자의 죽음

고미숙(감이당)

"나 자신을 위해서, 벗과 원수, 사람과 짐승, 사랑하는 이와 사랑하지 않는 사람을 위해서, 나는 이 들풀이 죽고 썩는 날이 불같이 닥쳐오기를 바란다. 그러지 않는다면 나는 생존한 적이 없는 것으로 될 것이며, 이는 실로 죽는 것, 썩는 것보다 훨씬 불행한 일이기 때문이다." (「제목에 부쳐」, 『들풀』 중에서)

상하이, 루쉰 로드의 종점

2016년 8월 초, 우리 일행이 상하이에 도착한 날, 하늘은 티없이 맑았다. 맑고 또 높았다. 우리는 환호성을 질렀다. 야호~ 세계에서 미세먼지가 가장 심하다는 도시가 웬일이야? 그 순간 베이징에서 샤먼, 광저우를 거쳐오는 동안 쌓였던 피로가 한방에 날아갔다. 그날 우리들이 찍은 사진의 중심은 단연 하늘이었다. 루쉰이 살았던 1930년대는 이보다 더 맑았으리라. 하지만 루쉰은 우리처럼 상하이의 하늘을 만끽하지는 못했으리라. 그는 하늘이 아니라 땅 위를 응시하는 '대지의 인간'이었으므로. 그리고 그때 대지는 지옥과 축생계를 오가는 '아수라장'이었으므로.

상하이는 루쉰 로드의 마지막 코스다. 루쉰이 생애 마지막 10년을 이곳에서 보냈기 때문이다. 그의 글쓰기와 전투와 일상이 가장 무르익은

사진 1 티없이 맑았던 상하이의 하늘.

곳이자 대단원의 막을 내린 곳이기도 하다. 그 덕분에 박물관과 무덤, 고거 등을 비롯하여 도시 곳곳에 루쉰의 흔적이 배어 있다. 나는 원래 루쉰이 사망한 가을쯤 이곳에 올 예정이었는데, 일정이 꼬이면서 8월 여행단에 합류하게 되었다. 첫번째 여정은 다함께 하기로 했지만 혼자서 와야 했고, 마지막 여정은 혼자 올 예정이었는데 떼거리로 오고…. 정말 하나에서 열까지 계획대로 되는 일이 없다.^^ 하지만 그 덕에 베이징에서 샤먼, 광저우에서 상하이로 이어지는 루쉰의 '도주로'를 두루 음미하는 행운을 누린 셈이다.

　　이 글은 전체 여정의 에필로그에 해당한다. 여기서 다룰 내용은 루쉰의 마지막 1년이다. 전·후·좌·우의 적들을 향해 투창과 비수를 날리던 그에게 가장 두려운 상대가 기다리고 있었다. 폐병, 그리고 죽음. 루쉰 같은 전사가 '암살도, 수감도, 고문도 아닌 고작 폐병' 따위로 자기 집 침대 위에서 죽다니, 뜻밖이다. 하지만 나는 이 사실이 아주 마음에 든다. 그는 줄곧 도망자 신세였지만 한 번도 체포된 적이 없고, 상하이에선 백색테러와 공권력의 폭력이 난무했지만 부상을 입은 적이 없다. 죽음 역시 그랬다. 적들에 의해서가 아니라 자신의 내부에서 스스로 죽음을 결정했다. 자신을 쓰러뜨릴 수 있는 것은 오직 자신뿐이라는 듯이.

죽기 일 년 전(1935년) ― Back to the future!

루쉰이 죽은 건 1936년 10월 19일. 그 일 년 전(1935년)으로 돌아가 보자. 일생을 루쉰 연구에 바친 다케우치 요시미(竹內好)에 따르면, 이 해는 "국민당에 의한 전국통일이 완료된 지 수 년이 지났고", 공산당은 대장정 도상에서 "마오쩌둥의 지도권을 확립하고" "민족통일전선을 제창"하는 시기였다.다케우치 요시미, 「루쉰의 논쟁 태도」, 다케우치 요시미 엮음, 『루쉰문집 6권』, 한무희 옮김, 일월서각, 1987 물론 이 와중에 일본제국주의는 동북 4성을 먹어 치우고 전선을 중국 전역으로 확산해 나갔다.

　시대의 격랑에 부응하여 문단 내부도 '난장판'이었다. 뜬금없이 린위탕(林語堂)의 주도하에 초탈하고 유머러스한 소품문이 부상했는가 하면, 혁명문학 진영에선 주도권 쟁탈을 둘러싼 별별 논쟁이 시도 때도 없이 벌어졌다. 루쉰은 이 모든 흐름의 한가운데서 '진흙투성이의 격투'를 즐겼다. 그의 무기고는 잡문이었다. 소품문도 아니고 비평문도 아닌, 투창과 비수로서의 잡문! 잡문은 짧고 경쾌하고 유연하다. 그리고 악착스럽다.

사진 2 죽기 일 년 전인 1935년의 루쉰.

루쉰 같은 게릴라 전사에겐 딱이다.

하지만 이 해에 그는 아주 특별한 소설집에 몰두한다. "1935년 12월, 좌련중국좌익작가연맹이 해산의 위기에 직면했을 때, 루쉰은 상고사(上古史)로부터 제재를 취한 소설 네 편을 연속해서 썼다." 린시엔즈, 『인간 루쉰』(하), 김진공 옮김, 사회평론, 2006, 635쪽 그리고 이듬해 1936년 1월에 책으로 출판했다. 『고사신편』(故事新編; 새로 쓴 옛날이야기)이 그것이다. 거기에는 모두 여덟 편의 소설이 들어 있는데, 이 작품들의 연대기를 합치면 장장 13년이다. 「하늘을 땜질한 이야기」는 1922년에, 「달나라로 도망친 이야기」와 「검을 벼린 이야기」는 1926년에, 「전쟁을 막은 이야기」는 1934년에 썼다. 그리고 「홍수를 막은 이야기」, 「관문을 떠난 이야기」, 「고사리를 캔 이야기」, 「죽음에서 살아난 이야기」는 1935년 말 '마치 몰아치듯' 써 버렸다. 소설집

『외침』과 『방황』을 낸 이후 줄곧 잡문에 몰두해 왔던 그로서는 뜻밖의 열정이다. 대체 왜?

제목이 말해 주듯, 이 책은 신화와 전설, 민담 등 널리 알려진 고사들에 현재의 사건과 인물, 언어들을 중첩시키는 형식을 취한다. "'옛일'을 새로 쓴 것이면서 동시에 '새로운 일'을 낡은 것에 담아 쓴 것"유세종, 『새로 쓴 옛날이야기』 해제」 루쉰, 『새로 쓴 옛날이야기』(루쉰문고 07), 유세종 옮김, 그린비, 2011, 231쪽이다. 그렇다. 이 또한 루쉰의 전투와 도주의 전략이다. 지상에선 국민당 정부의 검열과 협박에 시달리고, 공중에선 일본군의 총탄이 빗발치는데, 뭘 해야 하지? 그저 살아 있어야 한다. 살아 있음을 증명하기 위해선 써야 한다. 개죽음을 당하지도 않고 전선에서 도피하지도 않는. 그래서 그가 택한 전략은 전선을 넓고 깊게 확대하는 것이다. 동시에 인물들의 심리와 행동은 아주 '깨알같이' 클로즈업한다. 독자들은 당혹스럽다. 웅대한 서사시인 줄 알았는데, 알고 보니 시트콤이라는. 적들도 헷갈리긴 마찬가지다. 대체 어디를, 어떻게 공략해야 하는 거지?

이 소설집의 주인공은 여와, 미간척, 백이와 숙제, 노자와 장자, 우임금과 묵자 등 고대사의 주역들이다. 신화적 아우라에 빛나는 인물들이다. 허나, 루쉰은 그런 후광을 완전히 제거해 버렸다. 활의 명인 '예'(羿)는 '까마귀 짜장면' 때문에 마누라한테 배신당하는 인물이고, 백이·숙제는 절개를 지키려 수양산에 들어갔지만 고사리맛에 취해 주변 생태계를 파괴해 버린다. 장자는 백골을 부활시키는 이적을 행했지만 다시 살아난 시체한테 온갖 곤욕을 다 치른다. 신화적 우상에 대한 계보학적 탐사, 아니 그 이상이다. 아울러 당대 정인군자들과 허세에 절어 있는 문학인들, 관료들을 곳곳에 등장시켜 잘근잘근 씹어 댄다. "어떤 논쟁에도 다 그렇지만, 사자가 토끼를 쫓는데 전력질주를 하는 느낌이 그의 논쟁태도에는 있다. 결코 방심하지 않는다. 그 대신 쟁점을 단순화하는 특기가 그에게는 있다. (……) 정말 명인의 솜씨라 하겠다."다케우치 요시미, 「루쉰의 논쟁 태도」

그렇다. 그는 고대사로 후퇴한 것이 아니라, 논적들을 데리고 머나먼 시간여행을 시도한 셈이다. 왜? 지금, 여기의 사건이 아주 연원이 깊다는 것을 환기하기 위해서다. 근원을 거슬러 올라감으로써 길찾기를 시도하는, 이른바 "백 투 더 퓨처"의 전략이다.

> "나는 사회의 여러 암흑을 공격하려 하는 것이지. 오로지 국민당을 목표로 하는 게 아니라네. 이런 암흑의 근원은 멀게는 1~2천 년 전까지 거슬러 올라가지. 물론 수백, 수십 년 전에도 있고. 다만 국민당이 집권한 다음 그것을 근절하지 못한 것일 뿐이라네. 지금 그들이 내 입을 막는 것은, 마치 위아래로 수천 년 동안 이어진 암흑을 숨기려는 것과도 같지."
>
> 린시옌즈, 『인간 루쉰』(하), 511쪽

아, 그렇구나! 그래서 장장 13년에 걸쳐 이런 식의 작업을 지속해 왔고, 생애 마지막 해에 "마치 묵은 숙제를 해결하듯"유세종, 『『새로 쓴 옛날이야기』 해제』, 224쪽 완성에 박차를 가한 것이다. 그런 점에서 『고사신편』은 루쉰적 글쓰기와 사상의 압축파일에 해당한다.

에로스—창조의 유희

「하늘을 땜질한 이야기」의 주인공은 여와(女媧)다. 서양의 창조주가 남성이라면, 동양은 여성이다. 여와는 어느날 문득 깨어나 흙을 빚어 사람을 창조한다. 그 원동력은 에로스다.

"그녀는 이 연분홍빛 천지 사이를 걸어 해변으로 갔다. 그녀 온몸의 곡선이 연한 장밋빛 같은 바닷속으로 녹아들었다. 몸 가운데가 짙은 순백의 빛이 될 때까지 녹아들었다. 파도는 모두 감짝 놀랐지만 질서있게 일어났다 가라앉았다 했다. 물보라가 그녀 몸 위로 올라와 흩어졌다. (……) 그녀는 무심하게 안쪽 무릎을 꿇고 손을 뻗어 물기를 머금고 있는 부드러운 흙을 쥐어 올렸다. 동시에 그것을 몇 번 비벼 댔다. 그러자 곧바로 자기와 거의 비슷하게 생긴 작은 것들이 양손에 생겨났다." 루쉰,
「하늘을 땜질한 이야기」, 『새로 쓴 옛날이야기』(루쉰문고 07), 15쪽

인간이 탄생한 것이다. 희열과 피로가 동시에 그녀를 감쌌다. 하지만 그녀는 더 많이, 더 빨리 만들고 또 만든다. 왜? 아무 이유 없다! 굳이 이유가 있다면 창조 그 자체가 주는 즐거움 때문이다. 에로스란 창조의 유희에 다름 아니다. 하지만 인간들은 탄생과 더불어 그 원동력을 망각해 버린다. 창조의 기쁨은 잊은 채 영생과 소유에 골몰한다. 신선술을 닦으며 여와를 떠받들거나 아니면 문명과 제도를 구축하여 권력을 증식하느라 바쁘다. 온갖 반동적 비루함이 거기에서 비롯된다. 루쉰은 그런 허접한 남성들을 여와의 가랑이 사이로 지나가게 만든다. 자신의 논적들을 한방 먹이기에 딱 좋은 장치다. 왜 5·4운동 퇴조기에 이런 작품을 썼는지도 이해할 만하다. 운동이건 혁명이건 원천은 에로스다. 특히 청년의 에로스는 전복과 창조의 원동력이다. 그에 비하면, 문예사조나 문단권력 따위는 다 신기루에 불과하다. 창조신화를 통해 혁명의 원천을 탐색하기! 루쉰다운 전략이다.

복수는 운명이다!

「검을 벼린 이야기」는 복수에 대한 서사다. 주인공 미간척의 아버지는 검을 만드는 명인이다. 미간척이 태어나기 전, 왕은 아버지에게 최고의 검을 만들라는 명을 내린다. 아버지는 3년간 심혈을 기울인 끝에 검 두 자루를 벼렸다. 그중 하나를 왕에게 바쳤지만 왕은 그 검으로 아버지를 죽인다. 미리 죽음을 예견한 아버지는 또 다른 검을 숨겨 두고 길을 떠났다. 아들이 태어나면 이 검으로 복수를 해달라는 부탁과 함께. 미간척이 열여섯 살이 되자 어머니는 아버지의 이야기를 들려준다. 미간척은 아버지가 남긴 푸른 검을 메고 복수의 길에 나선다. 하지만 검을 휘두르기도 전에 왕에게 쫓기는 신세가 된다. 그런 그에게 검은 옷의 사내가 나타나 자신이 대신 복수를 해주겠다고 한다. 어떻게? "네가 나한테 두 가지만 주면 돼." 하나는 '네 검'이고 다른 하나는 '머리'다. 대체 그는 누구인가? "너의 원수가 바로 내 원수이고, 그 원수가 곧 나이기도 하단다. 내 영혼에는, 다른 사람과 내가 만든 숱한 상처가 있단다. 나는 벌써부터 내 자신을 증오하고 있단다!"루쉰, 「검을 벼린 이야기」, 『새로 쓴 옛날이야기』(루쉰문고 07), 140쪽 그의 말소리가 끝나자마자, 미간척은 등에 진 푸른 검으로 자신의 목 뒷덜미를 내리쳤다. 두개골이 땅바닥에 떨어지는 순간 그는 검을 사내에게 넘겼다.

복수의 정념이란 이런 것이다. 나와 너의 구별도, 원한과 원수의 구별도 사라진 경지. 거기에 도달하면 복수가 곧 운명이 되어 버린다. 이 작품은 루쉰이 돤치루이(段祺瑞) 정권이 저지른 3·18참사로 수배자가 되어 베이징에서 샤먼으로 도주한 뒤에 쓴 것이다. 그야말로 원한이 뼈에 사무치는 시절이었다. 사무치고 사무치면 더 이상 격정과 증오에 시달리지 않는다. 오히려 평온해진다. 왜? 복수와 존재가 혼연히 일체가 되기 때문이다.

에로스가 창조의 원동력이라면 복수는 카오스의 절정이다. 검은 옷의 사내는 검과 미간척의 머리를 들고 왕에게 간다. 금룡이라는 솥에 물을 가득 부은 다음 목탄을 쌓고 불을 지폈다. 사내는 그 솥에 미간척의 머리를 던져넣었다. 그리고 노래를 부른다. 노랫소리에 맞춰 미간척의 머리가 요동을 치기 시작한다. 그 모습을 보기 위해 왕이 솥으로 다가가자 사내는 검을 뽑아 왕의 뒷덜미를 내리친다. 첨벙! 왕의 머리가 떨어졌다. '원수끼리 만나면 본래 눈이 유난히 밝아지는 법', 솥 안에서는 미간척의 머리와 왕의 머리가 '죽기 살기'로 서로 물어뜯는다. 싸움이 절정에 이를 즈음, 사내는 자신의 검으로 자신의 뒷덜미를 내리쳤다. 풍덩! 또 하나의 머리가 솥 안으로 들어갔다. 다시 물고 뜯고 쪼는 전투 끝에 마침내 솥 안에는 평화가 찾아왔다. 그제서야 궁전의 신하들은 국자로 세 개의 머리를 건져올렸다. 맙소사! 대체 어느 것이 왕의 머리인가? 판별불능! 결국 사람들은 세 개의 머리 모두에 제사를 지내는 수밖에 없었다. 모든 것이 뒤죽박죽이 되어 버렸다. 이것이 복수의 완성이다. 지독하다. 맞다. 루쉰에게 대충이란 없다. 뭘 하든 '독사처럼 칭칭' 감는다. 루쉰은 말한다. 그게 삶의 기본기이자 최고의 예의라고.

혁명─모두에게 모든 것을, 우리에겐 아무것도!

루쉰의 논쟁은 크게 세 부류로 나뉜다. "1920년대의 전반, 베이징에 신문단이 형성되고 있을 무렵 후스(胡適), 천위안(陳源) 등 『현대평론』파와 논쟁한 것이 첫째, 20년대 후반 무대를 상하이로 옮겨 이른바 혁명문학파들로부터의 집중 공격에 정면으로 맞선 것이 두번째, 그리고 1936년 죽기 직전에 문단 전체를 휩쓴 항일민족통일전선의 조직을 에워싼 대논쟁에서 소수파로서 한 걸음도 물러서지 않은"다케우치 요시미, 「루쉰의 논쟁 태도」 것이 세번째. 결국 후반부는 좌파와의 논쟁이 대부분이다.

　루쉰이 독보적인 것도 이 지점이다. 이념과 노선이 다른 적들과의 싸움은 싱겁다. 그건 루쉰이 아니어도 가능하다. 하지만 같은 진영의 적들과 싸우는 것은 아무나 할 수 없다. 루쉰이야말로 진정 혁명을 갈망했다. 하지만 신해혁명 이래 혁명은 한 번도 혁명인 적이 없었다. 가장 근대적이라는 국민당 정부가 실상은 중국 역사상 가장 '강대한 암흑세력'이 되었다. 그가 보기에 '민국 이전엔 노예였고, 민국 이후엔 노예의 노예가 되었다.' 이제 혁명 진영은 다시 계급투쟁이라는 깃발을 내걸었다. 루쉰 또한 프롤레타리아 혁명 말고는 길이 없다고 생각했다. 하지만 혁명 문학파들의 행동에는 결코 동의할 수 없었다. 입으로는 계급투쟁을 외치지만 실제로는 우두머리 자리를 차지하는 데 혈안이 되었고, 무엇보다 너무 유치했다. '외부로부터 직수입된 이념을 생경하게 뇌까리고 또 전적으로 위로부터의 명령에 의존하고' 있었으니 그럴 수밖에. '새 부대에 담긴 시어 버린 술이자, 붉은 종이로 싼 상한 고기덩어리'에 불과했다.

> "이른바 혁명이란 다름 아니라 인간을 해방시키는 운동이었다. 그리고 다른 사람을 해방시키는 것은 곧 자기 자신을 해방시키는 것이기도 했다. 만약 혁명의 대오 가운데 새로운 '횡포'가 자라나고 있다면 새로운 혁명의 수단으로 그것을 제거해야만 하지 않는가! (……) 인간은 자기 자신에 대해서만 주인일 수 있고 마땅히 그래야만 했다."린시엔즈, 『인간 루쉰』(하), 691쪽

「홍수를 막은 이야기」와 「전쟁을 막은 이야기」에는 루쉰이 생각하는

혁명, 혁명가에 대한 사상이 투사되어 있다.

「홍수를 막은 이야기」의 주인공은 치수(治水)의 레전드로 꼽히는 우(禹)임금이다. 때는 "바야흐로 도도한 물결이 넘실넘실 산을 에워싸고 구릉을 삼키는" 순임금 시절, 우의 아버지 곤(鯀)은 꼬박 9년 동안이나 물을 다스렸지만 아무런 성과도 남기지 못했다. 물길을 '막는' 방법을 썼기 때문이다. 곤은 유배를 가고, 대신 그의 아들 우가 치수의 대업을 이었다. 그가 지형을 파악하느라 천하를 돌아다니는 동안 도회지에선 같잖은 학자들이 모여 우가 벌레이니 뭐니 하며 '시간을 죽이고' 있었다. 드디어 천하를 돌아본 우 일행이 도성에 도착했다. 관청 밖에선 그의 아내가 제 집앞을 지나면서도 집에 들르지도 않는다며 욕설을 해대고 있고, 그의 발바닥에는 밤톨같이 생긴 굳은살이 촘촘히 박혀 있었다. "어떤 사람은 내가 명예를 추구하고 이익을 도모한다고 하오. 어떻게 말해도 괜찮소. 내가 말하고 싶은 것은, 내가 산과 호수의 상태를 조사하고 백성들의 의견을 수집하여 이미 그 실상을 다 꿰뚫어 보고 난 후에 결심을 했다는 것이오. 어찌 되었든 '물을 소통' 시키지 않고는 아니 되오, 여기 이 동료들도 모두 나와 같은 의견이라오." 우가 가리키는 곳에는 "시커멓고 여원, 거지같은 놈들이, 움직이지 않고 말도 없이, 웃지도 않으며 마치 무쇠로 만든 사람들처럼 한줄로 늘어서 있는 것"이 보였다. 우가 다시 일행과 함께 다시 현장으로 떠나고 오랜 세월이 흐른 뒤, 마침내 천하의 물길이 잡혔다. "논밭의 물은 강으로 유도하고 강물은 바다로 들어가게 유도"하는 방법을 쓴 덕분이다. 치수를 마치고 경성으로 돌아오자 수많은 환영 인파가 몰려들었다. 그 사이로 우 일행이 등장했다.

"대열 앞에는 의장대가 없었다. 단지 거지 같은 수행원들의 거대한 무리뿐이었다. 맨 뒤에는 투박하고 거친 손발을 가진, 시커먼 얼굴에 누런 수염, 휘어져 약간 굽은 다리의, 기골이 장대한 사나이가 있었다."루쉰,

「홍수를 막은 이야기」, 『새로 쓴 옛날이야기』(루쉰문고 07), 75~77쪽

　　한편, 「전쟁을 막은 이야기」의 주인공은 겸애(兼愛)를 표방한 묵자(墨子)다. 강대국 초나라가 약소국 송나라를 치려 한다는 소식을 듣자 묵자는 전쟁을 막기 위해 길을 떠난다. 송나라 국경에 들어섰을 때는 짚신 끈이 이미 서너 번 끊어졌고 신발 바닥은 닳아 큰 구멍이 뚫렸고 발에는 굳은살과 물집이 잡혔다. 초나라 왕을 알현한 자리에서 묵자는 한편으론 의리로 설득하고, 다른 한편으론 공격과 수비의 가상게임을 통해 초나라가 결코 이길 수 없음을 논파한다. 초나라 왕은 결국 전쟁을 포기한다. 평화의 대업을 이룬 것이다. 그럼 그 다음엔? 묵자는 다시 부지런히 돌아왔다. 배고픔과 피곤에 '쩐' 채로. 그리고 "올 때보다 더 재수가 없었다. 송나라 국경에 들어서자마자 두 차례 몸수색을 당했고 도성 가까이 와서는 또 의연금을 모집하는 구국대를 만나 헌 보따리조차 기부해야만 했다. 남쪽 관문 밖에 이르러서는 또 큰 비를 만났다. 비를 좀 피할 생각으로 성문 밑에 잠시 서 있다가 창을 든 두 명의 순찰병에게 쫓겨났다. 묵자는 온몸이 흠뻑 젖게 되었고 그 바람에 코가 열흘 이상 막혀 버렸다".루쉰, 「전쟁을 막은 이야기」, 앞의 책, 201쪽

　　우임금과 묵자, 루쉰은 혁명가란 모름지기 이들과 같아야 한다고 여겼다. 홍수를 잡고 천하를 평정했지만 우임금에겐 어떤 영광도 권위도 없다. 굳은살과 시커먼 얼굴이 전부다. 전쟁을 막고 평화를 수호하는 데 성공했지만 묵자에겐 지친 몸과 몸수색, 감기가 기다리고 있을 뿐이다. 당연하지 않은가. 치수건 평화건 모두 생명을 살리는 일이다. 거기에

참여하는 것은 본성이고 자연이다. 다만 그뿐이다. 혁명 또한 그러하다. 그것이 인간을 노예 상태에서 해방시키는 것인 한, 어떤 대가도 필요치 않다. 거기에 권위와 상징이 덧씌워지는 한, 혁명은 언제나 '반혁명'으로 전락할 수밖에 없다.

이 작품들을 읽을 때마다 떠오르는 말이 있다. "모두에게 모든 것을, 우리에겐 아무것도!" 1994년 나프타협정에 반대해서 일어난 멕시코의 사파티스타 혁명군이 내건 구호다. 루쉰도 혁명이란 그래야 한다고 믿었다. 그러니 분파주의에 권력투쟁을 일삼는 좌파 진영의 꼬라지를 어찌 눈감아 줄 수 있었으랴.

"단 한 명도 용서하지 않겠다!"

드디어 폐병이 그의 생을 잠식해 들어왔다. 친구들은 상하이의 유일한 폐병전문의(미국인)에게 진찰을 받게 했다. 루쉰의 표현에 따르면, 그는 "나의 멸망은 이제 얼마 남지 않았다고", "만일 서양인 같으면 5년 전에 죽었을 것이라고" 선고했다. "나는 그의 처방을 구하지 않았다. 왜냐하면 그의 의학은 서양에서 배운 것이므로 틀림없이 5년 전에 죽은 병자에게 행하는 처방은 배우지 않았을 것이 틀림없으리라고 생각했기 때문이다." 유년시절 아버지의 투병과 죽음을 목격하면서 한의학의 부조리를 목격했던 그가 이제 자신의 죽음 앞에선 다시 서양의학의 한계를 날카롭게 풍자한다. 루쉰도 더 오래 살고 싶었다. 하지만 병을 고치는 것이 삶 그 자체보다 더 중요할 순 없다. 치료의 원칙은 단 하나, 지금 하는 일—글쓰기로 전투를 벌이는 것—을 계속 할 수 있느냐 없느냐 오직

사진 3 크게 앓고 난 뒤인 1936년 3월에 찍은 사진.

그것뿐이다. 그러니 일을 그만두고 치료에 전념하거나 외국에 나가 요양을 한다거나 하는 건 애당초 고려사항이 될 수 없었다.

하지만 사망 몇 달 전 크게 앓고 나선 죽음에 대한 예감이 뚜렷하게 일었다. 그래서 다소 회복이 되자 그는 유언장을 작성해 본다.

"1. 상을 치를 때, 누구에게서건 돈 한 푼 받지 말라.──다만 친한 벗의 것은 예외이다.

2. 바로 널에 넣고 땅에 묻어라.

3. 어떤 기념 행사도 하지 말라.

4. 나를 잊고 제 일을 돌보라.──그렇지 않는다면 진짜 바보다."

등등.루쉰, 「죽음」, 『차개정잡문 말편』(루쉰전집 8), 한병곤 옮김, 그린비, 2015, 775쪽 특유의 까칠함, 그리고 약간의 장난기가 느껴진다. 뒤에 붙인 사족이 압권이다.

"서양인은 임종 때에는 곧잘 의식(儀式) 같은 것을 행하여 타인의 용서를 빌고 자기도 타인을 용서한다는 이야기를 생각"해 냈다. "나의 적은 상당히 많다. 만일 신식을 자처하는 사람이 묻는다면 뭐라 답할까. 나도 생각해 보았다. 그리고 결정하였다. 멋대로 원망하도록 하라. 나 역시 한 사람도 용서하지 않겠다."루쉰, 앞의 글, 775~776쪽 오, 아무도 용서하지 않는 자의 죽음! 독하다. 한데 이 '사이다' 같은 통쾌함은 뭐지? 보통 죽음 앞에선 순해지고 관대해진다. 그것은 대체로 두려움과 연민의 발로일 확률이 높다. 죽음이 목전에 다가와도 그따위 감상에 빠지지 않는 것, 그렇기는커녕 오히려 투지를 더더욱 불태우는 것, 이것이 루쉰이 죽음을 대하는 '쿨한' 태도다.

죽기 열흘 전

1936년 10월 8일 오후. 루쉰은 상하이 청년회관에서 열린 '제2회 중화전국 목판화 이동전시회'를 참관했다. 알다시피 그는 중국 현대 목판화운동의 선구자다. 전람회와 강습소를 열고, 케테 콜비츠를 비롯하여 세계적인 작가들의 목판화 전집을 내는 데 심혈을 기울였다. 목판화야말로 혁명사상을 표현하는 가장 중요한 장르라 여겼기 때문이다. 전시회장은 사람들로 들끓었다. 루쉰이 등장하자 순식간에 사람들이 그를 둘러쌌다. 전시장 한 귀퉁이에서 몇 명의 청년들과 차담이 시작되었다. 이 장면 역시 사진으로 남아 있다. 그가 생전에 찍은 마지막 사진이다. 프롤로그에서도 밝혔듯이, 내가 가장 좋아하는 사진이다. 이 사진의 포인트는 피골이 상접한 루쉰의 얼굴이 아니라 옆에 있는 청년의 미소다. 티없이 맑고 환하다. 루쉰과 함께 있는 것만으로도 행복해 죽겠다는 표정이다. 루쉰에게 드리운 죽음의 그림자 따위는 아랑곳하지 않는, 이 환한 생명의 미소. 생애

사진 4 목판화 전시회장에서의 루쉰과 청년들.

사진 5 루쉰 동상 앞의 필자와 신근영.

마지막 순간에 청년들에게 이런 웃음을 선사할 수 있는 이가 얼마나 될까.

상하이 루쉰박물관에서도 어김없이 이 사진 앞에 한참을 멈춰섰다. 수없이 본 사진이지만 이번에는 감회가 좀 남달랐다. 그가 죽은 나이보다 한 살을 더 살았기 때문이다. 루쉰을 기준으로 한다면 나는 이제 언제라도 '죽을 수 있는' 나이가 되었다. 죽음을 실감할 때 느끼는 해방감 때문인지, 루쉰의 삶이나 시대가 주는 역사적 무게에서 조금은 벗어날 수 있었다. 무상한 시공의 흐름 속에서 누구든 자기 앞에 주어진 길을 갈 수밖에 없음을 알았다고나 할까. 해서 여행 내내 우리는 루쉰과 더불어 웃고 떠들었다. 박물관 앞에 있는 루쉰 동상은 그가 평생 손에서 놓치 못했던 담배를 물고 있다. 갑자기 장난기가 도져 그 앞에 또 다른 필자인 신근영과 나란히 섰다. 담배 대신 '손가락 하트'를 한 채로.

"나는 죽음을 열망한다!"

목판화 전시회를 다녀온 지 열흘 뒤, 1936년 10월 19일 새벽 5시 25분 그의 심장이 멎었다. "자신의 피로 범벅이 된 벙커에서, 여명 직전의 가장 어두운 순간에." 린시엔즈, 『인간 루쉰』(하), 764쪽 '여하한 형식의 기념식도 하지 말라'던 그의 유언은 지켜지지 않았다. 수많은 군중들이 그를 추모했고, '민족혼'이라고 쓰인 커다란 깃발이 루쉰의 관 위에 덮였다. 지상을 떠나자마자 민족의 상징이 되어 버린 것이다. 이후 다른 영웅들이 대세에 따라 부침을 거듭했지만 그의 명성은 결코 추락을 알지 못했다.

문탁(이희경)의 말대로 사망 시점의 절묘한 타이밍 탓일까. 1935년 10월 홍군은 마침내 산뻬이 지역에 도착했다. 대장정의 위업을 완수한 것이다. 그리고 루쉰이 죽은 다음 해(1937년), 드디어 중일전쟁이 시작된다. 이 격동의 소용돌이 속에서 마오쩌둥의 카리스마는 눈부신 위용을 발휘한다. 만약 마오의 공산당이 중국을 평정하고 독재권력을 구축하는 시점까지 루쉰이 살아남았다면? 단언컨대 루쉰은 마오를 향해 투창과 비수를 날렸으리라. 또, 그랬다면 문화혁명 때는 숙청대상 1호가 되었을지도.

그의 무덤 앞에 다시 섰다. 2015년 가을 '홍루몽 탐사'의 일환으로 이곳을 지나다 문득 루쉰 로드가 번개처럼 떠올랐던 기억이 난다. 덕분에 우리 공동체 네트워크—감이당, 남산강학원, 문탁네트워크, 규문—가 처음으로 함께 길 위에 나설 수 있었다. 가슴 벅찬 경험이었다. 문득 궁금해진다. 대체 그는 왜 우리를 이 길 위로 호명했을까. 혹시 자신의 죽음을 완성하고 싶어서가 아닐까.

> "지난날의 생명은 벌써 죽었다. 나는 이 죽음을 크게 기뻐한다. 이로써 일찍이 살아 있었음을 알기 때문이다. 죽은 생명은 벌써 썩었다. 나는 이 썩음을 크게 기뻐한다. 이로써 공허하지 않았음을 알기 때문이다."루쉰,
> 「제목에 부쳐」, 『들풀』(루쉰문고 05), 한병곤 옮김, 그린비, 2011, 9쪽

그렇다. 그는 자신의 죽음을 열망한다! 그는 우리에게 이런 말을 건네고 싶었던 게 아닐까. 루쉰이라는 우상을 전복하라고, 그 전략과 전술은 나로부터 배우라고. 그 전투를 수행하는 데는 너희들 같은 '게릴라적 집단지성'이 딱이라고.^^

우리가 여행을 하던 8월 초, 최고의 이슈는 사드배치였다. "한국이 불인(不仁)을 저질렀으니 중국의 불의(不義)함을 탓하지 마라" "군자의

복수는 십 년도 늦지 않다" 등의 비장한 구호들이 중국 인터넷을 달궜다. 그리고 이 원고를 마감하던 11월 말 초유의 쓰나미가 대한민국을 삼켜 버렸다. '최순실'이라는 이름이 모든 이슈를 덮어 버렸고, 1987년 6월항쟁 이후 가장 많은 군중이 광화문으로 쏟아져 나왔다. 설상가상(?)으로 미국에선 '듣보잡'이라 여겼던 도널드 트럼프가 대통령이 되었다.

지금, 이 원고의 교정을 보는 2017년 3월 9일. 공교롭게도 바로 내일이 헌재의 탄핵심판 선고일이다. 그간에 겪은 사건들이야 말해 무엇하리. 어떤 결론이 나건 그와 동시에 새로운 사건들이 또 폭풍처럼 밀려올 것이다. 거기에 사드배치가 현실화되면서 한중 사이에 초긴장이 조성되는 가운데, 저 바다 건너에선 트럼프의 반이민정책으로 아메리카 전역이 시끄럽다. 오 마이 갓! 루쉰 프로젝트를 할 때만 해도 상상조차 하지 못했던 일들이다.

그렇구나. 세상은 늘 우리의 예측을 배반한다. 아니, 우리의 사상과 감성이 시대를 따라잡기에는 턱없이 빈곤한 것인지도. 그러니 어쩌겠는가. 그저 매순간 '처음처럼' 살아갈밖에. '처음의 마음'으로 한 걸음 한 걸음을 내딛을밖에. 고로, '희망은 허망하다. 절망이 그러하듯'. 그래서 다시 루쉰이다.

2부

라이팅
온
더
로드

루쉰 저작 연대기

베이징 시절(1912~26)

샤먼·광저우 시절(1926~27)

1923

8월 『외침』 출간
1918~22에 쓴 작품을 모은 단편소설집.

12월 『중국소설사략』 상권 출간
베이징대학 문과 강의 노트를 바탕으로 함.

1924

9월 『중국소설사략』 하권 출간
이후 1년 뒤인 1925년에 상권과 합쳐 한 권으로 출간함.

1925

11월 『열풍』 출간
1918~24년에 쓴 잡문을 모은 잡문집.

1926

6월 『화개집』 출간
모두 1925년에 쓴 작품. 두번째 잡문집.

8월 『방황』 출간
1924~25년의 작품을 모은 두번째 단편소설집.

1927

3월 『무덤』 출간
1907~25년의 작품을 모은 에세이집.

5월 『화개집속편』 출간
거의 1926년에 쓴 작품. 세번째 잡문집.

7월 『들풀』 출간
1924~26년에 쓴 23편의 산문시 모음집.

상하이 시절(1927~36)

1928

9월 『아침 꽃 저녁에 줍다』 출간
모두 1926년에 쓴 옛날을 회상하는 글 10편이
실려 있는 산문집.

10월 『이이집』 출간
1927년에 쓴 글 29편에 1926년에 쓴 한 편을
부록으로 싣고 있는 잡문집.

1932

9월 『삼한집』 출간
1927~29년에 쓴 글 34편과 1932년에 쓴
루쉰의 저서 목록 한 편이 첨부된 잡문집.

10월 『이심집』 출간
1930~31년에 쓴 글들에 번역문 한 편을
덧붙여서 출간한 잡문집.

1933

4월 『먼 곳에서 온 편지』 출간
1925년 3월~1929년 6월 사이에 주고받은
루쉰과 쉬광핑의 편지 모음집.

10월 『거짓자유서』 출간
1933년 1~5월에 쓴 글 43편을 수록한 잡문집.

1934

3월 『남강북조집』 출간
1932~33년에 쓴 글들이 수록된 잡문집.

12월 『풍월이야기』 출간
1933년 6월에서 11월 사이에 쓴 글 64편을
수록한 잡문집.

1935

5월 『집외집』 출간
1933년 이전에 출간된 잡문집에 수록되지
않은 시문(詩文)을 모은 문집.

1936

1월 『새로 쓴 옛날이야기』 출간
1922~35년에 쓴 작품을 모은 세번째 소설집.

6월 『꽃테문학』 출간
1934년 1~11월에 쓴 글들을 수록한 잡문집.

10월 19일 루쉰 사망

1937

**7월 『차개정잡문』, 『차개정잡문 2집』,
『차개정잡문 말편』 출간**
각각 1934, 1935, 1936년에 쓴 잡문들을
루쉰 자신이 편집을 해놓았고, 루쉰 사후에
출간됨.

1.
계몽에 반(反)하는 계몽
루쉰의 『무덤』

채운

"앞? 앞쪽은, 무덤이오"

루쉰 생전에 출간된 문집들이 무작위적이거나 단순한 연대순으로 편집된 게 아니라 루쉰이 신중하게 선택한 글들로 구성되었다는 사실을 고려해 볼 때, 『무덤』(墳)은 좀 이상한 문집이다. 『무덤』이 출판된 것은 1927년 3월의 일로, 1907년과 1908년에 일본유학생 잡지 『허난』(河南)에 실린 에세이 네 편과 1918년과 1919년에 『신청년』에 발표한 두 편의 글, 그리고 1923년에서 1925년 사이에 쓴 글과 강연문들을 한데 모아 놓았다. 1907년과 1925년. 루쉰의 인생에서 그 사이의 시간적 격차는 아득하다. 일본에서 처음으로 문예운동을 결심했던 청년 루쉰과 외세와 연합한 군벌의 대대적 탄압 속에서 교육투쟁과 문필투쟁을 벌이던 중년의 루쉰. 『무덤』에서 우리는 과거와 현재가 오버랩된 두 명의 루쉰을 만나게 된다.

그러나 내 관심을 끄는 것은 20년에 달하는 이 시간적 차이 자체보다도 그 사이의 공백이다. 이 기간에 루쉰은 신해혁명의 시작과 끝을 목격했고, 베이징의 사오싱(紹興)회관에서 "생명이 어물쩍 소멸해" 가기를 바라며 고문서와 비문을 베껴 썼으며, 그러다가 『신청년』에 「광인일기」를 발표한 것을 계기로 소설을 쓰기 시작했고, 그 결실로 소설집 『외침』과 잡문집 『열풍』을 출간했다. 그리고 『들풀』에 수록될 산문시들과 『화개집』에 실린 잡문들을 썼다.

그러니까 『무덤』은 많은 것을 말하고 있는 것 이상으로 1907년과 1920년대 사이의 많은 것에 대해 침묵하고 있다. 이 모든 걸 괄호에 넣어 버리고는 과거와 현재의 글들을 한데 묶어 돌연 '무덤'이라 명명해 버린 것이다. 이 공백을 보충하려면 『외침』과 『열풍』과 『들풀』과 『화개집』을 함께 읽는 수밖에 없다. 아니, 사실 루쉰의 문집 한 권을 읽기 위해서는 다른 문집에 실린 글들을 오가며 그 시공간의 내외적 사건들을 촘촘히 엮어 나가지 않으면 안 된다.

『무덤』 서문이 쓰인 것은 1926년 10월 30일. 금력과 권력이 지배하는 샤먼(廈門)의 분위기 속에서 루쉰은 또다시 깊은 적막을 느끼고 있었다. 그해 3월 18일, '꽃이 없는 장미'를 쓰는 도중 루쉰은 제자의 죽음을 타전하는 비보를 들었다. 「꽃이 없는 장미」 따위를 쓸 때가 아니"었다. "벌써 베이징성에는 대살육이 벌어졌다고 한다. 바로 내가 위의 무료한 글을 쓴 시각에 많은 청년들이 총탄을 맞고 칼날에 찔리고 있었다. 슬프도다, 사람과 사람 사이의 영혼은 서로 통하지 않는구나."루쉰, 「꽃이 없는 장미(2)」, 『화개집속편』(루쉰전집 4), 박자영 옮김, 그린비, 2014, 333쪽 그리고 몇 달 후 샤먼. "눈물이 마르고, 피는 없어졌다. / 도살자들은 유유자적 또 유유자적하면서 / 쇠칼을 사용하기도, 무딘 칼을 사용하기도 한다. / 그렇지만 내게는 '잡감'만

있었을 따름이다."루쉰,「제사」,『이이집』(루쉰전집 5), 홍석표 옮김, 그린비, 2014, 23쪽 이것은
『무덤』서문보다 보름 앞서 쓰인 것이다.

많은 이들이 죽었고, 죽어가고 있다. 여기도 살육, 저기도 살육이다.
그런데 루쉰 자신은 잡감 '따위'나 쓰고 있고, 이미 죽은 글들을 모아
'무덤'을 만들고 있는 것. 지독한 미련이다. 임종을 앞두고 시시콜콜하게
유언을 남기는 조조의 미련과 무엇이 다르랴.『무덤』후기를 육기(陸機)의
「조위무제문」(弔魏武帝文)으로 끝맺은 것도 그 때문일 터. 그러나
어쩌겠는가. 그 따위 잡감이라도 쓰지 않을 수 없고, 죽어 버린 글이라도
모아 '무덤'을 만들지 않을 수 없는 것은, 죽음이 끝이 아니기 때문이다.
죽은 자야 무덤에 묻혀 썩고 나면 끝이지만, 아직 살아 있는 자들이, 살아서
죽음을 기억해야 하는 자들이 있기 때문이다.

루쉰에게 '무덤'은 길을 걷는 자가 도달하게 될 필연적 종착점이다.
그러나 그 종착점은 백합과 장미가 피어나는 또 다른 출발점이기도 하다.
무덤은 언젠가 평지가 되고, 평지 위로 또다시 무덤이 솟아날 것이며, 그
무덤 위로 꽃이 피어나리라. 이것이 시간이 우리에게 선사한 운명이다.
슬퍼할 것도, 그렇다고 딱히 기뻐할 것도 없는 운명. 1926년에 쓴 『무덤』
후기에서 루쉰은 '무덤'이라는 제목을 두고 이렇게 적고 있다.

"내 생명의 일부분은 바로 이렇게 소모되었으며, 또한 바로 이런 일을
했던 것이다. 그렇지만 나는 지금까지도 내가 줄곧 무엇을 하고 있는지
끝내 알지 못하고 있다. 토목공사에 비유하자면, 일을 해나가면서도
대를 쌓는 것인지 구덩이를 파는 것인지 알지 못하고 있다. 알고 있는
것이 있다면, 설령 대를 쌓는 것이라 하더라도 반드시 스스로 그 위에서
떨어지거나 늙어 죽음을 드러내려는 것이라는 사실이다. 만일 구덩이를

파는 것이라면 그야 물론 자신을 묻어 버리기 위한 것일 뿐이라는 사실이다. 요컨대, 지나가고 지나가며, 일체 것이 다 세월과 더불어 벌써 지나갔고, 지나가고 있고, 지나가려 하고 있다.——이러할 뿐이지만, 그것이야말로 내가 아주 기꺼이 바라는 바이다. 그렇지만 이 또한 다분히 말뿐인지도 모르겠다. 호흡이 아직 남아 있을 때, 그것이 나 자신의 것이라면 나도 이따금 옛 흔적을 거두어 보존해 두고 싶다. 한 푼어치의 가치도 없다는 것을 분명히 알지만, 어쨌든 미련이 전혀 없을 수 없어 잡문을 모아 그것을 『무덤』이라 이름했다. 이도 결국은 교활한 속임수일 뿐이다.”루쉰, 「『무덤』 뒤에 쓰다」, 『무덤』(루쉰문고 01), 홍석표 옮김, 그린비, 2011, 434~435쪽

'청년 루쉰'은 길손처럼 무덤을 향해 걸어갔고, 그 무덤으로부터 또 다른 루쉰이 잉태되었다. 루쉰의 모든 글들은 뒤에 쓰일 글들을 위한 무덤이다. 일체가 무덤에서 태어나고 무덤을 향해 나아갈 뿐이다. 다만, 육신이 썩어 가는 와중에도 혹은 다 썩어 문드러졌더라도, '무덤'이라는 흔적이 있는 한 망자(亡者)는 완전히 망각되지 않는다. 하여 루쉰은 이미 소모되어 버린 생명을 "내 생활 중에 있던 옛 흔적"이라는 구실로 떡하니 현재의 글들과 붙여 놓은 것. 독자로서는 도리가 없다. 이렇게 무덤이 있는 한, 흔적이나마 기억하지 않으면 안 되는 '무덤지기'를 자처할 수밖에. 에잇, 교활한 루쉰!

이런 맥락에서 『무덤』을 읽으면, 앞에 다소 생뚱맞게 들어간 네 편의 논문(「인간의 역사」, 「과학사교편」, 「문화편향론」, 「마라시력설」)과 1918년 이후의 잡문들이 그럴듯하게 조응함을 알 수 있다. 앞의 논문 세 편은 진화론과 계몽사상에 기반해 있으되 여기에는 이미 루쉰의 도주선이 내재해 있고, 그 양상은 1920년대의 잡문을 통해 확인된다. 특히 루쉰의

냉철하고도 뜨거운 논리전개방식을 보여 주는 「마라시력설」은 루쉰의 글쓰기가 탄생한 모태가 어디인지를 보여 주는 논문으로 '문학가 루쉰'의 면모를 여실히 드러내 준다. 그러니까 이 네 편의 논문들은 『무덤』속의 무덤, 즉 『외침』과 『열풍』과 『들풀』을 잉태한 최초의 무덤인 셈이다.

문예, 저항의 소리

러시아 문인 코롤렌코(Vladimir Galaktionovich Korolenko)가 쓴 「최후의 빛」에는 시베리아에서 한 노인이 아이에게 책 읽는 법을 가르치는 장면이 나온다. 책 속에는 벚꽃과 꾀꼬리가 등장하지만 시베리아는 추워서 벚꽃도 꾀꼬리도 없으니 노인은 아이에게 이를 말로 설명해 줄 수밖에 없다. 그러자 "소년은 이에 깊은 사색에 잠긴다. 그렇다. 소년은 적막 속에 놓여 있어 설령 그 아름다운 소리를 진실로 듣지 못했다 하더라도 선각자의 해설을 이해할 수 있었던 것이다. 그런데 그러한 선각자의 소리가 중국의 적막을 깨뜨리기 위해 나타나지 않고 있다. 그렇다면 우리 역시 깊은 사색에 잠길 뿐이로다. 오직 깊은 사색에 잠길 뿐이로다!".루쉰, 「마라시력설」, 『무덤』(루쉰문고 01), 168쪽 「마라시력설」의 마지막에 등장하는 얘기다. 추측건대, 문예란 '사실'을 설명하는 게 아니라는 것. 적막을 가르는 한 줄기의 외침 혹은 무명(無明)을 깨는 한 줄기 각성의 빛이라는 것.

주지하다시피, 루쉰이 문예로 전향한 직접적 계기는 '환등기 사건'이다. "어리석고 겁약한 국민은 체격이 아무리 건장하고 우람한들 조리돌림의 재료나 구경꾼이 될 뿐이었다. 병으로 죽어가는 인간이 많다 해도 그런 것쯤은 불행이라 할 수 없다. 그래서 우리가 제일 먼저 해야 할 일은 저들의 정신을 뜯어고치는 일이었다. 그리고 정신을 뜯어고치는 데는 당시 생각으로 당연히 문예를 들어야 했다. 그리하여 문예운동을 제창할 염이 생겨났다"루쉰, 「서문」, 『외침』(루쉰문고 03), 공상철 옮김, 그린비, 2011, 11~12쪽는 것이 루쉰의 변이다. 다케우치 요시미는 이 '표면적 사건'보다 중요한 계기로 센다이 의학전문학교 유학 시절 동급생들로부터 느낀 수치심과 굴욕감을 들고 있지만, 나는 그보다도 『외침』의 「서문」에 나오는 진신이(金心異, 첸쉬안퉁)와의 대화에 주목하고 싶다. 철방 안에서 아무것도 모르는 채 잠에 빠져 있는 자들을 깨워야 할 것인가? 『신생』의 창간 계획이 수포로 돌아가고, 신해혁명 이후의 반동을 목도하면서 루쉰은 깊은 환멸감에 빠져들었다. 잠들어 있는 자들과 혁명을 할 수 있을까? 그러나 상대의 실체 없는 희망을 반박하기에는, 자신의 의심과 환멸감 역시 실체가 없기는 매한가지다.

> "그렇다. 비록 내 나름의 확신은 있었지만, 희망을 말하는 데야 차마 그걸 말살할 수는 없었다. 희망은 미래 소관이고 절대 없다는 내 증명으로 있을 수 있다는 그의 주장을 꺾을 수 없었기 때문이다. 그리하여 결국 나도 글이란 걸 한번 써 보겠노라 대답했다."루쉰, 앞의 글, 15쪽

이런 루쉰의 태도를 두고 왕후이(汪暉)는 '절망에 대한 저항'이라 명명했던 것. 루쉰은 희망을 믿지 않는다. 그러나 절망의 이름으로 희망을 반박하지도 않는다. 문예로 세상을 바꿀 수는 없다. 그러나 문예가 아니라면 대체 무엇으로 잠들어 있는 사람들의 정신에 파문을 일으킬 수 있단 말인가. 루쉰은 글을 쓰기로 결심한다. 단, 그는 자신이 믿지 않는 것을 쓰지 않는다. 동시에 자신이 쓰는 글을 믿지 않는다. 루쉰의 글이 한없이

단순명쾌한 듯하면서도 읽기 버거운 이유는 그 때문일 것이다. 지독한 자기부정과 자기환멸. 그러나 니체 말대로, 대체 자기를 환멸해 본 적 없는 인간이 어떻게 자기를 긍정할 수 있단 말인가. 루쉰은 자기환멸을 통해 자기에게 이르고, 타자를 해부하는 동시에 자기를 해부한다.

"나는 종종 남을 해부한다. 하지만 더 많은 경우 더 사정없이 나 자신을 해부한다. 조금만 발표해도 따뜻함을 몹시 좋아하는 인물들은 이내 냉혹함을 느껴 버리는데, 만약 내 피와 살을 전부 드러낸다면 그 말로가 어떻게 될지 모르겠다." 루쉰, 『무덤』 뒤에 쓰다』, 『무덤』(루쉰문고 01), 436쪽

구로사와 아키라(黑澤明)는 영화 「라쇼몽」(羅生門)을 두고 이렇게 회고한다.

"인간은 자기 자신에 대해서 솔직하게 말하지 못한다. 허식 없이는 자신에 대해 말하지 못한다. 이 시나리오는 그런 허식 없이는 살아갈 수 없는 인간이라는 존재를 그렸다. 아니, 죽어서까지 허식을 완전히 버리지 못하는 인간의 뿌리 깊은 죄를 그렸다. 그것은 인간이 가지고 태어난 업이고, 인간의 구제하기 힘든 성질이며, 이기심이 펼치는 기괴한 이야기다." 구로사와 아키라, 『자서전 비슷한 것』, 김경남 옮김, 모비딕, 2014, 311~312쪽

그렇다. 그게 인간이란 존재다. 지식인은 더 말할 것도 없다. 허위와 변명과 비겁, 어쩌면 그것을 벗어 버릴 수 없기에 다른 모든 것들과 싸우기에 앞서 먼저 자기 자신을 극복해야 하는 것이 지식인의 운명인지도. 루쉰은 망설이면서도 끝까지 싸우고, 싸우면서도 망설인다. 비겁하지 않기

위해, 자신을 속이지 않기 위해, 그는 늘 주저하고 망설이고 머뭇거린다. 바로 이 점이 루쉰이 문학가나 사상가일 수는 있으되 정치가나 혁명가는 될 수 없었던 이유가 아닐까. 신념의 인간이 되기에는, 루쉰은 지나치게 솔직했다. 그리고 솔직한 인간들은 대체로 모순적이다.

「마라시력설」에서 루쉰이 소개한 사상가와 문인들이 그러한 인간들이다. 바이런은 "자존심이 강하지만 남들의 노예 상태를 불쌍히 여겼고, 남을 제압하지만 남의 독립을 원조했고, 미친 파도를 두려워하지 않지만 말타기를 크게 조심했고, 전쟁을 좋아하고 힘을 숭상하여 적을 만나면 용서하지 않지만 감옥에 갇힌 사람들의 고통을 보면 동정을 아끼지 않았던"루쉰, 「마라시력설」, 『무덤』(루쉰문고 01), 134쪽 인물이었다. 왜 아니겠는가. "대개 인간은 천지지간에 있기 때문에, 때로는 자각적으로 열심히 일하고, 때로는 자신을 잃어버리고 망연자실하기도 하고, 때로는 생계를 위해 전력을 다하고, 때로는 생계의 일을 잊고 주색에 빠지기도 하고, 때로는 현실의 영역에서 활동하기도 하고, 때로는 이상적인 영역에 마음을 두기도 한다." 시인은 바로 그런 '인간'을 노래한다. 때문에 그의 외침은 거침이 없고, 비난을 두려워하지 않으며, 파괴와 복수를 주저하지 않는다. 불행에 빠진 노예를 보고 안타까워하는 동시에 싸우지 않는 그들에게 분노한다. 일체의 허식과 저속하고 낡은 습속을 파괴하는 자, 모순덩어리의 인간을 노래하는 자, 그가 바로 시인, 즉 '악마'요 '공공의 적'이다.

문인은 무엇에 저항하는가? 희망에 저항하고 절망에 저항한다. 낡은 신념에 저항하고 새로운 신념에 저항한다. 적들에 저항하고 동지들에 저항한다. 지배하는 폭군에 저항하고 지배에 순응하는 민중에 저항한다. 무엇보다, 그는 자기 자신에 저항한다. 루쉰은 당시 중국에 시급한 것은 의사가 아니라 그러한 '정신계의 전사'라고 생각했고, 스스로 전사가

되고자 했다. 중국에서 정신계의 전사는 어디 있는가? 아직 태어나지
않았거나, 태어났지만 군중에게 살해되었거나, 둘 다이거나. 이것이
루쉰이 느낀 적막감의 실체였다. 루쉰은 그 적막 속에서 글을 썼다. 적막에
저항하면서, 자신에 저항하면서. 루쉰을 뼛속 깊이까지 '전사'라 할 수
있다면, 그건 그가 한순간도 그 저항을 멈추지 않았기 때문이다.

계몽에 반하는 계몽

20세기 초 동아시아 지식인의 과제는 봉건체계를 무너뜨리고 근대적
정부를 수립하는 것이었다. 어떻게 외세로부터 독립을 이루고 새로운
윤리질서를 마련할 것인가? 이 질문에 대한 두 가지 응답은 반전통주의와
국수주의였다. 그도 아니면, 전통적 가치와 서구문물의 결합이라는,
허울뿐인 절충주의거나. 루쉰은 이 모든 '상식적인' 길들을 거부했다.
왕후이의 표현에 따르면 "현재를 믿고 미래를 믿지 않는 인생관"을 지녔던
루쉰은, 그런 인생관을 지닌 자들이 그러하듯이 어떤 것도 '보편'으로
신봉하기를 거부했다. 격렬하게 전통을 비판했지만 그것이 서구를
기준으로 삼고 이루어진 것은 아니었으며, 서구의 가치를 추종하는 자들을
비판했지만 그것이 전통에 반하기 때문은 아니었다. 루쉰은 서양 중심적
계몽이성을 그 자신의 계몽이성으로 돌파하고자 했다.

서구가 추종하는 근대 계몽이성을 요약하자면 '데모크라시 선생'과
'사이언스 선생'이다. 다른 말로 바꾸면 '다수'와 '물질'이다. 루쉰의 에세이
「과학사교편」은 근본적으로 진화론에 입각해 있다. 그러나 루쉰은
'진화 = 발전'이라는 사회진화론의 기계적 공식을 추종하지 않으며,

진화론을 단순한 과학적 사실로서만 다루지도 않는다. 그에게 진화론이란 세상 어느 것도 본래적이거나 영원하지 않다는 도(道)에 대한 명쾌한 논증이었다.

> "인간사회 교육의 제 분야는 언제나 중도로 나아가는 것이 아니라 갑이 팽팽해지면 을이 느슨해지고, 을이 성행하면 갑이 쇠퇴하여, 시대에 따라 왕복하면서 종국이란 없다. (……) 세상일은 반복되고 시세는 유동하기 마련이어서 과학이 마침내 우뚝하게 더욱 흥성하여 왕성한 모습으로 오늘에 이르렀다. 이른바 세계란 직진하지 않고 항상 나선형으로 굴곡을 그리며, 대파(大波)와 소파(小波)가 천태만상으로 기복을 이루면서 오랫동안 진퇴를 거듭하여 하류에 도달한다는 것은 대개 진실한 말이다."루쉰, 「과학사교편」, 『무덤』(루쉰문고 01), 44쪽

니체는 『반시대적 고찰』에서, 기독교의 신비주의를 '과학적이고 합리적인' 이성으로 반박하면서 진화론에 입각한 공리주의를 진리로 내세운 당대의 지식인 다비드 슈트라우스(David Friedrich Strauss)를 신랄하게 비판한 바 있다. 사람들은 신을 죽였다. 왜? 그 자리에 다른 것을 놓기 위해. 혁명, 공리, 과학, 인간, 진보, 문명… 사람들은 신을 끌어내린 자리에 새로운 우상을 앉혔다. 하나의 신앙을 다른 신앙으로 대체했을 뿐, 인간들은 여전히 이상을 꿈꾸고 천상을 갈망했던 것. 이와 동일한 맥락에서, 루쉰은 '물질'(자본주의)과 '다수'(민주주의)의 힘을 의심했다. 거기에 문명의 근본이 있다고도 생각하지 않는다.

> "그들이 말하는 문명이라는 것이, 정확한 기준을 세우고 신중히 취사

선택하여 중국에 실행할 수 있는 완벽한 문명을 가리키는 것인지, 아니면 기존의 문물제도를 모두 던져 버리고 오로지 서양문화만을 가리키는 것인지 모를 일이다. 물질이라는 것과 다수라는 것은 19세기 말엽 문명의 일면이기는 하지만 지금으로서는 필자는 타당하다고 생각하지 않는다. 대개 오늘날 이루어 놓은 것을 보면, 이전 사람들이 남겨 놓은 것을 계승하지 않은 것이 하나도 없기에 문명은 반드시 시대에 따라 변하게 마련이며, 또 이전 시대의 대조류에 저항하는 것이기도 하기에 문명 역시 편향을 지니지 않을 수 없다."루쉰, 「문화편향론」, 『무덤』(루쉰문고 01), 70~71쪽

루쉰의 근대의식이 니체의 '반(反)근대성'을 경유하며 구성된 것임을 짐작해 볼 수 있는 대목이다. 서구의 문명이 중국의 미래일 수는 없다.

물론, 중국의 낡은 습속들에 대한 루쉰의 비판은 가차 없다. 여성의 절열을 강조하는 문화를 조목조목 비판하거나(「나의 절열관」), 가부장적인 가족문화를 비판하며 '아버지의 혁명'을 주장할 때(「지금 우리는 아버지 노릇을 어떻게 할 것인가」), 또 뇌봉탑의 일화로부터 "외부의 적이 들어오면 동요를 일으키다가 그를 상전으로 모시고 그의 창칼 아래서 낡은 관습을 손질하는 (……) 노예식의 파괴작용"(「다시 뇌봉탑이 무너진 데 대하여」)을 개탄할 때, 그의 어조는 분명 단호한 계몽사상에 입각해 있다. 그러나 그럴 때조차, 루쉰은 '계몽적'이지 않다. 예컨대, 그가 자신의 수염을 자르다 문득 수염 모양에 따라 국수가와 개혁가를 가르는 상황을 골계적으로 개탄하거나(「수염 이야기」), 민국 시기에 화폐제도가 불안정했을 당시 지폐를 좋은 값에 은화로 바꾸면서 문득 자신의 노예성을 깨달을 때(「등하만필」), 우리는 루쉰이 민중을 계도하는 '계몽적 지식인'이라는 자의식으로부터 얼마나 멀리 떨어져 있는지를 짐작할 수 있다.

루쉰은 "옛사람이 책에 써 놓은 가증스런 사상이 내 마음속에도 늘 있다"^{루쉰, 『무덤』 뒤에 쓰다, 앞의 책, 440쪽}는 사실을 잊지 않는다. 그런 사상에 속박되어 있는 민중을 저주할 때면 그는 어김없이 자신을 저주한다. 또 사람을 잡아먹는 '식인의 역사'를 개탄할 때, 그는 "나도 모르는 사이 누이동생의 살점 몇 점을 먹지 않았노라 장담할 수 없음"^{루쉰, 「광인일기」, 『외침』(루쉰문고 03), 32쪽}을 시인한다. 다케우치 요시미가 '죄의식'이라고 명명했던 바로 그것. 그러나 나는 여기에서 루쉰의 민중성을 읽는다. 지식인의 자의식으로 무장한 채 관념적으로 '민중성'을 지향하는 것을 혐오했던 루쉰은 늘 아Q들 속에서 번민하고 의심했다. 어쩌면 나 자신이 아Q와 공모자인 것은 아닐까? 어떻게 하면 아Q와 함께 혁명할 수 있을까? 루쉰의 질문을 오해하면 안 된다. '어떻게 아Q를 계몽시킬 수 있을까'가 아니라 '어떻게 아Q가 스스로를 혁명하도록 할 수 있을까' 하는 것이 그의 질문이다. 아Q 자신이 스스로를 혁명하지 않는 한 지식인은 결코 혁명을 이룰 수 없다. 스스로를 혁명하는 지식인은 스스로를 혁명하는 민중만을 원하는 법. 문예란 그래서 필요한 것이고, 그러므로 글을 쓰는 자는 무엇보다 먼저 자기를 해부할 수 있어야 하는 것이다. 니체의 표현대로, 더러운 물로 자신을 씻을 줄 아는 자만이 깨끗함을 잃지 않을 수 있으므로.

문명은 부유함도 대중정치도 아니다. 혁명은 부와 권력을 쟁취하는 권리투쟁이 아니다. 사람이 서는 것[立人], 그것이야말로 문명이고 혁명이다!

"만일 다른 사람에게 길을 인도하고 있다고 말한다면, 그것은 더욱 쉽지 않은 일이다. 왜냐하면 나 자신조차도 어떻게 길을 가야 할지 아직 모르기 때문이다. 중국에는 대개 청년들의 '선배'와 '스승'이 많은 것 같은데,

그러나 나는 아니며, 나도 그들을 믿지 않는다. 나는 다만 하나의 종점, 그것이 바로 무덤이라는 것만은 아주 확실하게 알고 있다. 하지만 이는 모두가 다 알고 있는 것이므로 누가 안내할 필요도 없다. 문제는 여기서 거기까지 가는 길에 달려 있다. 그 길은 물론 하나일 수 없는데, 비록 지금도 가끔 찾고 있지만 나는 정말 어느 길이 좋은지 알지 못하고 있다. 찾는 중에도 나는, 내 설익은 과실이 도리어 내 과실을 편애하는 사람들을 독살하지 않을까, 그리하여 나를 증오하는 놈들, 이른바 정인군자들이 도리어 더 정정해지지 않을까 걱정이다. 그래서 내가 말을 할 때는 항상 모호하고 중도에서 그만두게 되며, 나를 편애하는 독자들에게 주는 선물은 '무소유'보다 더 좋은 것이 없지 않을까 마음속으로 생각해 본다."루쉰, 『『무덤』 뒤에 쓰다』 『무덤』(루쉰문고 01), 436~437쪽

이토록 반계몽적인 계몽지식인이라니! 그렇다. 우리 모두는 결국 무덤에 이른다. 개체도 민족도 역사도, 모든 생명의 끝은 무덤이다. 다만 중요한 것은 "여기서 거기까지 가는 길"이다. 그것이 그대의 길이라면, 그대밖에 갈 수 없는 길이라면, 그 길이 전부다. ─ "제발 이번에는 뒷걸음질쳐 고독과 불신의 동굴로 들어가는 일이 없도록 하라! 일단 이 책의 독자가 되어라. 그런 다음에 행동을 취하면서 이 책을 파괴해도 좋고 망각해도 좋다."니체, 『니체, 평준화 교육에 반대하다』, 정명진 옮김, 부글북스, 2016, 9~10쪽 나는 루쉰을 잊고 싶다. 내가 루쉰을 읽는 것은 그를 영원히 기억하기 위함이 아니라 잘 잊기 위함이다. 루쉰을 잊게 되는 때, 그때가 바로 나 자신으로부터 허위를 몰아내었음을 입증하게 되는 순간이리라. 그러나 아직 나는 루쉰을 잊을 수 없다. 하여, 지금도 이렇게 무덤지기를 자처하며 루쉰의 무덤 근처를 서성이고 있다.

1927년 출간작 『무덤』에 수록된 글들(뒤의 숫자는 글 작성 연도)

제기 1926
인간의 역사 1907
과학사교편(科學史敎篇) 1907
문화편향론 1907
마라시력설(摩羅詩力說) 1907
나의 절열관(節烈觀) 1918
지금 우리는 아버지 노릇을 어떻게 할 것
인가 1919
송대 민간의 이른바 소설 및 그 이후
1923
노라는 떠난 후 어떻게 되었는가?(1923
년 12월 26일 베이징여자고등사범학교 문예
회 강연) 1923
천재가 없다고 하기 전에(1924년 1월 17
일 베이징사범대학 부속중학 교우회 강연)
1924
뇌봉탑이 무너진 데 대하여 1924

수염 이야기 1924
사진 찍기 따위에 대하여 1924
다시 뇌봉탑이 무너진 데 대하여 1925
거울을 보고 느낀 생각 1925
춘말한담(春末閑談) 1925
등하만필(燈下漫筆) 1925
잡다한 추억 1925
'타마더'에 대하여 1925
눈을 크게 뜨고 볼 것에 대하여 1925
수염에서 이까지의 이야기 1925
견벽청야주의 1925
과부주의 1925
'페어플레이'는 아직 이르다 1925
『무덤』 뒤에 쓰다 1926

2.
차가운 공기를 가르는 뜨거운 외침
루쉰의 『열풍』

채운

『열풍』과 『외침』 잡문과 소설 사이

『열풍』(熱風)은 루쉰이 1925년에 발간한 최초의 잡문집으로, 1918년에서 1924년까지 『신청년』(新靑年) 등의 잡지에 기고한 잡문 41편으로 구성 되었다. 글의 절반 이상은 주로 『신청년』에 발표되었는데, 『신청년』은 중국의 전통윤리에 대한 비판, 과학정신의 고취, 백화문구어체로 쓴 중국의 글 운동 등을 내세우면서 이른바 '신문화 운동'을 견인했던 잡지다. 루쉰이 『열풍』에 수록한 글들도 대체로 이런 취지에 부합한다. 물론, 그렇다고 해도 루쉰의 글은 단순하지 않다. 루쉰의 유학 시절 논문들을 통해서도 알 수 있듯이, 루쉰의 근대의식은 근대에 대한 비판을 내포하고 있기 때문이다. 게다가 『열풍』에 실린 잡문들이 흥미로운 것은, 그것이 『외침』에 수록될 소설들과 같은 시대에 나란히 함께 쓰였다는 사실 때문이다(『열풍』에 실린

한 편의 잡문을 제외하면, 『열풍』과 『외침』에 수록된 글 모두 1918년에서 1922년에 쓰였다). 대체 루쉰에게 잡문은 무엇이고 소설은 무엇인가?

『열풍』을 출간하며 쓴 글(1925)에서 루쉰은 이렇게 말하고 있다.

"『신청년』이 출판된 이래 모두가 그것에 대응하여 개혁을 비웃고 욕하다가 다시 개혁을 찬성하다가 다시 개혁가를 비웃고 욕했다. 지금 모방한 제복은 일찌감치 낡고 해져 자신의 진상을 드러내고 있다. 그야말로 '사실이 웅변을 이긴다'라는 형국이므로 지필과 혀로 하는 비평이 무슨 소용이겠는가? 따라서 내가 그 시절에 대응하여 쓴 천박한 글 역시 신경을 쓸 필요가 없으므로 사라지도록 내버려 두었다. 그런데 몇몇 벗들이 지금의 사태가 그때와 크게 다를 바 없으니 당시에 쓴 글을 남겨 둘 필요가 있다고 여기고 나를 위해 편집해 주었다. 이것이 바로 내가 비애를 느끼는 바이다. 나는 시대의 폐단을 공격한 모든 글은 반드시 시대의 폐단과 더불어 사멸해야 한다고 생각한다. 백혈구가 종기를 생성하는 것과 마찬가지이기 때문이다. 자신이 제거되지 않으면, 다시 말하면 자신의 생명 유지는 바로 병균이 여전히 존재함을 증명하고 있는 것이다. 그런데 만약 내가 쓴 모든 글이 정녕 차가운 것이라면? 그렇다면 그것의 생명은 애초부터 없었던 것이므로 중국의 병증이 필경 무엇인지는 더욱 문제되지 않는다. 그런데 무정한 냉소와 인정 어린 풍자는 종이 한 장 차이도 나지 않는 법이다. 주위의 느낌과 반응에 대해서는 소위 '물고기가 물을 마실 때 차가운지 뜨거운지를 절로 아는 것과 같다'라고 할 수 있다. 주위의 공기는 너무나 차갑게 느껴진다. 허나, 나는 나의 말을 하고 있으므로 외려 그것을 일러 『열풍』이라 부르기로 한다." 루쉰, 「제목에 부처」

『열풍』(루쉰문고 02), 이보경 옮김, 그린비, 2011, 11쪽

루쉰이 관심을 갖는 것은 '혁명전야'가 아니라 혁명 '그 다음 날'이다. 5·4운동 역시 지속되지 못했다. '개혁'이라는 말이 공허하게 난무하고, 누군가는 그 효과를 훔치고, 누군가는 비난했다. 개혁은 다시 제자리로 돌아갔고, 동지들은 흩어졌고, 새로운 것은 이내 낡은 것이 되어 버렸다. 그야말로 "아! 역시 기만뿐이로다. 다른 것들은 어둠뿐이로구나. 영겁과 끝없는 공허도 이보다 못하구나. 그런데 진실은 여기 없구나. 진실은 아무데도 없구나. 돌아보니 기만은 영원히 존재하네. 기만은 정말 죽지 않는구나"^{안드레예프, 「기만」; 왕후이, 『절망에 반항하라』, 송인재 옮김, 글항아리, 2014, 111쪽에서 재인용}라는 탄식에 부합하는 형국이다.

그래서였을까. 루쉰은 이 글에서 "5·4운동 이후에 나는 글 따위를 쓰지 않았다"고 쓰고 있다. 실제로 쓰지 않은 것은 아니지만, 쓰고 싶지 않았을 것이다. 왜 역사는 반복되는가. 반복되는 역사 속에서 또 같은 글을 써야 한다는 것의 비애. 앞서 공격한 시대의 폐단들이 고스란히 돌아와 다시 그 폐단을 공격하도록 하는 현실의 서글픔. 그리고 차가운 비난과 악의적 오해. 그래도 루쉰은 썼다. 차가운 공기 속에서 뜨겁게 자신의 소리를 내질렀다. 다시 국수를 논하고, 다시 노예정신을 비판하고, 다시 청년들을 향해 외쳤다.

이보다 3년 전에 쓰인 『외침』의 「서문」을 보자.

"생각건대 나는 이제 절박해도 입도 벙긋 못하는 그런 인간은 아니지만, 아직도 지난날 그 적막 어린 슬픔은 잊을 수가 없다. 그래서 어떤 때는 어쩔 수 없이 몇 마디 고함을 내지르게 된다. 적막 속을 질주하는

용사들에게 거침없이 내달릴 수 있도록 얼마간 위안이라도 주고 싶은 것이다. 나의 함성이 용맹스런 것인지 슬픈 것인지 가증스런 것인지 가소로운 것인지 돌아볼 겨를은 없다. 그래도 외침인 이상 당연히 지휘관의 명령을 따라야 한다. 이따금 멋대로 곡필을 휘둘러 「약」의 주인공 위얼의 무덤에 난데없는 화환 하나를 바치거나 「내일」에서 단씨네 넷째댁이 죽은 아들을 만나는 꿈을 짓밟지 않았던 것은 당시의 지휘관이 소극적인 것을 멀리했기 때문이다. 내 입장에서도 내 젊은 시절처럼 아름다운 꿈을 꾸고 있는 청년들에게 내 안의 고통스런 적막이라 여긴 것을 더 이상 전염시키고 싶지 않았던 것이다."루쉰, 「서문」

『외침』(루쉰문고 03), 공상철 옮김, 그린비, 2011, 15~16쪽

두 서문의 기묘한 중첩과 변주. 철방에서의 외침과 차가운 공기 속에서 내뱉는 말이, 비애와 적막이 병진(竝進)한다. 그러나 잡문의 소리와 소설의 외침은 결이 사뭇 다르다. 잡문 쓰기가 혈혼이 낭자하는 전투라면, 소설은 낮의 전투를 회고하는 밤의 시간이다. 후에 「나는 어떻게 소설을 쓰게 되었는가」에서 루쉰은 열정적인 사람들에 대한 공감과 사회의 질병에 대한 치료를 위해 소설을 쓰기 시작했다고 회고하지만, 이건 그저 작가의 사후변일 뿐이다. 전투는 분명한 적(敵)이 있고, 정확한 때와 전술이 있으며, 승부가 있다. 하지만 그렇게 싸우고 돌아온 밤에 전사는 꿈을 꾼다. 꿈은 아(我)도 적(敵)도 없고, 이기는 자도 지는 자도 없는 세계다. 잡문이 전사 루쉰의 전투라면, 소설은 전사 루쉰의 꿈이다. 이 말은, 루쉰의 소설이 꿈처럼 몽상적이라는 얘기가 아니다. 소설은 잡문으로는 도달할 수 없는 세계, 혹은 전투의 잔상이다. 소설에는 '그럼에도 불구하고' 살아가야만 하는 자들의 비참과 궁핍이 있고, 울음과 애도와 회한이 있다. 잡문의

시간이 적을 향해 돌진하는 '바로 그때'라면, 소설의 시간은 빗장이 풀린 채 지속되는 삶의 시간이다. 때문에 나는, 루쉰의 잡문을 두고 "일찍이 암흑의 밑바닥에서 자기를 형성했던 그가 이제 밝은 태양 아래에서 자기를 재형성하지 않으면 안 되는 것"다케우치 요시미, 『루쉰』, 서광덕 옮김, 문학과지성사, 2003, 133쪽이라 했던 다케우치 요시미의 견해에는 동의하지만, 그의 잡문이 "소설의 보상"일 뿐 소설만큼의 작품성을 지니지 못한다는 견해에는 동의할 수 없다. 루쉰은 잡문은 그 자체로 작품성을 운운할 수 없다. 쓰지 않으면 안 되는 글, 때를 놓치면 안 되는 글이기 때문이다. 루쉰의 잡문과 소설, 그것은 한 길에 공존하는 두 개의 다른 풍경과도 같다.

아들, 아버지 : 중간물로서의 존재

"저편으로 건너가는 것도 위험하고, 건너가는 과정, 뒤돌아보는 것, 벌벌 떨고 있는 것도 위험하며 멈춰 서 있는 것도 위험하다. 사람에게 위대한 것이 있다면, 그것은 그가 목적이 아니라 하나의 교량이라는 점이다. 사람에게 사랑받아 마땅한 것이 있다면, 그것은 그가 하나의 과정이요 몰락이라는 점이다."니체, 「머리말」, 『차라투스트라는 이렇게 말했다』(니체전집 13), 정동호 옮김, 책세상, 2000, 20쪽

동생 저우쭤런(周作人)의 회고에 따르면, 루쉰은 니체의 『차라투스트라는 이렇게 말했다』를 책상에 늘 놓아 두고 애독했으며, 특히 서문은 직접 번역하여 어느 잡지에 싣기도 했다고 한다. 확실히 루쉰은 니체적이다. 그중에서도 특히 '중간물로서의 인간'에 대한 루쉰의 사고는 니체를 강하게

연상시킨다.

『무덤』에 실린 초기 에세이에서 짐작되는바, 루쉰은 진화론을 생명의 변이와 생멸(生滅)이라는 관점에서 수용했다. 개체와 집단의 역사는 시작에서 끝을 향해 가는 게 아니라 생주이멸(生住異滅)의 부단한 과정으로, 즉 '중간'으로만 존재한다는 것. 인간을 비롯한 생명체를 보라. 누구든 유년에서 장년으로, 장년에서 노년으로, 노년에서 사망에 이르는 과정을 자연스럽게 밟는다. 문제는 "유년에서 장년까지 분명 조금도 이상할 것 없이 지나갔음에도 불구하고, 장년에서 노년까지는 조금 기괴하고 노년에서 죽음으로 다가가는 중에는 기상천외하게도 소년의 길을 죄다 차지하고 소년의 공기를 죄다 마셔 버리려는 사람이 있다"는 사실이다. 이런 시절에 사는 소년들은 운명은 어떠한가?

"[그들은] 우선 '애늙은이' 노릇부터 하고, 허리와 등이 굽어지는 시기가 되어야 비로소 더욱 '일흥(逸興)이 빠르게 날아가'게 되어, 흡사 이때부터 비로소 사람 노릇 하는 길에 오르는 것 같다. 그러나 결국 자신의 연로함을 망각할 수가 없으므로 신선이 되기를 희구한다. (……) 진짜로 신선이 된다면 영원히 그들이 주재하게 되고 더 이상 후배가 필요 없게 된다. 따라서 이것이 제일 좋은 일이다. 유감스럽게도 그들은 끝내 신선이 되지 못하고 결국은 하나하나의 죽음에 이른다. 다만 그들이 만든 노(老)천지를 남겨 놓아 소년들로 하여금 그것을 등에 업고 고생하도록 만든다. 이것은 정녕 생물계의 괴이한 현상이다!"루쉰, 「수감록 49」, 『열풍』(루쉰문고 02), 73~74쪽

이와 반대되는 생물계의 건강한 현상이 바로 진화다. 진화란 무엇인가?

새로운 것은 흥겹게 앞으로 나아가고, 낡은 것도 흥겹게 앞으로 나아가는 것이다. 새로운 것의 앞에는 낡은 것이 있고, 낡은 것의 앞에는 당연히 죽음이 있다. 이것은 저주가 아니라 선물이다. 루쉰은 유일하고 영원하며 자명한 진리를 믿지 않는다. 그것이 우상이 되고, 자기가 만든 우상의 노예가 되어 살다가 죽어가는 인간사를 역사에서 수도 없이 목도했기 때문이다. 노인은 소년들의 우상이 되려 해서는 안 된다. "노인들은 소년들이 걸어가도록 길을 열어주고 재촉하고 장려해야 한다. 그들이 가는 도중에 심연이 있으면 자신들의 주검으로 메워야 한다. 소년들은 심연을 메워 준 그들에게 감사하며 스스로 걸어 나가야 한다. 노인들도 자신들이 매운 심연 위를 걸어 멀어져, 멀어져 가는 그들에게 감사해야 한다."루쉰,

「수감록 49」, 『열풍』(루쉰문고 02), 74쪽

이것이야말로 정당한 생명의 길이고 인류의 길이다. 진보란 특정한 상태의 문명을 향해 나아가는 것이 아니라, 어떤 비참과 형극(荊棘)이 놓여 있더라도 그저 앞으로 가는 것을 의미한다.

"생명은 죽음을 무서워하지 않는다. 죽음 앞에서 웃고 춤추며 사망한 인간을 뛰어넘어 앞을 향해 나아간다. 무엇이 길인가? 그것은 바로 길이 없던 곳을 밟아서 생겨난 것이고 가시덤불로 뒤덮인 곳을 개척하여 생겨난 것이다. 예전에도 길이 있었고 앞으로도 영원히 길은 생길 것이다. 인류는 결국 쓸쓸할 수가 없다. 생명은 진보적이고 낙천적이기 때문이다."루쉰, 「생명의 길」 앞의 책, 112~113쪽

'청년' 루쉰 앞에는 죽어도 자리를 내주지 않으려는 노인들이 있었다. 사실, 어느 시대에나 그런 노인들이 있기 마련이다. 옛것을 수호하고

새로운 목소리를 질시하며, 영원히 죽지 않고 신선이 되기를 꿈꾸는 자들. 루쉰은 그런 노인들이 우뚝 버티고 서 있는 역사 속에서 '식인'(食人)이라는 두 글자를 읽는다. 언제나 아버지로만 머무르려는 자 역시 한때는 아들이지 않았는가. 그러나 일단 아버지가 되면 그 사실을 잊는다. 내가 널 낳았으니 너는 내 것이다, 라는 폭력. 하여 「유령」의 오스왈드는 이렇게 외쳤던 것. "저는 당신더러 나를 낳아 달라고 하지 않았어요. 게다가 내게 주신 것은 어떤 세월이었던가요? 저는 그것이 필요치 않아요! 당신이 도로 가져가세요!" 루쉰은 '식인적' 아버지이기를 거부한다. 그 자리에 멈춰 있기를 거부한다. 멈춘 자리에서 정신의 집을 짓기를 거부한다. 스스로가 '중간물'에 지나지 않음을 사무치게 자각하고 있기 때문이다.

　루쉰이 중국의 '국수주의자'들과 '혁명론자'들을 비판할 때도 요점은 동일하다. 그들은 끊임없이 영토화한다는 것, 사라지려 하지 않고 영원히 살아 있으려 한다는 것. 생명에 반하는 자들에게 저주 있으라!

> "나는 너희들을 사랑했다. 그리고 영원히 사랑할 것이다. 그것은 너희들에게서 부모로서의 보수를 받기 위해서가 아니다. 너희들을 사랑하는 것을 가르쳐 준 너희들에게 내가 원하는 것은 그저 나의 감사하는 마음을 받아주기 바란다는 것뿐이다. 너희가 한 사람의 인간으로 성장했을 때, 나는 죽고 없을지도 모른다. 열심히 일하고 있을지도 모른다. 노쇠해서 아무에게도 도움을 주지 못할지도 모른다. 그러나 어떤 경우에 처해 있든 너희들이 도움을 줘야 할 사람은 내가 아니다. 너희들의 젊고 왕성한 힘을 이미 내리막길에 들어선 나 같은 것을 위해 써서는 안 된다. 쓰러진 부모를 뜯어먹어 힘을 비축하는 사자처럼 힘차고 씩씩하게 나를 버리고 인생의 항해를 시작해야 한다."아리시마 다케오, 「나의 어린것들에게」

루쉰이 애독한 글이다. 후세의 아버지가 된다는 것은 기꺼이 그들이 밟고 지나가는 땅이 되어 주는 것이다. 갈 것은 가고 썩을 것은 썩는 것. 그것이 문명의 건강함이다. 혁명적 아버지의 길이다.

'국수'(國粹)라는 사상적 질병과 '예외적 개인'의 도래

루쉰의 잡문 중에는 변발에 대한 이야기를 유머러스하면서도 섬뜩하게 풀어낸 글이 몇 편 있다. 모두에게 변발을 강요하기 위해 만주족이 가한 폭력은 모두 잊고, 사람들은 언제 그랬냐는 듯 변발을 국수(國粹)라 한다. 수염이야 길면 내려가고 짧으면 위로 뻗치기 마련인 것을, 사람들은 수염을 아래로 늘어뜨린 것은 국수요, 위로 치켜 오르게 기르는 것은 '외세'라고 딱지를 붙인다. 이건 논리도 신념도 아니고 그냥 코미디다. 그러나 이를 웃어넘길 수만은 없는 것이, 이 코미디 속에는 무시무시한 폭력과 아집이 내재해 있기 때문이다.

중국인은 자고로 자대(自大)를 좋아한다. 그러나 루쉰이 보기에 중국인의 자대는 군중적, 애국적 자대다. 모름지기 자기 스스로의 자존감을 찾을 수 없는 자들은 무리를 만들어 그 안에 숨는다. 문제는, 그런 식으로 무리와 자신을 동일시한 자들은 한치의 다름도 용납하지 않는다는 사실이다. 급기야 무리가 지닌 결점마저도 그것이 '무리의 것'이라는 이유로 인해 장점으로 둔갑하는 아이러니. 이로부터 '중국 것은 야만이라도 좋다'는 식의 병적이고 노예적인 논리가 탄생하는 것이다. 변발, 아편, 전족은 전통이 아니라 폭력이다. 그러나 정신을 개혁할 수 없는 민족에겐 그 폭력이 '문화'로 포장되고 수호되는 것. 요컨대, 국수를 숭상하고 '고유한 문명'을 찬양하고 복고를 예찬하는 자들은 약자들이다. 새로운 것을 잉태할 용기가 없기에 과거를 기념비화하고 죽은 것 뒤에 숨는 노예들이다.

그러나 루쉰은 '국수'를 비판하면서 '서양'을 예찬하는 무리가 아니었다. "중학을 본체로 하고 서학을 쓰임으로 한다"를 기치로 내세운 허울 좋은 '절충주의자'는 더욱 아니었다. 아니, 그런 절충주의야말로 루쉰이 참을 수 없었던 것이다. "사실 세상에는 이처럼 마음먹은 대로 되는 일은 절대로 없다. 소 한 마리도 생명을 죽여 공자에게 제사를 지내면 밭갈이를 할 수 없고 고기를 먹으면 우유를 짤 수 없다."_{루쉰, 「수감록 48」,} _{『열풍』(루쉰문고 02), 71쪽} 입센의 말대로, 'all or nothing'! 국수든 절충이든, 문제는 그것이 현실의 문제들을 지워 버린다는 사실이다. 길은 오로지 지금, 여기서 걸어가고 있는 자의 것이다. 과거를 그리워하는 자는 미래를 꿈꾸는 자와 마찬가지로 현재를 부정하는 자들이다. 이 지독한 '과거병'에는 약이 없다. 하니, 이런 유머로 일깨워 줄밖에.

"무엇을 '국수'라고 하는가? 문면으로 보면 한 나라의 고유한 것으로 다른 나라에는 없는 사물이다. 달리 말하면 특별한 물건이다. 하지만 특별하다고 해서 꼭 좋은 것은 아닐진대, 왜 보존해야 하는가? 사람을 예로 들어보자. 얼굴에 혹이 나고 이마에 부스럼이 붉거져 있다면 확실히 뭇사람들과 다른 그만의 특별한 모습을 보여 주므로 그것을 그의 '정수'라고 할 수 있겠다. 그런데 내 생각에는 이 '정수'를 제거하여 다른 사람처럼 되는 게 좋을 것 같다."_{루쉰, 「수감록 35」, 앞의 책, 29~30쪽}

전후의 일본 작가 사카구치 안고(坂口安吾)는 모두가 아름답다고 떠받드는 일본의 고유한 전통을 두고 이렇게 도발한다. "교토의 사찰과

나라의 불상이 전부 없어져도 곤란할 건 없지만 전차가 움직이지 않으면 곤란하다. 우리들에게 중요한 것은 '생활상의 필요'일 뿐으로, 고대문화가 전멸해도 생활은 전멸하지 않으며, 생활 자체가 멸망하지 않는 한 우리의 독자성은 건강한 것이다"사카구치 안고, 「일본문화사관」, 『사카구치 안고 산문집』, 최정아 옮김, 지만지, 2009, 38~39쪽라고. 루쉰 말마따나 문제는 우리가 국수를 보존하기에 앞서 국수가 우리를 보존할 수 있느냐다. 당연하게도 우리를 보존하는 것이 더 중요하다. 우리의 생활을 보존하지 못하는 국수나 전통 따위가 대체 무슨 소용이란 말인가.

　　"인간으로 살아가면서 신선이 되고자 하고, 땅에서 태어났으면서 하늘에 오르려 한다. 분명히 현대인이고 현재의 공기를 마시고 있으면서도, 하필이면 썩어 빠진 명교와 사후강직된 언어를 강요하며 현재를 여지없이 모멸한다. 이들은 모두 '현재의 도살자'이다. '현재'를 죽이고 '장래'도 죽인다. 그런데 장래는 후손들의 시대이다."루쉰, 「현재의 도살자」, 『열풍』(루쉰문고 02), 89쪽

　　현재가 불만이라면 앞으로 나아가면 될 일이다. 무리짓지 말고 혼자 당당하게 나아가라. 꼭 무언가를 숭배해야겠거든 공자나 관우보다는 차라리 다윈과 입센을 숭배하라! 낡은 우상을 파괴하지 않고는 단 한 걸음도 내딛을 수 없기 때문이다. 그리고 이 지점에서 필요한 것은 '위대한 중국인'이 아니라 '예외적 개인'이다.

　　"그러므로 나는 항상 두려워하며, 중국의 청년들이 냉기를 벗어나 자포자기하는 자들의 말을 듣지 말고 오로지 앞을 향하여 걸어가기를

바란다. 일할 수 있는 사람은 일하고 소리낼 수 있는 사람은 소리를 내라. 한 점의 열이 있으면 한 점의 빛을 발하라. 반딧불이처럼 어둠 속에서 한 점의 빛을 발할 수 있다면 꼭 횃불을 기다릴 필요는 없다.

앞으로 끝내 횃불이 없다면, 내가 바로 유일한 빛이다. 횃불이 나타나고 태양이 출현한다면, 우리는 자연스레 기꺼이 복종하며 사라질 것이다. 조금도 불평하지 않고 횃불이나 태양을 수희(隨喜)하며 찬미할 것이다. 왜냐하면 그것은 나를 포함한 모든 인류를 비추기 때문이다. 나는 또한 중국의 청년들이 모두 냉소와 암전을 아랑곳 않고 오로지 앞을 향하여 걸어가기를 바란다."루쉰,「수감록 41」, 앞의 책, 56쪽

『무덤』에 실린 「마라시력설」이나 「천재가 없다고 하기 전에」 같은 글과 공명하는 잡문이다. 1924년 1월 17일 베이징사범대학 부속중학 교우회 강연(「천재가 없다고 하기 전에」)에서 루쉰은 천재도 없고 천재를 자라게 하는 민중도 없는 현실을 개탄하며 이렇게 말한다. 천재는 "깊은 숲속이나 황량한 들판에서 스스로 태어나 스스로 자라는 괴물"이 아니라고. "천재를 낳고 자라게 하는 민중"이 없으면 천재도 없다고. 천재가 될 수 없다면 천재를 키워 낼 수 있는 토양이라도 되어라. 그것이 진화의 길이요, 혁명의 길이다.

"천재는 대부분 천부적인 것입니다만, 모두들 천재를 배양하는 흙이 될 수는 있을 것 같습니다. 흙이 되는 역할은 천재를 바라는 것보다 더욱 절실합니다. 그렇지 않으면, 수많은 천재가 있다고 하더라도 흙이 없어 잘 자랄 수 없게 되어 마치 접시에 담은 녹두콩의 싹과 같아질 것입니다. 흙이 되려면 정신을 확대해야 합니다. 바로 새로운 조류를 받아들이고

낡은 외투를 벗어던져야 장래에 태어날 천재를 받아들이고 이해할 수 있습니다."루쉰, 「천재가 없다고 하기 전에」, 『무덤』(루쉰문고 01), 홍석표 옮김, 그린비, 2011, 265~266쪽

1922년, 러시아 가극단이 베이징에서 공연을 펼쳤다. 관객의 다수는 군인이었고, 그들은 키스 장면이 나올 때마다 어김없이 박수를 쳤다. "사막이 여기에 있다"고, 루쉰은 쓰고 있다. "꽃이 없고, 시가 없고, 등불이 없고, 열기가 없다. 예술이 없을 뿐만 아니라 취미가 없고 심지어는 호기심도 없다."루쉰, 「러시아 가극단을 위하여」, 『열풍』(루쉰문고 02), 131쪽 여기는 사막이다. 그래도 그들은 노래하고 춤을 춘다. 목소리가 움츠러들고 연주를 그만둘 법도 하건만, 그들은 아름답고 진실하고 용맹스럽게 노래한다.

저항이란 무엇인가. 멈추지 않는 것이다. 한낮의 열기가 밤이면 싸늘한 공포로 화하고 마는 사막일지라도, 중단 없이 움직이고 노래하고 말하는 것이다. 여기, 인간세상은 여전히 사막이다. 어떻게 노래하고 어떻게 쓸 것인가. 우리가 루쉰을 읽어야 하는 이유다.

1925년 출간작 『열풍』에 수록된 글들(뒤의 고딕체 숫자는 글 작성 연도)

제목에 부쳐 1925

수감록 25 1918

수감록 33 1918

수감록 35 1918

수감록 36 1918

수감록 37 1918

수감록 38 1918

수감록 39 1919

수감록 40 1919

수감록 41 1919

수감록 42 1919

수감록 43 1919

수감록 46 1919

수감록 47 1919

수감록 48 1919

수감록 49 1919

수감록 53 1919

수감록 54 1919

56. '온다' 1919

57. 현재의 도살자 1919

58. 인심이 옛날과 똑같다 1919

59. '성무' 1919

61. 불만 1919

62. 분에 겨워 죽다 1919

63. '어린이에게' 1919

64. 유무상통 1919

65. 폭군의 신민 1919

66. 생명의 길 1919

지식이 곧 죄악이다 1921

사실이 웅변을 이긴다 1921

『쉐헝』에 관한 어림짐작 1922

'러시아 가극단'을 위하여 1922

무제 1922

'난해함을 진동하다' 1922

소위 '국학' 1922

동요의 '반동' 1922

'모든 것에 적용되는 학설' 1922

이해할 수 없는 음역 1922

비평가에 대한 희망 1922

'눈물을 머금은' 비평가를 반대한다 1922

작은 일을 보면 큰 일을 알 수 있다 1922

'교정'하지 않기를 바란다 1924

3.
적막 한가운데서
소설을 외치다
루쉰의 『외침』

문성환

외침은 읽는 게 아니라 들어야 한다

『외침』(吶喊)은 루쉰의 첫번째 소설집이다. 여기에는 모두 열네 편의 소설이 수록되어 있다. 아니 어지간한 소설 작품보다 더 유명한 「서문」을 포함하면 열다섯 편의 작품집이라고 할 수 있다.

루쉰은 첫번째 소설 「광인일기」(狂人日記)를 1918년 『신청년』을 통해 발표하면서 본격적인 글쓰기를 시작하였다. 그 무렵 루쉰은, 18세에 고향 사오싱을 떠나 난징으로, 나아가 일본으로 유학을 떠났다가, 돌아와 고향에서 신해혁명을 만나고 혁명정부의 교육부 관리로 베이징에 입성했으나 막상 할 수 있는 게 아무것도 없는 절망적인 '적막'감에 휩싸인 상태로 수년간 의미없이 옛 비문(碑文)들을 베껴 쓰는 중이었다. 그런데 어느 순간 돌연히 루쉰은 글을 쓰기 시작한 것이다.

『외침』「서문」에서 루쉰은 자신의 글들을 '소설 비슷한' 것이라고 썼다. 글을 쓰게 된 동기에 대해서도 밝히고 있지만, 그 유명한 '철의 방' 비유에 가려 잘 드러나지 않는다. 이를테면 글쓰기에 대한 확신보다는 어쩔 수 없이, 혹은 친구들의 권유에 따른 결과라는 식이었다. 또한 루쉰은 자신의 글이 예술과도 거리가 멀다고 고백했다. 소설이라는 이름으로 책이 되기까지 한 걸 요행이라고 여긴다고도 썼다. 나는 루쉰의 이러한 언급들이 단순한 겸사나 수사가 아니라고 생각한다. 서툰 겸손이나 허식이야말로 루쉰과는 거리가 멀 뿐 아니라 그가 경멸하는 것이었으므로.

「광인일기」를 발표할 당시 루쉰의 나이는 38세였다. 이 나이는, 적지 않다는 점에서 중요하다. 예컨대 루쉰의 이력을 돌이켜보면 그는 당시 수년 간의 외국유학을 마치고, 귀국 후 일정 시간 혁명정부의 관료생활을 지낸 상황이었다. 혈기 왕성한 이상과 열정 등을 가지고 계몽가=선각자를 자처하는 시기는 이미 지났다는 뜻이다. 그런 점에서 『외침』은 단순한 출발점 즉 치기 어린 도전 정신을 의미하는 것이 아니다.

다른 방식으로 생각해 보자. 「광인일기」 이후 루쉰은 대략 20년(정확히는 18년)가량, 말 그대로 쉬지 않고 글을 썼다. 수년간의 침묵의 시기. 루쉰은 그 시기를 적막이라고 표현했다. 찬성도 반대도 없이 아무런 반응도 보이지 않아 어떻게 손을 써 볼 수가 없는 상황. 루쉰의 글쓰기는 바로 그러한 적막을 떨쳐 버리기 위한 몸짓이었다. 적막을 깨뜨리기 위해 그는 무언가 써야 했고 썼을 뿐, 그리고 공교롭게도 그것이 '소설 비슷한 것'이었을 뿐. 제목도 '외침'이다. 이것은 혹시 읽지 말고 들어 달라는 주문은 아니었을까.

광인과 철방 : 내 안에 너 있다

"사람을 먹어 본 적 없는 아이가 혹 아직도 있을까? 아이를 구해야 할 텐데…." 루쉰, 「광인일기」, 『외침』(루쉰문고 03), 공상철 옮김, 그린비, 2011, 32쪽 루쉰이 외치고 싶었던 것은 무엇일까.

「광인일기」의 마지막 문장이다. 「광인일기」는 중국문학 최초의 백화문 소설로도 의의가 큰 작품이지만, 그 내용적인 측면에서도 중국 식인문화에 대한 통렬한 비판이 충격적인 작품이다. 인용문은 작품 속의 화자가 자신 또한 수천 년간 이어 온 식인문화에서 자유로울 수 없다는 자각을 고백하는 대목에 이어진다. 이 구절은 문장 자체의 뉘앙스에 따라 두 가지 해석이 모두 가능하다. 사람을 먹어 본 적 없는 아이를 반드시 찾아 구해 내야 한다는 희망으로 읽거나, 정반대로 '사람을 먹어 본 적 없는 아이가 어떻게 있을 수 있겠는가' 하는 뿌리 깊은 절망의 탄식으로도 읽거나. 그런데 희망이든 탄식이든 그보다 더 중요한 것은 이 첫 작품에서부터 드러나고 있는, 향후 루쉰 글쓰기의 키워드라 일컬을 수 있는 비타협+불관용이라는 하나의 태도다.

루쉰의 비타협+불관용은 유명하다. 만약에 '루쉰적'이라는 말이 가능하다면 그것은 아마도 삶에 대한 이러한 루쉰의 시선과 태도를 고유화한 이름이 될 것이다. 이러한 루쉰적 태도는 일찍이 『외침』의 저 유명한 「서문」에서 단호하게 적시된 바 있다. 철의 방[鐵房]. 창문도 없고 절대 부술 수도 없는 방, 안에 깊이 잠든 수많은 사람들이 있는 상황에서 나 홀로 깨어 있다면? 이 순간 나에게 어떤 윤리적=실천적 선택이 가능할까. 머잖아 숨이 막혀 죽겠지만 고통 없이 혼수상태에서 죽도록 내버려 두는 게 나은가, 아니면 비록 죽을 때 죽더라도 스스로 자신의 절망스런 현재를 똑똑히 인식하고 죽도록 깨우는 게 나은가.

하지만 루쉰의 철방 비유에서 정말로 중요한 건 어느 쪽을 선택할 것인가에 있지 않다. 오히려 선택을 제거해 버리는 것, 거기에 '루쉰적'인 것이 있다고 나는 생각한다. '창문도 없고 절대 부술 수도 없'는 쇠철방. 그것은 계몽가=선각자 루쉰의 현재다. 이때 핵심은 루쉰의 위치다. 루쉰적인 것은 그가 스스로 철방 속에 자신을 위치시켜 버린 순간 탄생되었다. 깨어 있는 자가 철의 방 바깥에 있다면 그는 A와 B 둘 가운데 선택하는 자의 위치에 있을 수도 있을 것이다. 하지만 그 자신이 철의 방 속에 혼자 깨어 있는 사람이라면? 다시 말해 철의 방 바깥에서도 사람들을 깨울 수 있다. 하지만 그것은 '절대 깨뜨릴 수 없는' 철의 방 안에서 함께 있는 사람들을 깨우는 것과는 절대로 같지 않다.

「광인일기」의 화자는 '광인'이다. 하지만 세상이 미쳐 있다면 미치지 않는 것이 더 이상한 일 아닌가. 어쨌든 광인 화자는 수천 년 이어 온 식인문화 속에서 살았던 자신 역시 식인문화와 무관한 사람이라고 할 수 없지 않겠는가를 고민한다. 식인문화를 깨뜨리기 위한 새로운 세상은 수천 년 식인문화에 물들지 않은 이라야 가능할 것이기 때문이다. 하지만 수천 년 이어 온 식인문화에 물들지 않은 이가 이 식인문화 안에 있을 수 있을까. 이 식인문화 안에서 식인문화에 물든 상태로 식인문화를 깨뜨릴 방법은 없는 걸까.

'아Q와 혁명'에서 '아Q의 혁명'으로

아Q는 일정한 직업 없이 날품을 팔아 생활하는 하층계급이다. 하지만 그는 자존심이 강해 웨이좡 사람 누구도 눈에 차는 이가 없을 정도였다.

「아Q정전」의 흥미는 크게 두 가지 경로에서 온다. 하나는 아Q라는 인물로 총화된 중국의 총체적 국민성의 문제이고, 다른 하나는 사회 최하층계급인 아Q의 운명이 혁명의 시대를 맞아 어떻게 전개되어 가는지이다. 전자의 경우 유명한 일화가 있다. 「아Q정전」이 『천바오 부간』(晨報副刊)에 연재되자 당시 많은 중국 지식인들이 아Q가 자신을 비꼰 것이라면서 분개했었다는. 그만큼 아Q는 총체적 중국 국민성의 어떤 특징을 관통하고 있다.

후자의 경우, 아Q는 왜 끝내 혁명에 희생되는가의 문제로 이어진다. 훗날 루쉰은 「아Q정전」 창작 배경을 이야기하는 글에서 이렇게 말한 적이 있다. "내 생각으로는 중국이 혁명하지 않았다면 아Q는 혁명당이 안 됐을 것이지만 혁명했다면 혁명당이 됐을 것이다."루쉰, 「아Q정전을 쓰게 된 연유」,『화개집속편의 속편』(루쉰전집 4), 박자영 옮김, 그린비, 2014, 471쪽 요컨대 혁명이 아니고서는 아Q를 구원할 수 없다는 것. 하지만 그 혁명이란 아Q 또한 스스로 혁명되지 않으면 안 되는 문제라는 것.

예컨대 아Q의 '정신승리법'을 보자. 형식적으로 아Q는 늘 패배하지만 정신적으로 아Q는 늘 승리했다. 상대가 어눌하면 욕을 퍼부어 주고 약골이면 두들겨 패주지만, 대체로 늘 당하는 쪽은 아Q였다. 그래서 어느 순간 노려보기주의를 채택했지만, 그럴수록 상대들은 더욱더 집요하게 아Q를 괴롭혔다. 그러다 끝내 주먹다짐이 오가는 경우가 되면 아Q는 또 두들겨맞고 만다. 그럴 때면 아Q는 이렇게 스스로를 위안한다. '아들놈한테 얻어맞은 걸로 치지. 요즘 세상은 돼먹지가 않았어…' 그조차도 여의치 않게 되자 아Q는 스스로를 버러지라고 경멸하기에 이르지만, 그러한 자기경멸조차도 아Q에게는 흡족한 결말이었다. 왜냐하면 자신은 세계에서 자기경멸을 제일 잘하는 자이기 때문이다. 자기 경멸만 빼면, 자기는 세계 제일인자이기 때문이다.

아Q의 정신승리법은 당시 중국에 대한 루쉰의 상징적 묘사다. 자신의 부족함을, 패배를, 돼먹지 못함을 직시하지 않고 어설픈 말장난으로 기만하고 합리화시키려는 태도. 이를테면 아편전쟁 이후 중국은 본격적으로 서구 열강의 침략을 받았지만, 다른 한편 그들을 지탱시켰던 건 옛 중국에 대한 자기 최면과 환상이었다. 그러므로 아Q의 정신승리는 아Q만의 것이 아니다. 웨이좡에서 아Q를 배제한다고 해서 아Q의 정신승리법이 사라지는 것은 아니다. 중요한 건 승리냐 패배냐도 아니고, 패자를 배제하는 것도 아니다. 중요한 건 승리이든 패배이든, 아니 패배일수록 더욱 그 현실 위에서 출발해야 한다는 사실이다.

> "은전 부더기가 번쩍거렸는데! 모두 자기 거였는데, 하나도 보이지가 않다니! '아들놈이 가져간 셈 치지 뭐' 해보아도 여전히 마음이 개운치 않았다. 이번만은 그도 얼마간 실패의 고통을 맛보았다.
> 그래도 그는 이내 패배를 승리로 전환시켰다. 그는 오른손을 들어 두세 번 자기 뺨을 힘껏 때렸다. 제법 얼얼하니 통증이 왔다. 그러고 나니 마음이 평안해지기 시작했다. 마치 자기가 때리고 다른 자기가 맞은 듯했다. 이윽고 자기가 남을 때린 것처럼——아직 얼얼했지만—— 흡족해져 의기양양한 기분으로 드러누웠다. 이내 잠이 들고 말았다." 루쉰, 「아Q정전」
> 『외침』(루쉰문고 03), 112쪽

아Q주의는 아Q만의 것이 아니다. 그것은 중국 민중 전체, 나아가 무언가에 대하여 반-동(反-動)적으로 살아가는 약자 일반의 것이다.

그런 까닭에 아Q는 혁명에서도 소외된다. 누구보다 혁명을 원해야 하는 아Q이지만 정작 아Q가 원한 적 없는 혁명이었기 때문이다. 아Q에게 혁명이란 자신을 무시하던 수재가 자신을 아Q형이라고 부르는 세상, '갖고 싶은 건 모두 내 거', '마음에 드는 년은 모두 내 거'인 세상일 따름이었다. 아Q 스스로 수재와 대등한 관계를 만들어 낼 수 없다면 그 혁명은 가짜다. 아Q 자신의 욕망이 아닌 타자의 욕망으로 자신을 포장하는 혁명 또한 가짜다.

결국 아Q는 처형(!)된다. 그리고 '종이 한 장과 붓 한 자루' 앞에서 혼비백산했던 아Q의 처형은 단지 일개인의 죽음이 아니다. 여기에는 어떠한 연민도 과장된 수사도 없다. 백 명 천 명 아니 만 명이라도, 저 스스로 깨지 못한 아Q들은 죽을 수밖에 없다. 「쿵이지」의 몰락한 옛 지식인 쿵이지도, 「흰 빛」에서 과거시험에 인생을 걸었던 천스청도 이런 점에서는 마찬가지 운명이었다고 할 수 있다. 요컨대 그 운명은 처형장의 총구에 의해서가 아니라 이미 결별했어야 할 낡은 의식에서 깨어나지 못하고 있는 그 순간에 이미 집행된 셈이었다.

아Q를 깨워야 할 텐데… 잠에서 깨려고 하는 아Q가 있을까.

작은 사건 : 희망은 있는 것도 없는 것도 아니라지만

민국 6년 겨울, 북풍이 한창 몰아치던 날에 '나'는 간신히 인력거 한 대를 붙잡아 S문으로 이동했다. S문에 거의 도착할 무렵 머리가 희끗한 한 여인이 길을 건너려다 인력거 채에 걸려 넘어지는 사건이 발생한다. 우연한 사건이었고, 인력거꾼의 급정거가 아니었다면 크게 다쳤을 수도 있는 상황.

다행히 넘어진 이의 상처는 대수롭지 않아 보였다. 본 사람도 없었으며, 머뭇거리다간 일정도 그르치게 될 판이었던 '나'는 인력거꾼을 재촉했다. 하지만 인력거꾼은 노파를 일으켜 세우고는 괜찮은지 물었다. 그러자 노파는 인력거 때문에 나자빠졌느니 어쩌니 하며 가증스러운 억지를 부린다. '나'가 보기엔 터무니없는 상황이었지만, 인력거꾼은 주저없이 노파의 팔을 부축한 채 천천히 한 걸음 한 걸음 부축해서 근처에 있던 주재소로 걸어 들어갔다. 그 순간 '나'는 돌연 그 인력거꾼이 위대한 존재로 커지는 걸 느낀다. 내 속에 감추어진 '나'의 작은 이기심이 압박되는 느낌을 받는다.

『외침』에 실린 「작은 사건」이란 작품의 줄거리다. 불과 세 쪽에 불과한 이 작품은 루쉰이 왜 루쉰인가를 잘 보여 준다. 작품 마지막에 '나'는 이렇게 말한다.

> "이 일은 지금도 종종 기억이 난다. 그래서 종종 고통을 참으며 나 자신을 돌이켜보려고 노력한다. 지난 몇 년 동안의 문치(文治)와 무력(武力)은 한 구절도 머리에 남아 있지 않다. 어릴 적 읽은 '공자 왈'이나 『시경』에 이르길' 따위처럼 말이다. 그런데 유독 이 자그마한 사건이 자꾸만 눈앞에 어른거리면서 더욱 또렷해지곤 한다. 나를 부끄럽게 하고, 나의 쇄신을 촉구하고, 내 용기와 희망을 북돋아 주면서."루쉰, 「작은 사건」, 『외침』 (루쉰문고 03), 66~67쪽

「작은 사건」은 결코 '작은' 사건이 아니다. 이 작은 사건은 루쉰에게는 일생일대의 '큰' 사건이다. 루쉰에게 이 사건은 왜 이렇게 잊혀지지 않는 사건이 되었을까. 그것은 아마 이 사건이 당시 세상(인력거꾼)에 대해

루쉰이 가지고 있던 어떤 편견을 일시에 전도시켜 버렸기 때문일 것이다.

'나'와 인력거꾼과 노파. 이 셋은 전혀 다른 세계관과 계급과 성별 기타 등등의 차이들 속에 있다. 그런데 이들이 한 사건에서 마주친다. '나'는 그 사건이 별 게 아니라고 여긴다. 인력거꾼이 공연히 일을 키운다고도 여겼을지 모르겠다. 하지만 인력거꾼은 자신이 맞닥뜨린 사건 위에서 일을 처리했고, 묵묵히 그 자신이 옳다고 생각한 방식으로 일을 처리했다. 어쩌면 대충 일을 처리하고 싶었던 '나'의 마음은 늙고 남루한 차림의 노파에 대한 '나'의 편견 때문이 아니었을까. 바쁜 일정에 쫓긴 '나'의 조급함이 이기적으로 발휘된 것이 아닌가. 인력거꾼의 작은 행동 하나는 그런 점에서 나의 의식 전체를 순식간에 깨뜨려 버리는 도끼날인 셈이었다.

잘 알려진 바와 같이, 루쉰은 희망을 믿지 않았다. 하지만 그것은 그가 절망 속에 빠져 있었다는 것을 의미하지 않는다. 엄밀히 말해 루쉰은 희망이란 있다고도 없다고도 할 수 없다고 생각했다. 그런 까닭에 루쉰의 작품은 과거에 대한 연민이나 동정이 없는 만큼 혹은 미래에 대한 희망이나 낙관 또한 나타나지 않는다. 중요한 건 승리냐 패배냐가 아니다. 당장의 이익도 아니다. 승리든 패배든 좋다. 이익이든 손해든 상관없다. 가장 나쁜 건 적막한 것, 아무런 태도도 반응도 입장도 보이지 않는 것이다.

루쉰은 이 적막을 깨뜨리고 싶었고, 깨뜨려야 한다고 생각했다. 하지만 정작 잠을 자고 있었던 이는 누구인가. 적막 속에 있던 이는 누구인가. 「작은 사건」의 큰 반전은 그것이 '나'(루쉰)의 잠을 일깨운 사건이고, 그로 인해 '나'(루쉰)의 적막이 깨져 버렸다는 데 있다. 잠든 이들이 깨길 바랐던 깨우는 사람으로서의 '나' 역시 한편으로 깨어야 할 '잠든' 사람이었다는 것. 그렇게 '나'가 깨뜨려야 했던 적막이란 다름 아닌 나의 적막이었다는 것.

1923년 출간작 『외침』에 수록된 소설들(뒤의 숫자는 글 작성 연도)

서문 1922

광인일기 1918

쿵이지 1919

약 1919

내일 1920

작은 사건 1920

두발 이야기 1920

야단법석 1920

고향 1921

아Q정전 1921

단오절 1922

흰 빛 1922

토끼와 고양이 1922

오리의 희극 1922

지신제 연극 1922

4.
생활의 반란,
습속의 배반
루쉰의 『방황』

길진숙

이념화된 루쉰을 넘어!

『방황』(彷徨)은 루쉰의 두번째 소설집이다. 『방황』을 읽은 사람들이 얼마나 될까? 루쉰, 하면 사람들은 곧바로 첫번째 소설집 『외침』(吶喊)에 수록된 「아Q정전」과 「광인일기」를 떠올린다. 루쉰의 글을 조금 더 접한 사람이라면 아마도 『아침 꽃 저녁에 줍다』(朝花夕拾) 정도를 기억할 것이다. 이 작품들을 제외하고, 나머지 루쉰의 그 많은 글들은 잘 읽지 않을 뿐만 아니라 제목도 잘 모르는 경우가 허다하다. 작가로서의 루쉰은 유명하지만, 그의 글은 상대적으로 묻혀 있는 것이 많다.

　　그러나 일단 루쉰의 글을 읽으면 그 모순적인 스타일에 흥미를 갖게 된다. 냉철하면서 뜨겁고, 시크하면서 유머러스하고, 평범한 듯 긴장하게 만드는 그 절묘한 필력에 매료되어 빠져나올 수가 없다. 한편으론

뜨끔하지만, 날카롭게 폐부를 찌르면서 시원하게 속을 뚫어 주는 말솜씨는 또 어떠한가? 나비처럼 날아 벌처럼 쏘는 그 경쾌함, 그 날카로움, 그 적중력에 구절구절 외우고 싶은 마음이 절로 일어난다. 그리고 인간의 심리를 꿰뚫는 내공도 놀랍다. 뜻은 원대한데 하는 짓은 치졸한 인간들, 그 행위와 심리 묘사를 아주 치밀하게 포착한다.

『방황』을 읽었을 때 비로소 루쉰을 조금 이해할 수 있었다. 그 이전 루쉰은 근대와 혁명을 향해 돌진했던 작가이자 사상가 그 이상도 이하도 아니었다. 봉건주의의 타파를 외치며 민주주의에 앞장선 혁명가, 제국주의 창궐에 맞선 애국자이자 민족주의자. 중국 민중의 정신 개조를 위해 문예의 선봉에 선 계몽주의자. 어마어마한 역사적 의미를 루쉰에게 쏟아 부었던 것이다. 풍자도, 유머도, 페이소스도 사라지고 앙상하게 이념화된 루쉰만 있었다. 루쉰을 이야기했지만 루쉰은 없는 격이었다. 『방황』을 읽으면서 다른 루쉰이 보였다. 루쉰의 희미한 그림자에라도 다가간 기분이랄까?

문제는 생활과 습속이다!

『방황』은 1924~25년 사이에 지은 단편소설들을 1926년에 묶은 것이다. 신해혁명과 5·4신문화운동 그 후를 그려내고 있다. 물론 전체 색조는 암울하고 비극적이다. 진보적 지식인들의 고독과 방황, 민중들의 시련과 좌절을 보여 주기 때문이다. 소설의 주인공들은 대체로 변화를 꾀했으나 사회로부터 배척당하면서 방황하거나 변절하거나 죽거나 이혼한다.

루쉰은 이런 이야기를 철저하게 생활 밀착형으로 풀어 나갔다. 『방황』에 등장하는 인물들은 영웅적 지식전사도 아니었고, 열정에 불타는 민중도 아니었다. 이 주인공들은 생계에 시달리고, 생활에 지쳐 가는 등 지극히 현실적이고 다분히 변덕스러웠다. 이들에겐 아우라가 없었다. 물론 낭만적인 구석도 찾아보기 힘들다. 뭔가 속은 기분이었다. 혁명적 지식인의 대서사를 상상했기 때문에 너무나 세속적이며(?) 이토록 작고 리얼한 '서사'라니, 당황스럽기 짝이 없었던 것이다.

그중에 제일 놀라운 작품은 「죽음을 슬퍼하며」(傷逝)였다. 이 작품은 근대계몽기 문명의 상징이자 진보의 상징인 자유연애와 결혼을 다루고 있다. 자유로운 사랑에 눈 뜬 남녀 주인공, 쥐안성과 쯔쥔은 가히 용감했다. 연애에 불타오른 두 사람은 무서운 게 없었다. 수군거리는 사람들의 시선에도 당당했으며, 남녀유별의 완고한 관습에 과감하게 대결했다.

이들은 거침없는 전사처럼 결혼을 감행했다. "나는 나 자신의 것이지 누구도 간섭할 권리는 없어요"를 외치며 여주인공 쯔쥔은 쥐안성을 선택했고, 쥐안성은 낯 부끄럽지만 영화에서 본 대로 무릎을 꿇고 청혼을 했다. 물론 가족과 친지들과 인연이 끊겼음은 더 말할 필요도 없다. 그래도 전진할 뿐, 타협도 후회도 없었다. 애정은 끊임없이 새로워지고 성장하고 창조될 것이라고 굳게 믿었다. 이 짧은 순간의 밤들은 평화롭고 행복했다.

루쉰이 파고든 건 그 다음이다. 이들은 계속 행복하고 안락했을까? 이 계몽적인 자유연애는 성공했을까? 당연히 그렇지 못하다. 사랑은 금세 식어 버렸다. 생활과 생계 때문이다. 고작 그거라고? 루쉰은 그까짓 것, 혹은 고작이라고 무시하는 그 소소한 생활의 현장에 주목했다. 우리가 보지 않는 것을 본 것이다.

"지난 날을 앙모하는 자, 지난 날로 돌아가라. 세상을 벗어나고 싶은 자, 어서 세상을 벗어나라. 하늘에 오르고 싶은 자, 얼른 하늘로 올라가라.

영혼이 육체를 떠나려 하는 자, 서둘러 떠나라. 현재의 지상에는 현재에 집착하고 지상에 집착하는 사람들이 살아야 한다."루쉰, 「잡감」, 『화개집』

(루쉰전집 4), 이주노 옮김, 2014, 78쪽

쥐안성과 쯔쥔이 사랑의 환희에서 깨어난 건, 결혼한 지 얼마 안 돼서이다. 매일매일 닥쳐오는 생활의 무게로 인해 현실에 눈을 뜬 것이다. 두 남녀가 자유롭게 결합하면서 꿈꾸었던 생활은 담소와 독서와 산보였다. 그러나 쯔쥔은 집안일로 너무 바빠 담소도 독서도 산보도 할 수 없었다. 이들은 평등하고 여유로운 생활을 위해 하녀 두기를 꿈꾼다. 또한 남의 집에 세를 살며 이런저런 불편을 겪을 수밖에 없었다. 쯔쥔은 병아리를 기르면서 주인집과 서로 암투를 벌였던 것이다. 이들이 생각하기에 여기서 벗어나는 길은 독립된 집밖에 없었다. 이 꿈은 당장 이룰 수 없는 것이었다. 게다가 자유와 독립을 외친 이들이 하녀를 꿈꾸다니 모순이 아닌가. 하녀가 없고 자기 집이 없어서 살고 싶은 대로 살 수 없고 독립적인 삶을 살아갈 수 없다니, 계몽적 지식인의 한계가 여실하게 드러난다. 진보적이라고 자처하는 지식인들도 몸에 밴 습관을 버릴 수 없었던 것이다. 이들은 가난했지만 여전히 의존적이며 무능했다. 이런 의식이 굉장히 작은 일처럼 보이지만 루쉰에게는 결정적인 단서였다. 왜 사랑이 지속되지 못하는가? 내 안의 습속이 혁신되지 않는 한, 사랑은 현실에 뿌리내리기 힘든 것이다.

혹 사랑이나 진보적 이념을 너무 왜소하게 만드는 게 아니냐고 항변한다면, 루쉰은 '썩소'를 날릴 것이다. 사랑 따로, 생활 따로는 착각이다. 누군가 생활을 대신 해결해 줘야 자유연애와 혁명은 가능한 것인가? 사랑과 혁명은 생활과 무관한 것인가? 생활 너머에 사랑이나 혁명은 존재하지 않는다. 사랑과 혁명이 숭고하고 위대하여 생활 저 너머에서 따로 작동하는 것이라면, 그 누구를 위한 사랑이며 혁명인가? 루쉰은 현실을 간과한 채 사랑의 유토피아나 혁명의 유토피아를 외치는 자들에게, 그리고 쉽게 절망하는 자들에게 땅 위에 살고 있는 자 땅 위에서 뿌리내리라고 상기시키고 있는 것이다.

루쉰은 쯔쥔과 쥐안성의 위기를 더 극한까지 밀고 나간다. 이 남녀에게 쏟아지는 사회적 냉대로 급기야 쥐안성이 실직하게 된다. 이제 먹고 사는 일이 가장 큰 일이 된다. "날마다 강물이 흐르듯 끊임없이 되풀이되는 것은 밥 먹는 일이었다." 쯔쥔은 초조하고 쥐안성은 불안하다. 이뿐만이 아니다. 실직한 쥐안성이 집에서 일을 해야 하는데, 먹고 치우는 일로 집안은 늘 소란스럽다. 쯔쥔은 그런 면에서 배려가 없다. 쥐안성의 집안 서열은 개와 닭의 중간쯤이었다. 쥐안성은 서재가 없는 것이 아쉬울 뿐이다. 그는 '통속도서관'으로 피신한다, 사랑하는 남녀 사이에 내 방이 문제가 되고 이 사이에 다시 독립이 필요하다면, 사랑은 저 너머로 사라지고 만 것이다. 쯔쥔도, 쥐안성도 흔들리고 있었다.

이쯤 되면 루쉰의 디테일한 생활감각에 놀라울 뿐이다. 공감 100%이다. 생계 앞에서 그 용감무쌍했던 사랑도 힘을 발휘할 수 없는 것이다. 원래 "세상일이란 작은 일이 큰일보다 더욱 번거롭고 어려운 법"이다.루쉰, 「노라는 떠난 후 어떻게 되었는가」, 『무덤』(루쉰문고 01), 홍석표 옮김, 그린비, 2011, 247쪽 자유연애가 주는 그 달콤한 유토피아는 생활의 소용돌이 속에서 결코 실현될 수 없는 유토피아에 불과하다. 사랑 때문에 모든 것을 버렸는데, 이렇게 되자 이들의 적은 더 이상 완고한 관습도 사회적 냉대도 아니었다. 먹고 사는 문제가 적이었다. 그리고 쯔쥔과 쥐안성이 서로에게 적이었고, 또한 그들 자신이 자신의 적이었다.

그래도 사랑할 수 있는가? 절망하지 않고 자유연애의 새로운 경지를 만들어 낼 수 있는가? 현실에서는 그렇지 못하다. 루쉰은 그 현실을 직시한다. 루쉰의 시대에 자유연애로 집을 뛰쳐나온 남녀는 이 한계 앞에서 어떠했을까? 생활과 생계가 사랑의 적이자, 자신들의 습속이 사랑의 적임을 몰랐을 터, 절망에 빠질 수밖에 없었을 것이다. 막다른 골목에서 쯔쥔은 환희의 순간을 복습하고 복습하지만, 자유연애가 실패했다는 그 진실을 인정할 수밖에 없는 순간이 찾아온다. 쥐안성이 그 진실을 말했기 때문이다. 자유연애의 대가는 혹독했다. 쯔쥔은 죽고, 쥐안성은 공허에 시달린다. 그러나 쥐안성은 그러한 생활 너머의 사랑이 거짓임을, 그 결과는 공허임을 길잡이 삼아 살아야 한다. 이것만이 살아남은 자의 몫이다.

『방황』의 다른 작품에서도 루쉰은 이러한 공허를 문제삼는다. 중국의 변화는 쉽지 않고, 그래서 어디로 가야 할지 모르는 사람들의 공허, 그 진실을 파헤치고 있는 것이다. 루쉰 당시, 중국은 그 체제는 바뀌었지만 사회는 바뀌지 않았다. 루쉰이 보기에 이는 이념의 문제가 아니라 생활과 습속의 문제이다. 『방황』의 주인공들이 넘어서지 못하고 좌절한 것이 바로 이 생활과 습속 때문이다. 혁명은 생활과 습속을 혁명해야 이루어진다. 이것은 한순간으로는 불가능하다. 지치지 말고 끈질기게 해나가야 하는 일이다. 어쩌면 영원히! 그러니 우리를 좌절과 공허로 이끄는 그 생활과 습속의 디테일을 더더욱 알아야만 한다. 루쉰이 『방황』에서 생활과 습속의 그 남루한 모습을 파헤친 이유가 여기에 있었던 것이다.

지금도 틀리고 그때도 틀리다!

루쉰은 『방황』에서 비겁자들과 구경꾼들의 행태를 아주 적나라하게 아주 촘촘하게 그려낸다. 그 모습이 어찌나 기가 막힌지 헛웃음을 짓지 않을 수 없다. 사실 우리의 절망은 여기에서 온다. 이 비겁자들, 이 구경꾼들과 싸우지 않고는 절망을 넘을 길이 없다. 루쉰이 지식인도 민중도 심지어 자기조차도 맹목적으로 추앙하지 않았던바, 그 이유는 분명했다. 모두가 질기디 질긴 습속의 굴레를 안고 있기 때문이다.

작품 「축복」을 보자. 고향 루전 마을을 방문한 주인공 '나'가 넷째 아저씨 댁의 하녀 샹린댁을 맞닥뜨리며 이야기는 전개된다. 샹린댁은 일찍 과부가 되어 혹독한 시집살이로부터 도망쳐 넷째 아저씨 집에서 일을 시작한다. 그러나 얼마 뒤 시어머니에게 끌려가 강제로 재가를 하게 된다. 2년쯤 잘 살다가, 샹린댁은 두번째 남편도 잃고 아이도 잃게 된다. 샹린댁은 다시 아저씨댁으로 돌아온다. 샹린댁을 맞이한 아저씨와 마을 사람들의 시선은 이전과는 완전히 다르다. 눈초리가 차갑다. 재가한 여인은 풍속을 해친 불결한 자이기 때문이다.

마을 사람들은 샹린댁의 인생유전에 동정심을 보였지만 잠시뿐, 무시하고 냉대했다. 한때 국자감생이었던 아저씨는 샹린댁에게 제사 음식을 준비하지 못하게 한다. 성리학을 공부한 구지식인만 그런 것이 아니다. 품팔러 온 류씨어멈도 샹린댁을 죄인 취급한다. 샹린댁이 강제로 재가한 게 아니라 좋아서 두번째 남편을 허락한 게 아니냐고 의심하면서 말이다. 남편이 둘이니 저승에 가면 염라대왕이 샹린댁의 몸을 둘로 나누어 두 남편 귀신에게 나누어 줄 거라고 겁까지 준다. 지식인 '나' 또한 귀찮은 일이 생길까봐 샹린댁이 영혼과 지옥이 있는지 묻는 질문에 모르쇠 한다. 결국 겁에 질리고 두려움에 떨며 거의 정신을 놓은 샹린댁은 주검으로 발견된다. 습속에 물든 사람들의 의식은 이토록 잔인하다. 그러나 스스로는 잔인한 줄 모른다. 루쉰은 사람들의 그 무심함과 잔인함을 저미듯 보여 준다.

「장명등」은 한 광인의 이야기이다. 지광 마을은 수양제 때부터 토지묘에 장명등을 밝힌다. 절대 꺼뜨려서는 안 된다. 불을 끄면 지광 마을이 온통 바다로 변하고 사람들은 미꾸라지로 변하기 때문이다. 그런 횡액이 정말 일어나는지는 아무도 모른다. 다만 수양제 때부터 불을 밝혔으니 지금도 그래야 하는 것이다. 이 마을에 홀로 깨인 존재가 있으니, 광인이다. 광인은 토지묘의 장명등을 끄면 오히려 메뚜기 피해나 역병이 사라질 거라고 주장한다. 마을 사람들은 광인을 진정시키려 애쓴다. 광인은 습속에 반기를 든 자이다. 광인은 결코 타협하지 않는다. 마을 사람들의 대항도 만만치 않다. 급기야는 광인을 성황당에 가둬 버린다. 이제 마을은 만사형통이다. 홀로 깨어난 자는 이렇게 습속에 배반당한다. 습속을 맹목적으로 믿는 사람들에게 광인이 오히려 공포인 것이다.

「고독자」에서는 도시에서 신식교육을 받고 인간해방을 주장했던 웨이롄수가 주인공이다. 웨이롄수는 변혁을 반대하는 사람들로부터 질시받고 배척당한다. 심지어는 일자리에서 내쫓겨 생계까지 위협받는다. 전통을 고수하는 자들은 원래 웨이롄수와 같은 혁신가들을 배척했으니 그럴 수 있다 치자. 「고독자」에서 두드러지게 묘사되는 대상은 웨이롄수가 사랑했던 아이들과 주인집 할멈이다. 그토록 신뢰하고 존중하며 모든 것을 베풀었건만, 이들은 염량세태에 본능적으로 민감하다. 웨이롄수의 추락으로 아이들도 주인집 할멈도 태도를 바꾼다. 인간은 모두 기회주의적이다. 민중, 어린아이라고 예외는 없다.

재미있는 건, 웨이롄수의 복수다. 소심하면서도 강렬한 복수의 행위가 이 비극에 웃음을 준다. 웨이롄수는 보란 듯이 두 사단장의 고문이 되어 연일 파티를 벌이며 사람들에 둘러싸여 날을 지샌다. "새로운 손님, 새로운 선물, 새로운 찬사, 새로운 아부, 새로운 절과 인사, 새로운 마작과 연회, 새로운 경멸과 혐오, 새로운 불면과 각혈"로 복수를 했던 것이다. 웨이롄수는 적들을 향해 보여 주고 싶었던 것이다. 그래 봐라. 너희들이 원하는 대로 망가지고 막 살아 주마. 주인집 할멈에 대한 복수는 경멸하기와 막대하기이다. 웨이롄수는 주인집 할멈을 '노부인'이라 불렀으나, 두 사단장의 고문이 된 후로는 '늙은 할멈'이라 부른다. 선물로 받은 약초도 마당에 던져 주워 가라고 말한다. 아이들에게도 마찬가지로 복수한다. 전에는 아이들을 높여 부드럽고 낮게 말했으나, 고문이 된 후로는 여러 가지 방법으로 아이들을 놀린다. 아이들이 뭘 사달라고 하면 개 짖는 소리를 내게 하고, 머리가 땅에 닿도록 절을 시켰다.

웨이롄수는 사람들이 원하는 걸 돌려주었다. 사람들은 존중받기를 원하지 않는다. 이익을 탐하고 아첨하며 비겁하게 살기를 좋아한다. 세상을 경멸하며 그런 자들의 수준에 맞추는 것, 웨이롄수의 복수이자 몰락이었다. 루쉰의 이 복수는 자잘하지만 참으로 슬프다. 비겁한 사회와 사람들에게 엿이라도 먹이지 않으면 무엇을 할 수 있었겠는가? 루쉰은 폼 잡지 않는다. 이렇게 쪼잔한 복수라니, 기발하다. 루쉰은 우리들의 허를 찌른다.

「이혼」은 바람 난 남편에게 구박당하다 오히려 이혼 당하게 된 아이구라는 여인이 주인공이다. 아이구는 결사코 이혼을 거부한다. '짐승만도 못한 새끼' 남편과 '짐승만도 못한 늙은 놈' 시아버지와 싸우며 자리를 지키고자 한다. 루쉰 소설의 여주인공들 중 가장 용감하고 당당하다. 거칠게 없는 여성이다. 아이구는 든든한 아버지와 오빠들이 있었기 때문이다. 그리고 마을의 실력자 치대인에게 희망을 걸었기 때문이다. 아이구가 생각하기에, 치대인은 학식과 교양을 갖춘 사람이므로 남을 대신해 바른 소리를 해줄 것임에 틀림없다.

그러나 아이구가 막상 만나 본 치대인은 기대했던 바와 달랐다. 붉고

푸른 비단 마고자를 걸쳤으며, 크고 둥근 얼굴에 작은 눈과 새까만 가는 수염이 있었다. 정수리는 벗겨졌지만 그 머리통과 얼굴은 불그스름하고 번들번들 윤기가 올랐다. 아마도 돼지기름을 바른 듯했다. 치대인의 교양은 골동품 감정에서 드러난다. 치대인은 옛날 사람들이 염을 할 때 항문을 막았던 돌, '비색'으로 자신의 코 옆을 두어 번 문지르더니 한나라 때 거라며 한껏 지식을 자랑한다. 하필이면 '비색'이라니, 아이구는 태어나서 처음 보는 광경이었다. 이때부터 아이구는 왠지 모르게 불안해진다. 루쉰의 풍자는 신선하다.

아니나 다를까. 치대인은 위자료를 받고 이혼하기를 권한다. 아이구는 몰랐다. 치대인의 위세와 몰상식과 부조리함을. 그럼에도 아이구는 치대인에게 '서로 다 망가지더라도 목숨을 걸고 해볼 거'라고 힘을 다해 주장한다. 이에 대한 치대인의 대응은 부조리의 최고봉이다. 골동품에 일가견이 있는 치대인은 아이러니하게도 베이징에서 양학당을 다니는 젊은이에게 의견을 묻는다. 서양에서도 이혼이 공리란다. 상하이도 베이징도 서양인도 다 그렇게 한다는 것이다. 이 장면에서는 푸하하, 웃음이 비져 나온다. 이혼시키기 위해, 수구꼴통 치대인이 양학당 젊은이와 서양인을 끌어들인 것이다. 유력자들은 이럴 때 서양과 수구를 대동단결시키는 묘한 재주가 있다. 루쉰의 풍자가 빛을 발한다.

이런 모순덩어리 치대인에게 저항하는 자는 아무도 없다. 마을에서는 그렇게 커 보였던 아버지도 치대인 앞에선 한없이 왜소하다. 다른 이들도 마찬가지이다. 위자료를 조금 더 얹어 주니 황송하게 여길 뿐이다. 아이구도 굴복 외에 다른 방법이 없다. 옛날부터 여인은 그래야 하고, 새로운 문명도 여인은 그래야 한다고 선포한 것이다. 중국과 서양 모두의 공리라니 무식한 아이구가 어찌 대결할 수 있겠는가. 습속은 늘 배반하며, 늘 협잡한다.

해부의 달인, 루쉰

루쉰의 인간 묘사는 한 치의 여지도 없다. 사람들의 가증스런 위선과 치졸한 이면을 남김없이 드러낸다. 이렇게 묘사된 인간들은 우스꽝스럽고 기괴하다. 사람들 안에 도사린 위선과 비겁, 아첨과 거만——『방황』의 작품들은 면면이 이것을 들추어 낸다. 「행복한 가정」의 작품과 현실 사이에서 심한 괴리를 느끼는 주인공 작가, 「가오 선생」의 지식인연하는 한량 가오얼추, 「비누」의 도덕군자연하는 이중인격자 쓰밍 선생, 「형제」의 남다른 우애를 과시했으나 막상 동생이 아프자 생계를 책임질까 두려워 하는 장페이쥔, 「술집에서」의 신식교육을 받았으나 현재는 『시경』· 『맹자』·『여아경』을 가르치는 뤼에이푸 그리고 술값을 내지 않는 뤼에이푸가 몹시 신경 쓰이는 나. 「조리돌림」의 죄수의 처형장면을 보려고 아귀다툼하는 군중들.

루쉰은 해부의 달인이다. 루쉰의 이 해부대를 어떤 사람도 벗어나기 힘들다. 당시 중국 사람도, 현재의 우리도. 루쉰의 글을 읽으면 나의 행태가 파헤쳐진 듯, 뜨끔뜨끔하다. 눈을 감고 회피해 버리고 싶다. 낱낱이 해부된 모습은 결단코 아름답지 않기 때문이다. 눈을 바로 뜨고 보라고 루쉰은 촉구하건만, 똑바로 보기가 두렵다. 여전히 난 비겁자요 구경꾼인 것이다. 루쉰이 그토록 미워했던, 그들이 여전히 내 안에 있다. 그러하므로 스스로 파헤치고, 스스로 파괴하고, 스스로 건설하지 않으면 루쉰을 읽지 않은 것이 된다. 이 때문에 루쉰의 글은 시원하면서도 아프고 버겁다.

1926년 출간작 『방황』에 수록된 소설들(뒤의 숫자는 글 작성 연도)

축복 1924

술집에서 1924

행복한 가정(쉬친원을 본받아) 1924

비누 1924

장명등 1925

조리돌림 1925

가오 선생 1925

고독자 1925

죽음을 슬퍼하며(쥐안성의 수기) 1925

형제 1925

이혼 1925

5.
무(無)를 통해
생(生)에 이르다
루쉰의 『들풀』

채운

먼지바람 속에서

세상은 바뀌어 가는 듯했다. '민주'와 '과학'을 기치로 내건 5·4운동 이후, 천두슈(陳獨秀)가 문과대 학장으로 있었던 베이징대학은 새로운 학문과 사상의 구심이 되었고, 신문학운동의 과정에서 여러 문학단체와 잡지들이 우후죽순으로 생겨나기 시작했다. '인생을 위한 예술'을 표방한 문학연구회(1921), '예술을 위한 예술'을 주장한 창조사(1921), 위쓰사(語絲社,1924) 등의 신문학운동단체는 물론, '국수를 발전시키고 새로운 지식을 융화한다. 중정(中正)의 눈으로 비평의 임무를 수행한다'는 기치 하에 문언문으로 글을 게재한 반(反)신문학운동 잡지 『학형』(1922) 까지, 바야흐로 논쟁과 담론이 폭발하는 시대였다. 그 사이, 보수서옥에 틀어박혀 불경을 읽고 고서와 탁본을 베끼던 루쉰은 『신청년』, 『위쓰』 등에 글을 기고하는 '작가'가 되었다.

그러나 때가 되면 기어이 분열하고야 마는 것이 조직의 운명이던가. 5·4운동의 발화점이었던 『신청년』 그룹도 결국 분열의 길로 접어들었다. 정치색을 강화할 것인가 학술을 강화할 것인가, 천두슈의 노선인가 후스(胡適)의 노선인가, 그리고 누가 '신청년'이라는 타이틀을 가져갈 것인가…. 혁명의 바람이 휩쓸고 간 자리로 떨어진 열매를 주우려는 자들이 모여들었고, 혁명의 공(功)을 차지하려는 자와 저지하려는 자가 서로를 향해 창을 겨눴다.

세상은 바뀌는 듯했지만 사실은 그대로였다. 군벌의 야만적 통치는 여전했고, 동료들은 좌우익으로 분열됐으며, 무려 '서양의 신학문을 배운' 유학생들이 복고를 외치며 제국주의와 군벌의 문화적 첨병이 되어 갔다. 이런 와중에, 루쉰은 자신의 분신과도 같았던 동생 저우쭤런(周作人)과 결별하게 된다. 루쉰이 재직 중이던 베이징여자사범대학에서도 한바탕 반동의 바람이 몰아쳤다. 교장 양인위(楊蔭楡)를 위시한 관료문인들이 학교의 전횡에 반대하는 학생들을 임의로 제적하고 폭력적으로 진압하는 사태가 발발한 것. 게다가 1925년 5월에는 상하이에서 시위를 벌이던 학생과 노동자들이 일본을 등에 업은 국민당의 강경진압에 사상(死傷)하는 일이 발생한다. 여사대의 시위는 보다 정치화됐고, 이 과정에서 학생들과 함께 투쟁한 루쉰은 해임을 당하게 된다. 한 치 앞을 알 수 없는 '비역사적 운무(雲霧)' 속에서 국민당 역시 분열을 거듭했고, 한때 루쉰과 함께 사상 논쟁을 벌이던 동지들은 우경화되어 갔다. 그리고 "민국 이래 가장 어두운 날"이 도래했다. 1926년 3월 18일, 열강들에 굴복하려는 돤치루이(段祺瑞) 정부에 항의하는 베이징 인민들을 향해 정부가 발포를 명했고, 이 과정에서 루쉰의 제자 류허전(劉和珍)과 양더췬(楊德群)이 사망하는 일이 일어난다.

그야말로 사방이 먼지요, 천지가 암흑이었다. 『들풀』에 실린 23편의 산문은 이 사나운 먼지바람 속에서(1924~1926) 쓰인 것들이다.

"신해혁명도 봤고 2차혁명도 봤고 위안스카이의 황제 등극과 장쉰의 청조 복귀 음모도 봤고 이런저런 걸 다 보다 보니 회의가 일기 시작했던 것이다. 그리하여 실망한 나머지 몹시 의기소침한 상태였다. 민족주의 문학가가 올해 어떤 신문에서 '루쉰은 의심이 많다'고 했는데 틀린 말이 아니다. 지금도 나는 이렇게 의심하고 있다. 저자들도 제대로 된 민족주의자는 아닐 거야, 그 변화가 한량 없을 테니 말이야. 그런데 나는 또 나 자신의 실망에 대해서도 의심하고 있다. 내가 접한 사람과 사건이 몹시 제한적이기 때문이다. 이런 생각이 내게 붓을 들 힘을 주었다. (……) 나중에 『신청년』 그룹은 뿔뿔이 흩어졌다. 누구는 출세했고 누구는 은퇴했고 누구는 전진했다. 동일한 진영의 동료들마저 이렇게 변할 수 있다는 것을 또 한번 경험한 셈이다. 게다가 '작가'라는 직함을 들쓴 채 여전히 사막 속을 떠돌고 있었다. 그래도 여기저기 널린 간행물에 수상록 같은 것을 끄적이는 일은 이미 피할 수가 없었다. 하여 소소히 와 닿는 것이 있으면 단문을 제법 썼다. 좀 거창하게 말하면 산문시인데, 이후 한 권으로 묶어 『들풀』이라 이름했다." 루쉰, 『자선집』 서문 (1932년)

『남강북조집』(루쉰전집 6), 공상철 옮김, 그린비, 2014, 348~349쪽

쓸 수 없다. 그러므로 쓴다

제자 류허전의 사망을 추모하는 글에서 루쉰은 이렇게 쓰고 있다.

"정말 나는 할 말을 잃었다. 우리가 살고 있는 곳이 인간 세상이 아닌 것 같다는 느낌만 든다. 40여 명 청년들의 피가 우리 주위에 흘러넘쳐서 나는 호흡하고 보고 듣는 것도 힘들 지경인데 무슨 말을 더 할 수 있겠는가. (……) 이 담홍색의 피와 희미한 슬픔 속에서 또다시 사람은 구차하게 생을 이어 가고 이렇게 인간 세상 같으면서 비인간적인 세계는 유지된다. 이런 세상이 언제 끝이 날지 나는 모르겠다! 우리는 여전히 이런 세상에서 살아간다."루쉰, 「류허전 군을 기념하며」, 『화개집속편』(루쉰전집 4), 박자영 옮김, 그린비, 2014, 346쪽

눈앞에서 사람들이 죽어 나가도 산 사람들은 또 살아간다, 살아가야 한다. 그것이 삶이니까. 문제는, 그런 삶의 역설을 표현하기에는 우리의 언어가 턱없이 무력하다는 것. '말할 수 없음'과 '그럼에도 불구하고 말하지 않을 수 없음' 사이에서, 루쉰은 쓴다. 그저 그렇게라도 쓰는 것 말고는, 달리 길이 없었으리라.

「류허전 군을 기념하며」를 쓴 지 9일 후에 쓴 「일각」을 마지막으로 『들풀』은 끝이 난다. 이와 동시에 루쉰의 '베이징 시대'가 막을 내리고, 방랑인지 유배인지 알 길 없는 '길 위의 삶'이 시작된다. 베이징에서 샤먼으로, 광저우로, 홍콩으로, 상하이로. 어딜 가든 세상은 지옥이었다. 그러나 루쉰은 그 지옥의 삶을 온몸으로 끌어안는다. 중생을 구제하기 위해 지옥에서의 고통을 기꺼이 짊어지고자 했던 지장보살처럼, 루쉰은 천국을 꿈꾸는 대신 사람들과 함께 지옥을 살았다. 희망을 의심하고 절망에 저항하면서. 타인을 해부하는 그 칼로 자기 자신을 해부하면서.

"모래바람에 할퀴어 거칠어진 영혼. 그것이 사람의 영혼이기에, 나는

사랑한다. 나는 형체 없고 색깔 없는, 선혈이 뚝뚝 듣는 이 거칢에 입 맞추고 싶다. 진기한 꽃이 활짝 핀 뜰에서 젊고 아리따운 여인이 한가로이 거닐고, 두루미 길게 울음 울고, 흰 구름이 피어나고… 이런 것에 마음 끌리지 않는 바는 아니나, 그러나 나는, 내가 인간 세상에 살고 있다는 사실을 잊지 않는다. (……)

그렇다. 젊은 영혼들이 내 눈앞에 우뚝 서 있다. 그들은 벌써 거칠어져 있거나, 거칠어지고 있다. 그렇지만 나는 이들, 피 흘리면서 아픔을 견뎌내는 영혼을 사랑한다. 내가 인간 세상에 있음을, 인간 세상에서 살고 있음을 느끼게 해주기 때문이다." 루쉰, 「일각」(1926. 4. 10), 『들풀』(루쉰문고 05), 한병곤 옮김, 그린비, 2011, 93~94쪽

『들풀』의 서문(「제목에 부쳐」)이 쓰인 것은 1927년 4월 26일 광저우 (廣州)에서다. 4월 12일, 장제스(蔣介石)가 상하이 건달을 사주하여 노동자들을 무차별적으로 공격하고 공산당원을 체포, 살해하는 '반동의 학살'이 시작되었다. 수백 명이 죽었고, 그보다 몇 곱이나 많은 사람들이 체포당하거나 실종되었다. 반동의 파도는 광저우에도 들이닥쳤다. 혁명의 심장부에서 경험한 반(反)혁명의 피바람! '혁명의 이름'으로 이루어진 대대적인 살육 앞에서 루쉰은 또다시 할 말을 잃는다.

"나는 돌난간에 기대어 먼 곳을 바라보며 마음의 소리를 들었다. 사방 먼 곳의 무량한 비애, 고뇌, 영락, 사멸이 이 정적 속으로 섞여 들어 색을 보태고 향기를 보태 그것을 약술로 만들어 놓은 듯하였다. 그때, 나는 글을 쓰려 하였으나 쓰지 못했다. 쓸 길이 없었다." 루쉰, 「어떻게 쓸 것인가」 『삼한집』(루쉰전집 5), 김하림 옮김, 그린비, 2014, 270쪽

카프카의 글쓰기를 가능하게 한 것은 글을 쓸 수 없다는 불가능성, 즉 어떤 언어로도 글을 쓸 수 없었던, 프라하의 유태인이 처해 있는 '막다른 골목'이었다. 그러나 아무것도 쓸 수 없다는 그 사실이 카프카로 하여금 다른 글쓰기를, 다른 표현을 모색하게 만들었다. 하여 유태인 카프카는 체코어를 쓰는 대신, 또 문법적인 독일어나 대중적인 지방어를 구사하는 대신, 문학적 표현능력을 거의 상실한 건조한 독일어로 글을 썼다. 무엇을 위해? '외마디'를 위해, 자신을 둘러싼 배치에 미세한 균열을 낼 수 있는 아주 작은 외침을 위해! 그 결과, 카프카의 글쓰기는 특정한 의미작용으로부터 끊임없이 미끄러지고 분기(分岐)하고 증식한다. 단조롭고 무미건조하지만 강밀하다.

루쉰 역시 글을 쓸 수 없는 상황에서 『들풀』 서문을 썼다. 『들풀』에 실린 글들 역시 하나의 의미로 포착되지 않는다. 글들을 읽을 때마다 입안에서는 모래가 서걱거리고, 피부는 쩍쩍 갈라진다. 쓰인 것들이 침묵보다도 더 고요한가 하면, 말줄임표와 행간의 여백은 어떤 외침보다도 크고 날카롭다. 나는 그럴 때마다 가슴이 쿡쿡 찔리고 온몸이 욱신거리면서도, 묘한 해방감을 경험한다.

"침묵하고 있을 때 나는 충실함을 느낀다. 입을 열려고 하면 공허함을 느낀다.
지난날의 생명은 벌써 죽었다. 나는 이 죽음을 크게 기뻐한다. 이로써 일찍이 살아 있었음을 알기 때문이다. 죽은 생명은 벌써 썩었다. 나는 이 썩음을 크게 기뻐한다. 이로써 공허하지 않았음을 알기 때문이다.
(……)
하늘 땅이 이렇듯 고요하니, 나는 크게 웃을 수도 노래할 수도 없다.

하늘 땅이 이렇듯 고요하지 않더라도, 마찬가지일지 모른다. 나는 이 들풀 무더기를, 밝음과 어둠, 삶과 죽음, 과거와 미래의 경계에서, 벗과 원수, 사람과 짐승, 사랑하는 이와 사랑하지 않는 사람 앞에, 증거 삼아 바치련다.

나 자신을 위해서, 벗과 원수, 사람과 짐승, 사랑하는 이와 사랑하지 않는 사람을 위해서, 나는 이 들풀이 죽고 썩는 날이 불같이 닥쳐오기를 바란다. 그러지 않는다면 나는 생존한 적이 없는 것으로 될 것이며, 이는 실로 죽는 것, 썩는 것보다 훨씬 불행한 일이기 때문이다."루쉰, 「제목에 부쳐」

『들풀』(루쉰문고 05), 9~10쪽

역설적이게도, 모든 생(生)은 죽음을 통해서야 자신이 '살아 있었음'을 증명한다. 글이란 이미 사라진 것 혹은 사라지려 하는 것들을 고집스럽게 붙들려는 시도라는 점에서 죽음과 관계하고 있는 것. 왜 글을 쓰는가? 쓸 수 없기 때문이다. 그러나 살지 않으면 죽을 수 없는 것과 마찬가지로, 쓰지 않고서는 '쓸 수 없음'에 대해 말할 수 없다. 언어는 끝내 침묵을 이길 수 없지만, 언어만이 그 침묵을 드러낼 수 있다. 하여, 침묵 역시 공허하다, 언어가 공허한 것과 마찬가지로. "나는 계속 갈 수 없다, 그러므로 나는 계속 갈 것이다."사무엘 베케트, 『이름 붙일 수 없는 자』, 전승화 옮김, 워크룸프레스, 2016, 198쪽

『들풀』을 읽는 독자들 역시 루쉰의 그 '충일한 침묵'을 마주할 수 있어야 한다. 동시에 '언어의 공허함'을 절감할 수 있어야 한다. 무엇보다도, 침묵과 언어를 넘어 루쉰이 투시한 생사(生死)의 동시성에 가닿을 수 있어야 한다.

무지(無地), 생(生)의 긍정을 위한 대지

『들풀』에 실린 글 다수는 꿈 이야기다(「죽은 불」, 「개의 힐난」, 「잃어버린 좋은 지옥」, 「빗돌 글」, 「무너지는 선의 떨림」, 「죽은 뒤」). 꿈들은 편안하지 않다. 아니, 현실보다 잔혹하다. "황량한 벌판" 혹은 "지옥의 가장자리"인 꿈속에서 루쉰은 자신의 주검과 얼어붙은 불을 보고, 능욕당하는 여인의 "낱말이 없는 언어"를 듣고, 개에게 비웃음을 산다. 가까스로 꿈에서 깨어나지만, 현실은 꿈만큼이나 참혹하다. 맞다. 참혹한 현실 속에서 아름다운 꿈을 꾼다는 건 허위다. 루쉰은 꿈으로조차 이상세계를 갈망하는 법이 없다. 이토록 투철한 리얼리즘이라니!

　　인간의 삶이란 앞으로 가든 뒤로 가든 매한가지다. "명분이 없는 곳이 없고, 지주가 없는 곳이 없으며, 추방과 감옥이 없는 곳이 없고, 겉에 바른 웃음이 없는 곳이 없고, 눈시울에 눈물 없는 곳이 없다."_{루쉰, 「길손」, 『들풀』} (루쉰문고 05), 49쪽 그럴진대, 과거를 그리워하거나 미래를 꿈꾸는 건 한낱 망상이다. 그것이 설령 암흑뿐일지라도 '지금 여기'를 살아갈 수밖에 없는 것. 이 지점에서 루쉰은 이쪽과 저쪽의 양단(兩端) 모두를 초월한다. 삶과 죽음, 밝음과 어둠, 희망과 절망 그 어떤 쪽에도 붙들리지 않고 무지(無地)에 선다.

　　"동무, 나는 그대를 따르고 싶지 않소. 나는 머무르지 않으려오.
　　나는 원치 않소!
　　오호오호, 나는 원치 않소. 나는 차라리 무지(無地)에서 방황하려 하오.

　　내 한낱 그림자에 지나지 않소만, 그대를 떠나 암흑 속에 가라앉으려 하오. 암흑은 나를 삼킬 것이나, 광명 역시 나를 사라지게 할 것이오.

그러나 나는 밝음과 어둠 사이에서 방황하고 싶지는 않소. 나는 차라리 암흑 속에 가라앉겠소. (……)

나 홀로 먼 길을 가오. 그대가 없음은 물론 다른 그림자도 암흑 속에는 없을 것이오. 내가 암흑 속에 가라앉을 때, 세계가 온전히 나 자신에 속할 것이오."루쉰, 「그림자의 고별」, 『들풀』(루쉰문고 05), 16~18쪽

밝음과 어둠 사이에서 방황하는 한 그림자는 그림자일 뿐이다. 그림자가 그림자를 벗어날 수 있는 길은 단 하나, 사라지는 것이다. 사라져 갈 그곳이 암흑인지 광명인지는 중요치 않다. 사라진다는 것, 사라짐[無]으로써 세계 자체가 된다는 것이 중요하다. 그것만이 그림자 자신의 해방인 동시에 '벗-그대'의 해방이다. 그러므로 멈추지 말 것, 사라질 때까지.

인간은 갖가지 외투 아래 자신의 무상(無常)을 감추고 있다. "자선가, 학자, 문인, 원로, 청년, 아인(雅人), 군자"들의 외투에 수놓인 "학문, 도덕, 국수, 민의, 논리, 공의, 동방문명"… 이 '외투'에 속아 넘어가선 안 된다. 전사(戰士)는 무상(無常)을 투시해야 한다. 전선(戰線)은 계속 바뀌고, 그때마다 투창을 겨눌 상대가 달라지기 때문이다. 그러므로 전사의 싸움은 영구적이다. 그런 그에게 혁명의 성공이나 실패는 없다. 자칭 '혁명가'들이 혁명의 성공에 달큰하게 취해 있을 때, 혹은 혁명의 실패에 좌절해 있을 때, 전사-루쉰은 홀로 투창을 든다. 혁명은 계속되어야 하기 때문이다. 따지고 보면 세상에 '성공한 혁명'이라는 것이 있기나 하던가. 혁명의 성공을 말하는 혁명가들은 모두 가짜다. 모든 혁명은 실패하기 마련이고, 따라서 실패한 혁명에 좌절하는 것도 반혁명적이긴 마찬가지다. 혁명은 무지(無地)를, 길 없는 사막을 끝없이 걷는 일이다. 사막에 널린 무수한

주검들을 마주하며, 죽음 뒤로 이어질 생명을 위해, 스스로의 죽음을 향해 걷고 또 걷는 일이다.

　루쉰은 민중과 동떨어진 채 '관념의 혁명'을 꿈꾸는 지식인들을 증오하는 동시에 지식인들의 자족적 '민중주의'를 경계했다. 민중은 결코 그 자체로 선(善)일 수 없다. 철두철미한 자각(自覺)이 이루어지지 않는 한, 민중이든 지식인이든 그저 '아Q의 무리'일 뿐이다. 루쉰은 동냥하는 아이에게 보시하지 않는다. 동냥하는 것밖에 모르는 동냥치를 미워하고 의심한다. 그리고 결심한다. "나는, 무위와 침묵으로 동냥하리라!… 나는 적어도, 허무는 얻을 것이다."루쉰,「동냥치」,앞의 책, 20쪽

　무(無)를 통찰하는 자만이 자유로울 수 있다. 생사를 넘어서는 자만이 비로소 생사를 긍정할 수 있다. 무지(無地)를 직시하는 자만이 제 걸음으로 작은 길이나마 낼 수 있는 것이다. "제가 기억을 할 수 있을 때부터 저는, 혼자였습니다. 제 본래 이름이 무엇인지, 저는 모릅니다. (……) 기억을 할 수 있을 때부터 저는, 이렇게 걷고 있었습니다, 어디론가 가려고. 그곳은, 앞입니다. 먼 길을 걸었다는 것만 생각납니다. 지금 이곳에 와 있지요. 저는 인차 저쪽 앞쪽!으로, 계속해서 걸어, 갈 것입니다."루쉰,「길손」,앞의 책, 48쪽

　『들풀』은 무(無)와 죽음을 경유해 오롯하게 생을 긍정하는 '길'로서의 글이다.

함께 살아가지 않으면 안 된다

다시, 루쉰이 이른 곳은 '여기'다. "굶주림, 고통, 놀람, 수치심, 기쁨 (……) 그리움과 결별, 애무와 복수, 양육과 멸절, 축복과 저주"루쉰,「무너지는 선의

떨림」,『들풀』(루쉰문고 05), 69쪽로 가득한 현실. 그곳에는 총명한 자와 바보와 종이 산다. 종은 신세타령을 늘어놓으며 위로를 구하고, 총명한 자는 눈물을 흘리며 종을 동정한다. 바보는 종의 신세를 듣고 분개하여 종을 위해 창을 내주려 집을 부수지만 결국 그 종에게 쫓겨난다. 이게 루쉰이 서 있는 현실이다. 동정을 구걸하는 노예와 동정을 선물하는 노예, 그리고 관념적 민중주의에 사로잡힌 또 다른 노예가 공존하는 세계. 자, 이제 무엇을 할 것인가?

루쉰은 "슬그머니 인류를 피 흘리게 하면서도, 핏빛을 영원토록 선명하게 할 용기는 없는", "슬그머니 인류에게 괴로움을 주면서도, 인류가 영원히 그것을 기억하게 할 용기는 없는" 비겁한 조물주를 고발한다. 그것은 조물주의 세계다. 우리는 모든 것이 생겨나고 또 슬그머니 사라지는 이 인과의 세계를 부정할 수는 없다. 그러나 모든 것이 무상한 세계에서는 그 인과조차 결정적일 수 없기에, 우리는 그 불확정성의 틈으로 도주로를 만들어 내야 한다.

> "반역의 맹사가 인간 세상에 출현한다. 그는 우뚝 서서, 이미 달라졌거나 예전과 다를 바 없는 폐허와 무덤을 뚫어본다. 깊고 넓은, 오래된 고통 일체를 기억하고, 겹겹이 쟁여지고 웅어리진 피를 직시한다. 죽은 것, 태어나고 있는 것, 태어나려는 것, 태어나지 않는 것 일체를 속속들이 안다. 그는 조물주의 농간을 간파하고 있다. 그가 떨쳐 일어나, 인류를, 소생시키거나 소멸되게 할 것이다. 이들 조물주의 착한 백성들을." 루쉰, 「빛 바랜 핏자국 속에서」, 앞의 책, 90쪽

직시하고 기억하라. 망각에 저항하라! 하여, 쓸 수밖에 없는 것.

외마디를, 신음을, 외침을.

"절망이 허망한 것은 희망과 마찬가지이다." 「희망」의 그 유명한 구절이다. 어두운 슬픔과 암흑. 그러나 이 막다른 길에서 루쉰의 사유는 전회(轉回)한다.

> "전에는 내 마음도 피비린내 나는 노랫소리로 가득하였다. 피와 쇠붙이, 화염과 독기, 회복(恢復)과 복수. 헌데 문득 이런 모든 것이 공허해졌다. 때로는, 하릴없이, 자기기만적 희망으로 그것을 메우려 하였다. 희망, 희망, 이 희망의 방패로 공허 속 어둔 밤의 내습에 항거하였다. 방패 뒤쪽도 공허 속 어둔 밤이기는 마찬가지이건만. (……)
> 그렇지만 지금, 별도 없고 달도 없다. 말라 죽은 나비도, 웃는 것의 막막함도, 사랑의 춤사위도 없다. 그러나, 청년들은 평안하다.
> 나는 몸소 이 공허 속의 어둔 밤과 육박하는 수밖에 없다. 몸 밖에서 청춘을 찾지 못한다면 내 몸 안의 어둠이라도 몰아내야 한다. 그러나, 어둔 밤은 어디 있는가? 지금 별이 없고, 달빛이 없고, 막막한 웃음, 춤사위치는 사랑도 없다. 청년들은 평안하고 내 앞에도, 참된 어둔 밤이 없다." 루쉰, 「희망」, 앞의 책, 32~34쪽

"청년들이 의기소침한 데 놀라" 썼다는 글이다. 루쉰은 청년들을 사랑했다. 그들을 위해 자신의 모든 것을 기꺼이 내어주고자 했다. 청년들아, 나를 밟고 지나가라! 그러나 그 '청년' 또한 어쩌면 그 자신이 만들어 낸 환상은 아니었을까. 자신의 청춘이 소진되어 버린 것에 대한 회한이 "몸 밖의 청춘"에 대한 환상을 만들어 낸 것은 아닐까. '참된 암흑'이 없듯이, 암흑을 몰아낼 '참된 청춘'도 없다. 그럴진대 대체 무엇을 기대하고

무엇에 실망한다는 것인가. 루쉰은 자신의 실망을 의심한다.

이제 길은 하나다. "몸소 이 공허 속의 어둔 밤과 육박하는" 것. 불은 재가 될 때까지 타올라야 하고(「죽은 불」), 이제 막 태어난 아이는 '반드시 죽을 것'이라는 덕담에 귀기울여야 하며(「입론」), 잎은 "봄 뒤에 의연히 가을이 올 것이라는" 꿈을 품어야 한다(「가을밤」). 청년에겐 청년의 청춘이, 노년에겐 노년의 청춘이 있는 것. 우리는 모두 각자의 현재를, 각자의 청춘을 살아야 한다.

사방이 먼지요 천지가 암흑이지만, 그래도 루쉰은 잊지 않는다. 우리는 어떻게든, 이 지옥 같은 세상에서, 서로 사랑하고 미워하면서, 상처를 받고 상처를 주면서, '함께' 살아가지 않으면 안 된다는 것을. "내가 인간 세상에 있음을, 인간 세상에서 살고 있음을" 잊어선 안 된다는 것을. 희망이 아니라 나고 죽고 썩는 삶 그 자체가 우리를 살게 한다는 것을.

1927년 출간작 『들풀』에 수록된 글들(뒤의 숫자는 글 작성 연도)

제목에 부쳐 1927

가을밤 1924

그림자의 고별 1924

동냥치 1924

나의 실연―옛것을 본뜬 신식의 통속시 1924

복수 1924

복수(2) 1924

희망 1925

눈 1925

연 1925

아름다운 이야기 1925

길손 1925

죽은 불 1925

개의 힐난 1925

잃어버린 좋은 지옥 1925

빗돌 글 1925

무너지는 선(線)의 떨림 1925

입론 1925

죽은 뒤 1925

이러한 전사 1925

총명한 사람, 바보, 종 1925

마른 잎 1925

빛바랜 핏자국 속에서―몇몇 죽은 자와 산 자, 아직 태어나지 않은 자를 기념하여 1926

일각 1926

6.
눈앞을 가리는
허위를 벗겨내다
루쉰의 『화개집』과 『화개집속편』

신근영

화개운을 만나다

『화개집』(華蓋集)과 『화개집속편』은 각각 루쉰이 출판한 두번째, 네번째 잡문집이다. 『화개집』은 1925년에 쓴 31편의 잡문들로 이루어져 있으며, 주로 베이징여자사범대학 사건과 관련되어 있다. 반면 『화개집속편』에는 1926년과 1927년 초의 잡문 33편이 수록되어 있으며, 1926년의 3·18 사태가 주를 이룬다. 한편, 『화개집속편』은 그 안에 '화개집속편의 속편'을 담고 있는데, 이 둘을 가르는 것은 베이징과 샤먼이라는 공간적 차이다. 루쉰은 1926년 8월 샤먼으로 내려가는 길에서 쓴 「상하이에서 보내는 편지」를 마지막으로 『화개집속편』을 마무리하고, 그 이후 샤먼에서 쓴 몇 편의 글들을 '화개집속편의 속편'으로 따로 묶었다. 시간과 공간, 나아가 다루고 있는 주요 사건의 차이에도 불구하고, 『화개집』과 『화개집속편』은 일련의 연속성을 갖는다. 이 둘을 하나로 묶어 주는 배경에는 '화개운'이 있다. 화개란 제왕의 수레덮개다. 하여 화개운을 만난 승려나 예술가는 제왕처럼 높고 빛나는 자리에 오른다고 한다. 그러나 세속의 사람들에게 화개운은 흉한 운이다. 세속의 일상을 살아가는 데 화개는 거추장스러운 짐이 된다는 역설. 크고 화려한 덮개가 눈앞을 가려 장애에 부딪히게 만드는 것, 그것이 화개다. 이런 화개가 루쉰에게 씌워진 것이다.

화개의 속임수

루쉰을 덮은 화개는 문인, 학자, 또는 사상계의 선구자 등등의 것들이었다. 물론 루쉰에게 이런 수식어가 붙는 것이 특별히 이상한 일이라고 할 수는 없다. 「아Q정전」을 비롯해 그가 발표한 소설들은 일찌감치 크게 주목을 받았고, 『중국소설사략』과 『한문학강요』 등은 학자로서의 면모를 여지없이 보여 주었으며, 잡지나 신문에 실린 시국에 대한 논평들은 많은 이들에게 반향을 일으켰다. 그럼에도 루쉰은 자신에게 붙은 그 수식어들을 몹시 불편해했다. 이는 단순한 겸손 때문만은 아니었다.

학자나 문인이라는 화개는 정인군자를 중심으로 한 학자들과 문인들이 루쉰을 공격하기 위해 쓴 수단이었다. 물론 누구든 자신과 의견이 다른 사람을 비판하고 공격할 수 있다. 그러나 그들이 사용한 그 화개의 전술은 교묘하고 기만적이었다. 우선 그들은 루쉰을 존경해 마지않는 학자, 훌륭한 문인이라고 치켜세운다. 이렇게 일단 화개를 씌우고 나면 그들의 본론이 시작된다. 루쉰이 그런 화개에 걸맞지 않은 행동을 해서 실망스럽고 안타깝다는 것이다. 그들은 짐짓 공정한 평가를 하는 듯,

심지어 루쉰을 아낀다는 듯한 투로 점잔을 빼며 말했지만, 그 숨은 뜻은 분명했다. 자신들의 구미에 맞는 학자나 문인이 되라는 것, 아니면 적어도 입 다물고 조용히 있으라는 것, 그렇지 않으면 당신은 "학계의 악당"이나 "비적"이라는 것.

> "만약 첫머리에서 저를 무슨 '학자'니 '문학가'라 일컫는 사람이라면, 그 다음에는 틀림없이 욕설을 퍼붓습니다. 저는 그제야 깨달았습니다. 이게 그들이 공공연히 쳐 놓은 교묘한 계략이자 정신의 족쇄라는 걸 말입니다. 일부러 당신을 '남과 다르다'고 정해 놓고서는 다시 이것을 빌려 당신의 언동을 속박함으로써, 그들의 낡은 생활에 대해 당신이 미칠 위험성을 없애 버리는 거지요."루쉰, 「통신」, 『화개집』(루쉰전집 4), 이주노 옮김, 그린비, 2014, 50쪽

정인군자 무리들이 쓰는 이런 화개의 전법은 중국의 오랜 속임수다. 중국의 무능한 옛사람들은 남을 부리는 기발한 방법을 생각해 냈는데, 그것은 억누르는 게 되지 않으면 떠받드는 것이다. "그런데 떠받드는 것 역시 억누르는 수단의 일종으로, 네가 이래야지 만약 그렇지 않으면 너를 내동댕이칠 것이라는 뜻을 넌지시 내비치는 것이다."루쉰, 「나의 '본적'과 '계파'」, 앞의 책, 120쪽 정인군자 무리들 역시 이 기발한 방법을 써먹고 있었던 것이다.

하지만 루쉰에게는 속임수가 통하지 않았다. 그것은 루쉰이 속임수를 간파하는 특별한 안목을 가졌기 때문이 아니라, 진심으로 그 자신을 대단한 칭호를 받을 만한 인물로 생각하지 않았기 때문이었다. 그렇기에 그런 칭호에 따라붙는 존경의 말 역시 자기 몫이 아니라고 생각했던 것. 루쉰은 스스로를 가리켜 고상하지도, 위대하지도 않으며, 세상일에 통달해 공명정대한 식견을 가진 그런 인물이 아니라고 했다. 자질구레한

일에 매달려 "땅 위에 있으면서 사소한 상처조차 제때 치유하지 못해" 끙끙거리면서 "마치 물에 젖은 작은 벌처럼 진흙 위에서 이리저리 기어다닐 뿐"이었다. 요컨대, 세속의 삶을 하루하루 살아가는 그렇고 그런 보통의 사람인 것이다.

이런 자신에게 제멋대로 존경스러운 학자와 문인이라는 화개를 씌워 놓고 겁박 비슷한 것을 해대며 공격을 퍼붓고 있으니, 이야말로 세속의 사람이 화개운을 만난 형국이 아닐 수 없었다. 루쉰은 이 화개운 앞에서 말한다. "안타깝게도 나는 남의 뒤꽁무니를 따라다니는 짓은 참지 못하는지라, 부득불 누구든 까닭 없이 내게 보내 준 '존경'을 우선 삼가 되돌려 줄 수밖에 없다."루쉰, 앞의 글, 119쪽

적의 화살로 적을 쏘다

루쉰은 뜻하지 않은 화개운으로 여러 고초를 겪었다. 하지만 어쩌면 더 큰 고초를 겪은 쪽은 루쉰에게 공격을 날리던 이들이었을 것이다. 화개운에 가만히 당하고 있을 루쉰이 아니었다. 화개의 전법을 쓰며 덤벼드는 논적들에게 루쉰이 웅대한 싸움의 기술은 적이 날린 화살을 다시금 적에게 되돌려 주는 것이었다. 그것도 더 깊이, 더 치명적으로.

정인군자의 대표격인 천시잉(陳西瀅)과 첫번째 논전을 펼친 「결코 한담이 아니다」에는 루쉰 특유의 전술이 잘 드러난다. 이 논전의 발단이 된 것은 여사대의 교장인 양인위(楊蔭楡)가 몇몇 교수들을 모아 호텔에서 회식을 한 일이었다. 그저 밥이나 한 끼 먹고 헤어지는 것이었다면 무슨 큰 문제가 되었겠는가. 하지만 양인위는 그 자리에서 학생자치회 여섯 명의

제적을 결정하고 이틀 후 이를 공표했다. 이 사태를 두고 볼 수 없었던 교원들은 양인위의 결정에 반대하는 선언을 발표했다. 거기에는 루쉰도 들어 있었다. 그러자 천시잉이 그 선언에 대한 자신의 의견을 표명했다.

천시잉은 먼저 뜬소문을 내세웠다. "베이징 교육계에서 가장 큰 세력을 차지하고 있는 어느 본적에 어느 계파 사람이" 학생들을 배후조종하고 있다는 것이었다. 천시잉이 이런 뜬소문을 내세워 가리키는 사람은 루쉰이었다. 그는 이런 뜬소문에 안타까움을 느끼지만, "우리가 평소에 존경에 마지않는 사람"이 그런 짓을 할 리가 없다며 은근슬쩍 한 발을 뺀다. 그리고 이어지는 반전. 천시잉은 그렇게 뜬소문을 믿지 않으려 했건만, 선언서를 읽어 보니 "결국은 편파적"이어서 안타깝다는 것이다. 빙빙 둘러 이야기했지만, 천시잉의 결론은 그 뜬소문이 맞았다는 것.

이 의뭉스러운 천시잉에게 루쉰이 던진 첫번째 말은 자신도 천시잉과 똑같이 "안타깝다"는 것이었다. 천시잉 같은 학자가 뜬소문 따위에 솔깃해서 마음이 흔들려 안타깝다 하니, 이야말로 안타까운 일이 아니겠느냐는 소리였다. 그런데 천시잉이 "항상" 들어온 뜬소문과 루쉰이 "간혹" 들었던 뜬소문은 달랐다. 그러고 보면 "뜬소문도 갖가지여서, 어떤 종류의 뜬소문은 어떤 종류의 귀로 쏙쏙 들어가 어떤 종류의 붓 아래에 쓰여지는 것임을 알 수 있다". 뜬소문 운운하기 전에, 그런 뜬소문이 왜 유독 자기 귀에만 들어오는지 자기 마음부터 들여다보라는 것이다.

루쉰은 "결국 편파적"이라는 천시잉의 말에 대해서도 '편파적'이라는 것이 무엇인지 되물으며 청나라 벼슬아치 이야기를 꺼낸다. "청조의 벼슬아치들은 재판을 할 때 흔히 양측 모두에게 곤장 500대를 내리고 사건을 종결지었다. 이렇게 하면 '편파적'이라는 혐의는 없어졌겠지만, 끝내 멍텅구리 신세를 면치 못한다." 설마 천시잉이 입에 달고 사는 그 공리라는 게 이런 멍텅구리 짓은 아닐 터. 그렇다면 천시잉 역시 "시비를 가릴 줄 아는" 사람일 것이고, 아무리 뜬소문을 들먹이며 불편부당함을 내세워도 "눈썰미가 있는 사람은 그가 은근히 어느 한쪽에 '편파적'이라는 것을 알아차릴" 수밖에 없다. 그러니 공리를 내세우는 것은 "음험함과 비열함을 드러낼 뿐"이다.

공리를 내세워 음험하게 자신의 의견을 피력하는 천시잉에게 되돌려준 루쉰의 결정타는, 천시잉이 여사대를 "냄새나는 측간"에 비유하면서 이를 "누구나 청소할 의무가 있다"고 얘기한 지점에서 터진다. 천시잉은 여사대 사건을 학계에서 벌어져서는 안 되는 꼴사나운 일이라고 생각했다. 그래서 그는 교육당국에게 이 일을 해결해 줄 것을 요청했던 것이다. 하지만 교육당국이란 양인위의 편에 서 있다. 그렇다면 그 청소 역시 편파적일 수밖에 없다. 루쉰은 이런 천시잉에게 냄새나는 측간을 근본적으로 청소하는 방법을 알려 준다.

"그러나 학교가 "냄새나는 측간"으로 변한 것은 어쨌든 "호텔에 교원을 소집한" 뒤의 일이다. 취하도록 술을 마시고 배불리 밥을 먹으면, 측간이 필요해지는 것은 당연하다. 시잉 선생은 "교육 당국"이 청소해 주기를 바랐지만, 나는 청소하기 전에 먼저 호텔을 봉쇄해야 한다고 생각한다. 그렇지 않으면 취하고 배부른 뒤에 꼭 똥을 누어야 하니, 측간은 영원히 필요할 텐데, 어떻게 말끔히 청소하겠는가? 게다가 아직 청소하기도 전에 벌써 "뜬소문"이 돌지 않는가? 뜬소문의 힘은 똥도 빛나게 하고, 구더기도 성스러운 것으로 만들 수 있으니, 청소부가 어찌 손을 댈 수 있겠는가? 지금 청소부가 있는지의 여부는 잠시 접어 두기로 하자."루쉰, 「결코 한담이 아니다」, 『화개집』(루쉰전집 4), 115쪽 루쉰은 천시잉의 냄새나는 측간과 청소를 천시잉에게 고스란히 되돌려 주었다. 냄새나는 측간? 좋다! 그런데 어떻게 학교가 냄새나는 측간이 되었을까? 그건 양인위의 회식자리에서 배불리 먹은 자들이 똥을 쌌기 때문이다. 청소? 좋다! 그런데 아예 청소할 일을 만들지 않는 게 어떨까? 그런 음험한 회식 자체를 봉쇄해서 말이다. 하지만 지금 당장 필요한 청소는 해야 하지 않겠느냐고? 좋다! 하지만 천시잉 당신 같은 이들이 뜬소문으로 똥과 구더기를 가리고 있으니, 어떤 청소부가 더러운 것을 제대로 가려내 청소할 수 있을까. 이쯤 되면 천시잉의 내상은 무척이나 깊었을 것이다.

적의 화살을 사용하는 적에게 되돌려 주는 루쉰의 논법은 단순한 말꼬리 잡기가 아니다. 루쉰은 우리의 시선을 돌리게 만들고, 사건의 본질을 왜곡시키는 화살의 허위적 면모를 낱낱이 드러내어 적의 공격을 무력화시킨다. 그러고는 그 화살을 주어 들어 적을 향해 쏜다. 그것은 화살을 쏜 이가 자기 스스로를 보게 하기 위해서다. 화살 뒤에서, 화살을 쏘는 자신의 속내가 무엇인지를 똑똑히 바라보라는 것. 그렇게 화살은 제 주인의 가슴팍에 깊이 꽂힌다.

대의명분 뒤에 숨긴 마음

누구든 자신이 원하는 바가 있기 마련이다. 그리고 그 원하는 바를 얻기 위해 애쓰는 것 역시 자연스러운 일이다. 하지만 어떤 이들은 원하는 바를 그대로 취하지 않고, 무언가로 그것을 가린다. 이를테면 도덕이나 공리, 또는 국력 따위의 대의명분이 그런 가림막이 된다. 이 가림막의 효과가 무엇인지는 「희생의 계책—'귀화부' 실경실경장 제13」(이하 「희생의 계책」)이란 글에 적나라하게 나온다.

한 편의 콩트인 「희생의 계책」은 한 남자가 길에서 우연히 거지를 만나면서 시작된다. 처음에 이 남자는 그런 마주침이 달갑지 않은 듯 인상을 쓴다. 하지만 이는 잠시 잠깐, 곧 표정을 바꿔 반갑게 말을 건넨다. "아이구, 이런 몰라봤습니다! 알고 보니 우린 동지이군요." 거지가 알고 보니 동지라고? 천만의 말씀이다. 그 남자는 거지와 일면식도 없다. 그럼에도 이런 반응을 보이는 것에 갸우뚱할 즈음, 밑도 끝도 없이 나오는 남자의 말. "아아! 당신은 무엇이든 다 희생했군요? 정말 존경스럽습니다. 제가 가장 탄복하는 건 뭐든 희생하는 겁니다. 동포를 위해, 조국을 위해, 제가 줄곧 하려고 했던 일이 바로 이런 일입니다."루쉰, 「희생의 계책」, 『화개집』(루쉰전집 4), 60쪽 오호라, 동포와 조국을 위해 희생한다는 점에서 동지라는 것이구나. 그런데 왜? 거지가 어떤 희생을 했길래? 이유는 간단하다. 거지가 헤진 바지만 입은 채 헐벗어 있다는 것.

얼핏 보기엔 앞뒤 없는 이 이야기가 영 이해가 되지는 않지만, 이 부분은 일단 차치하고 그럼 그 남자 역시 거지처럼 행색이 초라한가 하고 보면, 전혀 그렇지가 않다. 그 남자는 딱 봐도 호사스러움 그 자체다. 허나 그 호사스러움에는 나름의 이유가 있다는 남자. 세력과 이익을 좇는 사회에서 당신처럼 헤진 바지만 입어서는 신뢰를 얻지 못해 사회개혁을 위한 활동을 제대로 할 수 없다는 것이다. 아무래도 앞뒤가 맞지 않는 이야기다.

이런 식의 대화는 계속해서 이어진다. 남자는 아흐레 동안 밥을 먹지 못했다는 거지를 청렴하기 그지없다고 치켜세운다. 그러더니 뜬금없이 밀린 월급을 요구하는 교수들 얘기를 꺼내고는, 학자가 돼서 이렇게 나라가 어려운 시기에 당신처럼 희생의 모범을 보이는 못할망정 물질에 중독되어 있다며 개탄의 소리를 내뱉는다. 그러고는 기력이 없다는 거지에게 희생을 하더라도 자기 건강은 자신이 돌봐야 한다며 한 발 빼는 남자. 여기에 덧붙여 자신의 피둥피둥한 얼굴을 호강 때문이라고 오해해서는 안 되며, 정신수양을 잘한 덕분이라는 이야기. 한바탕 이런 얼토당토않은 설을 풀던 남자는 드디어 자신의 속내를 드러내기 시작한다. "그대가 무엇이든 몽땅 희생했다는 건 어쨌든 대단히 탄복할 만한 일입니다만, 애석하게도 남아 있는 바지 하나가 장래 역사에 옥의 티가 될지도 모르겠군요….".루쉰,「희생의 계책」,『화개집』(루쉰전집 4), 62쪽

남자의 관심은 희생도, 청렴도 아닌, 거지가 입고 있던 그 헤진 바지다. 하나 남은 그 바지가 당신의 희생에 오점이 된다는 것이다. 그래서 그 남자는 자신이 그 희생을 완전하게 만들 방법을 알려주겠다고 나선다.

방법은 간단하다. 우리집에 어린 계집종이 있는데, 마침 바지가 없다. 그러니 그 아이에게 바지를 줘라. 하지만 내가 직접 그 바지를 들고 갈 수는 없다. 남들이 혹 그 모습을 오해해 우리의 희생주의 선전에 지장을 줄 수 있기 때문이다. 그러니 당신이 직접 가야 한다. 걸을 기력도 없다고? 그럼 기어가라. 단, 무릎이 아닌 발끝으로 기어가야 한다. 바지가 쓸려서 더 헤지면 바지를 못 쓰게 되고, 그러면 당신의 희생이 물거품이 될 수 있으니 말이다. 마지막으로 바지를 건네주고 나면, 곧바로 우리집을 떠나야 한다. 아흐레나 먹지 못한 당신이 행여 우리집에서 사고라도 나서 골치 아픈 일이 생기면, 나는 사회에 봉사할 귀중한 시간을 뺏기게 되니 말이다.

한마디로 '헐~'이다. 물론 이 글은 콩트고, 풍자를 위해 과장된 면이 없지 않다. 그렇지만 그저 웃고 넘어갈 수만도 없는 건, 그 안에 진실이 들어 있기 때문이다. 「희생의 계책」에 나오는 남자는 희생을 제1의 가치로 내세우지만, 정작 자신은 눈꼽만큼의 희생도 하려 하지 않는다. 오히려

희생이란 대의명분으로 거지에게 하나 남은 바지마저 빼앗으려 든다. 이것이 대의명분을 떠드는 대부분의 자들의 실상이다. 희생을 외치나 그 희생에서 자신은 쏙 빠져 있고, 공리를 외치나 그 공리에서 자신은 쏙 빠져 있는 것.

그렇다면 이들은 왜 자신이 하지도 않을 그런 대의를 굳이 소리 높여 말하는 것일까? 탐심 때문이다. 자신은 어떤 대가도 치르지 않고 온전히 자신의 것을 지키면서 원하는 바를 얻고자 하는 것, 더욱이 맞서 싸워 원하는 것을 얻어 낼 자신도 없을 때 발동하는 것, 그것이 탐심이다. 대의명분은 이를 위한 술책이다. 대의명분이란 가림막은 그들의 요구를 공평무사한 것으로 둔갑시키며 정당성을 부여한다. 그러면 이제 손 안 대고 코 푸는 일만 남았다. '대의를 위해 당신의 것을 내어 놓아라. 대의에 맞지 않으니 조용히 입다물고 있어라.' 설령 이런 말들로 원하는 바를 얻지 못해도 별로 손해 볼 것은 없다. 대의를 저버린 천하의 몹쓸 놈으로 만들어 버리면 되니까.

그래서였을까. 루쉰은 유난스레 대의를 말하는 자들을 믿지 않았다.

"전부터 나는 국수가와 도덕가 무리의 통곡과 눈물이 진심이라고 믿지 않았다. 눈가에 구슬 같은 눈물을 뚝뚝 흘리더라도 그의 수건에 고춧물이나 생강즙이 적셔져 있는 것은 아닌지 검사해 봐야 한다고 생각한다. 국고를 보존한다느니 도덕을 진흥한다느니 공리를 유지한다느니 학풍을 정돈한다느니 등등 떠드는데 마음속으로 정말 이렇게 생각할까 싶다." 루쉰, 「즉흥일기 속편」, 『화개집속편』(루쉰전집 4), 박자영 옮김, 그린비, 2014, 410쪽

꽃이 없는 장미

루쉰은 화개의 화려하고 아름다운 모습에 속지 않았다. 존경스러운 학자나 문인이라는 칭호든, 희생과 공리 따위의 대의명분이든 루쉰은 그런 향기로운 말들이 가진 병폐를 잘 알고 있었다. 그렇기에 루쉰은 아름다움도, 향기로움도 버린다. 장미의 꽃을 꺾어 버리고 가시만을 남긴다. "꽃이 없는 장미", 그래서 남는 것이라고는 "모두 가시뿐인 살풍경", 이것이 『화개집』과 『화개집속편』이다.

루쉰은 지긋지긋할 정도로 꽃을 꺾으려 덤벼든다. 정인군자들을 끝까지 물고 늘어지며 그들이 쓴 허위의 가면을 벗겨 내는 것이다. 말 한마디 잘못했다가 뼈도 못 추리겠구나 싶게 집요하게 파고드는 루쉰. 그런 논전은 학자답지 못하며, 스승으로서의 체면도 깎이니 그만두라는 사람들도 있었다. 이에 대한 루쉰의 대답은 단호했다. "나는 아직 '그만둘' 수 없다!" 루쉰의 이런 집요함은 그 자체로 살풍경이다. 그렇게 루쉰이 벗긴 허위의 뒤에 남은 것은 정인군자들의 음험한 가시. 이 또한 살풍경이다.

굳이 그렇게 살벌해야 했는지라는 생각이 들기도 한다. 하지만 어쩌랴, 그것이 현실인 것을. 설사 꽃을 걷어 낸 자리에서 "발견한 것이 동포라고 여길 만한 것이 아닐지라도, 처음부터 다시 만들어 낼 수 있다. 설사 발견한 점이 깜깜한 어둠에 지나지 않을지라도 어둠에 맞서 싸울 수 있다".루쉰,「문득 생각나는 것(10~11)」,『화개집』(루쉰전집 4), 133쪽 그러니 그 살풍경이야말로 루쉰에게는 변화요, 희망이요, 변화의 희망이었다.

꽃을 꺾는 루쉰의 이런 작업은 그의 논적들에게만 해당되는 일이 아니었다. 꽃의 병폐는 자신이 애정을 갖고 있는 청년들에게도 있었다. 청년들 또한 너무 높은 이상 속에서 혁명의 모습을 그리고 있었던 것.

그렇기에 그들은 쉽게 상처받고 절망했다. 루쉰은 청년들에게 충고한다. "달리 꿍꿍이를 지닌 총명한 사람들은 차치하더라도, 성실한 대학생들 역시 커다란 잘못을 저지르고 있다고 나는 생각한다. 그것은 방관자들이 바라거나 냉소하듯, 처음부터 대단한 신통력을 지니고서 제 뜻대로 성공하리라고 너무나 쉽게 여긴다는 점이다. 환상이 너무 높이 날아오르면, 현실 위에 떨어질 때 그 상처가 유난히 깊고 심한 법이다." 루쉰, 「여백 메우기」, 앞의 책, 150쪽

혁명은 지난한 싸움들의 연속이고, 끝이 없는 살풍경들과 마주해야 하는 엄혹한 현실이다. 그러니 "마시지도 먹지도 않은 채 이레 동안 실행하거나, 혹은 통곡하고 눈물을 줄줄 흘리면서 한 달간 실행하느니" 공부도 하고, 연극구경도 하고, 연애도 하면서 "느리더라도 쉬지 않고 달"리는 길을 걸어가는 게 필요하다. 그렇다면 훗날 할머니는 전족으로 뒤뚱거리며 불편하게 걸어도 손녀는 타고난 발 그대로 신나게 뛰어놀 수 있을 것이고, 장모는 천연두로 얼굴이 얽어 있어도 우리는 우두를 접종받아 뽀얗고 부드러운 살결을 가진 부인을 얻을 수 있을 것이다. 혁명이란 이런 것이다. 그것은 단번에 도래하는 아름다운 천국이 아니다. 느리지만 쉬지 않고 싸워 나가는 것, 그래서 어린 소녀가 말짱한 발을 갖고 뛰어 놀 수 있고, 우두 자국 없는 부인을 얻을 수 있는 것 그 이상, 이하도 아니다.

루쉰은 자신의 논적들의 꽃도, 혁명의 뜻을 세운 이들의 꽃도 남김없이 꺾어 버렸다. 그러니 탐스럽고 향기로운 꽃을 좋아하는 이들에게 『화개집』과 『화개집속편』은 그리 좋은 책이 아닐 것이다. 하지만 "세상에는 모란꽃을 좋아하는 이가 가장 많겠지만 흰 독말풀이나 이름 없는 풀을 좋아하는 이"들도 있는 법. 『화개집』과 『화개집속편』은 그런 이들에게 루쉰이 바치는 가시만 남은 장미 두 송이였다.

1926년 출간작 『화개집』에 수록된 글들(뒤의 숫자는 글 작성 연도)

제기(題記) 1925

글자를 곱씹다(1~2) 1925

청년필독서(『징바오 부간』의 설문에 답하여) 1925

문득 생각나는 것(1~4) 1925

통신 1925

논변의 혼령 1925

희생의 계책('귀화부' 실경실경장 제13) 1925

전사와 파리 1925

여름 벌레 셋 1925

문득 생각나는 것(5~6) 1925

잡감 1925

베이징 통신 1925

스승 1925

만리장성 1925

문득 생각나는 것(7~9) 1925

'벽에 부딪힌' 뒤 1925

결코 한담이 아니다 1925

나의 '본적'과 '계파' 1925

글자를 곱씹다(3) 1925

문득 생각나는 것(10~11) 1925

여백 메우기 1925

KS군에게 답함 1925

'벽에 부딪힌' 나머지 1925

결코 한담이 아니다(2) 1925

민국 14년의 '경서를 읽자' 1925

평심조룡 1925

이것과 저것 1925

결코 한담이 아니다(3) 1925

내가 본 베이징대학 1925

자질구레한 이야기 1925

'공리'의 속임수 1925

이번은 '다수'의 속임수 1925

후기 1926

1927년 출간작 『화개집속편』에 수록된 글들(뒤의 숫자는 글 작성 연도)

소인(小引) 1926

참견과 학문, 회색 등을 같이 논함 1926

흥미로운 소식 1926

학계의 삼혼 1926

고서와 백화 1926

자그마한 비유 1926

편지가 아니다 1926

나는 아직 '그만둘' 수 없다 1926

부엌신을 보내는 날 쓰는 만필 1926

황제에 대하여 1926

꽃이 없는 장미 1926

꽃이 없는 장미(2) 1926

'사지' 1926

비참함과 가소로움 1926

류허전 군을 기념하며 1926

공허한 이야기 1926

이 같은 '빨갱이 토벌' 1926

꽃이 없는 장미(3) 1926

새로운 장미(그렇지만 여전히 꽃은 없다)
1926

다시 한번 더 1926

반능을 위해 『하전』의 서문을 쓰고 난 뒤
에 쓰다 1926

즉흥일기 1926

즉흥일기 속편 1926

즉흥일기 2편 1926

'월급 지급'에 관한 기록 1926

강연 기록 1926

상하이에서 보내는 편지 1926

화개집속편의 속편

샤먼 통신 1926

샤먼 통신(2) 1926

「아Q정전」을 쓰게 된 연유 1926

『삼장법사 불경 취득기』 등에 대해서
1926

이른바 '사상계의 선구자' 루쉰이 알리는
글 1926

샤먼 통신(3) 1926

바다에서 보내는 편지 1927

7.
도망자=루쉰이
'옛일'을 대하는 특별한 품격
루쉰의 『아침 꽃 저녁에 줍다』

문성환

1926년, 베이징, 샤먼

루쉰에게 1926년은 특기할 만하다. 중국 근현대사 어느 한 해라도 큰 사건·사고가 없던 해는 없었지만, 1926년은 루쉰이 '민국 이래 가장 어두운 날'이라고 표현했던 3·18참사(군벌에 의해 베이징 민간인들이 학살당한 사건. 이 사건에서 루쉰에게 배우던 두 명의 베이징여자사범대학 학생이 목숨을 잃었다)가 발생한 참담한 시기였기 때문이다. 더불어 루쉰은 이 사건의 배후로 지목되어 도피자가 되었다. 결국 루쉰은 14년간의 베이징 생활을 접고 남쪽의 샤먼으로 도주한다.

『아침 꽃 저녁에 줍다』(朝花夕拾)에 수록된 열 편의 글은 이러한 저간의 사정 위에서 쓰여졌다. 「개·고양이·쥐」와 「키다리와 『산해경』」은 각각 1926년 2월과 3월 아직 참사가 발생하기 이전의 베이징에서, 「24효도」와

「오창묘의 제놀이」 그리고 「무상」은 3·18참사가 일어난 후 여러 곳을 도망다니는 와중인(아직 베이징) 5~6월에 쓰여졌다. 이후 루쉰은 샤먼으로 본격 이주(도주)한다. 그리고 9~12월에 걸쳐 「백초원에서 삼미서옥으로」, 「아버지의 병환」, 「사소한 기록」, 「후지노 선생」, 「판아이눙」 등 다섯 편을 썼다. 루쉰은 1927년 1월 다시 광저우로 이주하는데, 그곳에서 「머리말」과 「후기」를 쓴다. 요컨대 『아침 꽃 저녁에 줍다』는 말 그대로 1926~27년 루쉰의 '길 위의 글'들이다.

의문 하나. 『아침 꽃 저녁에 줍다』는 루쉰의 작품집 중에서 드문 경우에 속한다. 그 이유는 아마도 여기에 실린 글들이 모두 '옛일'을 회고하는 형식이라는 사실과 관련이 있을 것이다. 그래서일까. 어찌 됐건 『아침 꽃 저녁에 줍다』는 우리가 언뜻 떠올리기 쉬운 글쓰기 전사로서의 루쉰과 달리 상당히 '서정적'인 느낌을 준다. 그런데 뭔가 앞뒤가 맞지 않는다. 이 시기는 루쉰에게 녹록한 시기도, 안정적인 시기도 아니었지 않은가. 다시 말해 루쉰은 테러 위협을 피해 도주(이동)하는 와중에 한가로이(!) '옛일'이나 회상하고 있었다는 것인데, 이 사실을 어떻게 이해해야 하는 걸까. 제자들이 죽고, 사람들이 학살당하고, 그 자신 또한 목숨을 건 도주의 순간에?

핵심은 루쉰이 도주의 와중에 '옛일'을 회상하는 감상적인 글이나 썼다는 데 있지 않다. 왜냐하면 『아침 꽃 저녁에 줍다』에서 루쉰은 '옛일'을 회상하지만 연민이나 회한 등을 보이지는 않기 때문이다. 개인적으로 나는 루쉰이 『아침 꽃 저녁에 줍다』를 통해 옛일을 대하는 하나의 품격을 만들어 냈다고 생각한다. 과연 루쉰에게 옛일이란 무엇이었을까. 루쉰은 어떻게 자신의 옛일을 다루고 있는가. 작품들을 통해 조금 살펴보기로 하자.

24효도 그림 : 내가 이랬다고?

어린 시절 루쉰은 효도에 관한 이야기를 24개의 그림과 함께 설명하는 「24효도」라는 책을 얻은 적이 있다. 아래쪽엔 그림, 위쪽엔 이야기가 적혀 있던 이 책은 그림책이 귀하던 시절 루쉰이 처음 가져 본 그림책이었다. 하지만 그림책을 소유했다는 루쉰의 즐거움은 오래지 않아 깨졌다. 책 속의 스물네 가지 효도를 보고 있자니 '효도'라는 게 너무 어려운 일이고, 또한 효자가 되려 했던 자신의 생각이 어리석었다는 걸 깨달았기 때문이었다.

효도란 무엇일까. 책을 보기 전까지 '나'는 부모 말을 잘 듣고, 명령에 복종하고, 커서는 늙은 부모님께 음식 대접을 잘하는 것이 효도라고 생각했다. 그런데 「24효도」에서 가르쳐 주는 효도는 그런 게 아니었다. 물론 「24효도」 안에도 쉬운 게 없는 건 아니다. 부잣집 잔치에서 부모님께 드리고 싶어 귤을 품고 나오거나, 베개 밑에 앉아 부채질을 해드리는 효도는 할 만하다고 생각한다. 그런데 '대숲에서 울어 눈물로 대나무 순을 돋아나게 하'는 효도는 쉽지 않을 듯싶다. 나아가 '얼음 강에 엎드려 잉어를 구하'는 효도는 생각만 해도 생명이 위태로운 지경이라 두려울 지경이었다.

하지만 어린 루쉰을 좌절시킨 효도의 끝판왕은 따로 있다. '곽거가 아이를 묻다'라는 이야기. 한나라 시대 곽거라는 사람이 있었는데, 어느 날 그는 어머니가 자기 먹을 걸 줄여 자기 아들(손자)에게 먹이는 걸 보고는 어머니를 위해 아이를 파묻어 버리려 한다. 그런데 구덩이를 파 들어가자 황금이 한 솥 나오는 바람에 다행히 아이는 목숨을 건졌다는 것이다. 이 이야기를 읽고 난 소년 루쉰의 반응을 보자.

"처음에 나는 그 아이를 대신해 손에 진땀이 났다. 그러다가 황금 한 솥이 나온 다음에야 비로소 마음이 놓였다. 그러나 나는 벌써 내 자신이 효자 노릇을 할 엄두를 못했을 뿐만 아니라, 아버지가 효자노릇을 할까 봐 두려웠다. 그때는 우리집 살림이 점점 기울어져 가고 있었으므로 늘 부모님께서 끼닛거리 걱정하는 소리를 들었다. 게다가 할머니까지 늙으셨으니 아버지가 곽거를 본받으신다면 땅에 파묻히게 될 것은 영락없이 내가 아니겠는가? 만일 그 이야기와 조금도 다름없이 황금 한 솥이 나온다면 그건 말할 것도 없이 큰 복이겠지만, 어린 나이에도 그때는 벌써 세상에 그처럼 공교로운 일이 없다는 것을 알았던 듯하다."루쉰,

「24효도」, 『아침 꽃 저녁에 줍다』(루쉰문고 06), 김하림 옮김, 그린비, 2011, 50~51쪽

효도를 꿈꾸던 어린 소년. 꿈에 그리던 효도 그림책. 그림책을 읽을수록 멀어지고 좌절하게 되는 효도의 표상들. 급기야 효도는커녕 아버지가 효자가 아니길 바라게 되었다는 두려움과 아이러니. ^^

사실 『아침 꽃 저녁에 줍다』를 읽다 보면 이런 식의 재미(?)있는 장면들을 종종 만나게 된다. 루쉰표 유머랄까. 그런데 가만히 보면 우리가 만나게 되는 웃음의 장면들은 실제로는 웃기지 않은 상황일 때가 대부분이다. 그 웃음들은 예기치 않은 데서 불쑥불쑥 튀어오른다. 예컨대 인용문의 경우에서도 효도의 내용 때문에 웃게 되는 것이 아니다. 효도의 내용은 우습기는커녕 엄숙하기까지 하다. 웃음은 그 엄숙함을 한 발짝 떨어져서 낯설게 바라보는 지금의 '나'와 차이(거리)가 만들어지는 순간 생긴다. 그림책의 효도를 바라보며 떨고 있는 옛날의 '나'와 그런 '나'를 바라보고 있는 지금의 '나', 그리고 그런 두 명의 차이를 바라보고 있는 글을 읽는 나.

그러므로 『아침 꽃 저녁에 줍다』의 옛일들은 루쉰 자신의 옛일이지만

정작 루쉰 자신에게조차 낯선 옛일들이다. 그 둘 사이에서 루쉰이 놀랄 때, 그 글을 읽는 우리들은 웃게 된다. 옛날에 내가 이랬었지, 하면서 옛일을 바라보는 루쉰이 아니라, 막상 봤더니 '내가 이랬었다고?' 하면서 흠칫 놀라는 루쉰을 훔쳐보는 즐거움이랄까.

아버지의 병환 : 그때는 그때고 지금은 지금이다

「아버지의 병환」을 보자. 루쉰이 어려서부터 아버지의 병 구완을 위해 여러 의원과 약방, 그리고 전당포를 쫓아다닌 사실은 잘 알려져 있다. 그 과정에서 루쉰은 용하다는 명의들을 여럿 만날 수 있었다. 그들이 명의들임에 분명했던 건, 그들이 받는 비싼 왕진료와 남다른 묘방만 봐도 금세 알 수 있다. 명의들은 보통 기본약보다는 보조약이 남달랐다. 예컨대 냇가에서 캐온 갈뿌리나 3년 서리맞은 사탕수수 등이다.

루쉰의 아버지는 이태 동안 그런 명의의 명약을 처방받아 치료받았다. 하지만 병세는 호전되기는커녕 점점 더 악화되었는데, 마침내 자리에서 일어날 수조차 없게 되었다. 그러자 그 명의는 자신보다 의술이 높은 또 다른 명의를 추천했다. 새로운 명의는 명의답게 또한 처방도 남달랐다. 그는 갈뿌리나 3년 서리맞은 사탕수수 같은 건 아예 쓰지도 않았을 뿐 아니라, '귀뚜라미 한쌍', 단 본래부터 한 둥지에 있던 것이라거나, 사람들이 아무도 모르는 '평지목' 10주 같은 걸 처방약으로 썼다. 물론 어찌어찌 처방약들은 모두 구할 수가 있었다. 하지만 그럴수록 아버지의 병은 더욱 심해졌고, 결국 어떤 명의와 명약으로도 고칠 수 없었다.

아버지가 돌아가시던 날, 아무도 도와줄 수 없는 아버지의 오랜 기침이

들기 괴로웠던 어린 루쉰은 차라리 '아버지가 얼른 숨을 거두었으면…'
하고 생각했다. 순간 그 생각이 옳지 못한 것이고 죄스럽다고 느꼈지만,
또한 동시에 그 생각은 정당하고 자신은 아버지를 몹시 사랑한다고 느꼈다.
아버지가 돌아가시던 날, 종숙조 할머니인 연부인이 집으로 찾아왔다.
연부인은 루쉰에게 숨이 지는 아버지를 가만히 보고만 있어서는 안 되며 큰
소리로 불러내야 한다고 가르쳤다. 루쉰은 연부인이 시키는 대로 따랐다.

> "애야, 아버지를 불러라. 숨이 지신다. 어서 불러!" 하는 연부인의 말에
> 나는, "아버지, 아버지!" 하고 불렀다.
> "더 큰 소리로 불러라! 듣지 못하시는가 봐. 어서 부르라는데도."
> "아버지! 아버지!"
> 평온해졌던 아버지의 얼굴에 갑자기 긴장한 빛이 떠돌았다. 눈을 살며시
> 뜨는데 적이 고통스러워하시는 것 같았다.
> "애, 또 불러라, 어서!" 하고 연부인이 나를 들볶았다.
> "아버지!"
> "왜 그러냐? …… 떠들지 말아 …… 떠들지 ……"
> 아버지는 기진맥진한 소리로 떠듬거리며 가쁜 숨을 몰아쉬는 것이었다.
> 한참 후에야 원상태로 평온해졌다.
> "아버지!"
> 나는 아버지가 숨을 거둘 때까지 계속 이렇게 불렀다.루쉰, 「아버지의 병환」
> 『아침 꽃 저녁에 줍다』(루쉰문고 06), 101쪽

　　루쉰은 지금도 그때 자신이 아버지를 불렀던 그 목소리가 들리는
듯하다고 회고했다. 그리고 그런 생각이 들 때면 그것이야말로 자신이

아버지에게 가장 크게 잘못한 일이라는 생각이 든다고. 연민이 아니다. 루쉰은 옛일과 마주하면서 연민에 사로잡히지 않는다. 그때는 이러이러했지만, 지금은 이러이러하다고 변명하는 것도 아니다. 지금 알고 있는 것을 그때 알았더라면, 하면서 회한에 사로잡히지도 않는다.

아버지가 돌아가실 무렵 '나'는 연부인이 시키는 대로 아버지를 소리내어 불렀다. 한 번, 두 번, 세 번! 과연 연부인 말씀대로 아버지가 눈을 뜨셨다. 하지만 간신히 눈을 뜬 아버지의 마지막 말은 뜻밖에도 떠들지 말라는 것이었다. 요컨대 아버지를 위해 한다고 했던 행동들이 실제로는 마지막 순간까지도 전혀 아버지를 위한 일이 아니었던 것이다. 상황만 놓고 보면 이 또한 완벽한 아이러니와 반전이 아닐 수 없다.

그때는 그때고 지금은 지금이다. 하지만 지금 옛일에 관해 말할 수 있으려면 옛일은 옛일로서 회고되어야 한다. 루쉰이 말한 '아침 꽃'은 이런 것이 아니었을까. 저녁에 줍더라도 아침 꽃은 아침의 그 꽃으로 만나야 한다는 것. 그렇지 않고 아침에서 저녁까지의 시간들을 지나면서 더 예쁘게 혹은 더 흉측하게 변해 버린 꽃으로 기억해 내서는 안 된다는 것. 그렇게 아침 꽃을 아침 꽃으로 만날 수 있어야, 비로소 지금 나는 그때의 그 일에 대해 판단할 수 있게 된다는 것.

아침 꽃을 저녁에 줍는 이유는

다시 처음에 가졌던 물음으로 돌아가 보자. 루쉰에게 옛일이란 무엇이고, 루쉰은 옛일을 어떻게 대하고 있는가. 이 질문은 이 작품집의 제목('아침 꽃 저녁에 줍다')에 관한 것이기도 할 것이다. 「머리말」에 따르면 이 글들은 원래 '옛일을 다시 들추기'란 제목으로 잡지에 연재되던 글들이었다고 한다. 하지만 앞서 밝힌 대로 루쉰은 뜻하지 않게 현실의 위협을 피해 도주해야 했다. 그리고 도주하는 중에도 연재글을 멈추지 않았다. 당장 오늘 하루가 어떻게 될지 모르는 상황에서 '옛일'이라니?

> "물론 아침 이슬을 함초롬히 머금은 꽃을 꺾는다면 색깔도 향기도 훨씬 더 좋을 터이나, 나는 그렇게 할 수가 없다. 지금 내 마음속의 괴이하고 난잡한 생각조차 당장에 변화시켜 괴이하고 난잡한 글로 재현할 수도 없다. 혹시 훗날에 흘러가는 구름을 바라보노라면 내 눈앞에 잠깐 번뜩일지도 모를 일이지만." 루쉰, 「머리말」, 『아침 꽃 저녁에 줍다』(루쉰문고 06), 10쪽

우리는 크게 두 가지 정도의 시선으로 과거와 맞닥뜨리게 된다. 되살려야 할 위대한 이정표이거나 부정되어야 할 참혹한 상처이거나. 정반대인 것 같지만 사실 이 둘의 작동 방식은 결국 지금-나의 눈으로 해석된 과거라는 점에서 다르지 않다고 말할 수 있다. 이렇게 되면 과거(옛일)는 지금의 나를 설명하는 것으로서 존재 이유를 갖게 된다. 하지만 앞에서 보았듯 루쉰은 이런 방식으로 '옛일'을 추억하지 않는다. 적어도 루쉰은 어떠한 형식으로든 추억팔이를 하지 않았다.

루쉰은 어떠했는가. 우선 루쉰도 지금의 내가 과거의 나를 본다는 점에서는 크게 다르지 않은 것처럼 보인다. 하지만 여기엔 작지만 큰, 루쉰만의 특별함이 있다. 예컨대 루쉰도 아침 꽃은 저녁이 되어서야 주울 수밖에 없다고 생각했다. 왜냐하면 아침에는 아침 꽃을 아침 꽃으로 인식할 수 없기 때문이다. 루쉰은 그것이 꽃이 아니라 '괴이하고 난잡한 생각'일 때도 당장에는 '괴이하고 난잡한 글로 재현할 수 없'기 때문이라고 썼다. 이

말은 무슨 뜻일까.

　루쉰은 덧붙인다. 어린 시절 고향에서 먹던 채소와 과일 등등은 모두 신선하고 맛있었지만 막상 다시 먹어 보면 예전 같지 않을 때가 많았다는 것. 그럼에도 기억 속에는 과거의 그 감칠맛이 남아 '한평생 나를 속여 가끔 지나간 일들을 돌이켜보게 할 것'이라는 것. 다시 말해 보면, 옛일(신선한 감칠맛=아침 꽃)은 훗날(다른 맛=줍는 저녁)과 당연히 같지 않다는 것. 그렇기에 아침 꽃은 아침꽃으로 보겠다는 것.

　이 순간 발생하는 기억과 현실 사이의 차이를 해석하거나 설명하는 방식이 아니라 차이 그대로를 소환하는 방식. 이것이 『아침 꽃 저녁에 줍다』에서 루쉰이 옛일을 대하는 방식이자 태도가 아니었을까. 그때는 그때고 지금은 지금이라는 것. 지금의 시선으로 그때가 옳았는가 그렇지 않았는가를 따지는 게 아니라, 그때 그것이 옳은 것이었든 그른 것이었든 지금은 '다르다'는 것. 이때 방점은 당연히 뒷부분에 있다. 그렇기에 루쉰의 글에서 기억 속의 옛일은 내가 나를 보는 것임에도 낯설어질 수밖에 없다. 아침 꽃 속의 나와 줍는 저녁의 나는 이미 '다르'기 때문이다. 다른 것은 다르다고 보기.

　우리가 『아침 꽃 저녁에 줍다』를 보면서 미소짓게 되는 것은 이런 루쉰과 마주칠 수 있기 때문이다. 루쉰이 루쉰을 보면서 놀라는 지점. 그곳은 독자들이 그 차이를 경험하게 되는 순간이기도 하다. 옛일을 회상하면서 루쉰은 그 낯설음에 놀라고, 루쉰이 놀라는 그곳에서 발생한 차이들을 보면서 글을 읽는 독자들은 미소짓는다. 루쉰의 산문은 이렇게 자기 스스로에게조차 차이를 만들어 내며 어그러진다. 그렇게 스스로에게조차 기꺼이 어그러지면서 루쉰은 각박한 현실 속에서도 유유한 도주자=전사=루쉰이 된다.

머리말 1927

개·고양이·쥐 1926

키다리와 『산해경』 1926

『24효도(孝圖)』 1926

오창묘의 제놀이 1926

무상 1926

백초원에서 삼미서옥으로 1926

아버지의 병환 1926

사소한 기록 1926

후지노 선생 1926

판아이눙 1926

후기 1927

8.
그러할
뿐이다
루쉰의 『이이집』

이희경

1927년, 변곡점

『이이집』(而已集)에는 루쉰이 1927년에 쓴 잡문 29편과 1926년에 쓴 부록 1편, 총 30편이 실려 있다. 시기적으로는 샤먼을 떠나 광저우로(1927년 1월 18일) 다시 상하이로(10월 3일) 숨 가쁘게 거처를 옮기던 때의 글들이다. 루쉰의 다른 저작들처럼 루쉰이 직접 편집하였으며 1928년 10월 상하이에서 출판했다. 그러나 다른 저작들과 달리 『이이집』에는 새로운 「서문」이 없고 대신 2년 전 출판한 『화개집속편』의 「후기」가 다시 게재되어 있다. 이것은 상당히 이례적인 일인데 루쉰은 자신이 쓴 글을 모아 책으로 출판할 때마다 자신이 처한 상황과 심경을 잘 보여 주는 서문을 꼭 새로 썼기 때문이다. 그러니 『화개집속편』의 「후기」로 『이이집』의 「서문」을 대신하고 있다는 것은 적어도 루쉰 자신에게는 『이이집』 시기가 『화개집』

시기의 연장선상에 놓여 있었다는 것을 의미한다. 1925년부터 휘말리기 시작한 온갖 구설수, "염불하는 노파들 식의 입씨름"^{루쉰, 「나의 『위쓰』의 처음과 끝」, 『삼한집』(루쉰전집 5), 김하림 옮김, 그린비, 2014, 462쪽}이 1927년까지 의연히 이어지고 있는 중이었다.

> "최근 2년 동안 나는 베이징에서 '정인군자'로부터 내몰려 바닷가까지 달아났다. 그후 또 '학자' 무리로부터 내몰려 또 다른 바닷가까지 달아났다. 그후 또 '학자' 무리로부터 내몰려 오후에야 해가 드는 이층까지 달아났다. 온몸에 땀띠가 여지처럼 생기도록 부지런히 일하고 숨을 죽이고 있었는데, 그러면 죄를 면할 수 있을 것으로 여겼다. 아아, 그래도 부족했다."^{루쉰, 「'우두머리'를 제거하다」, 『이이집』(루쉰전집 5), 홍석표 옮김, 그린비, 2014, 105쪽}

한편 『이이집』의 대부분의 글은 광저우를 떠나기로 결심한 9월 이후에 집중적으로 써진 것들이다. 루쉰은 8월까지는 강연원고를 빼고는 단 4편의 글만 썼다. 그 이유를 루쉰은 "사무에 바쁜 데다가 그곳의 형편도 잘 몰랐기 때문"^{루쉰, 「나의 『위쓰』의 처음과 끝」, 『삼한집』(루쉰전집 5), 462쪽}이라고 말한다. 루쉰은 자신에 대한 광저우의 떠들썩한 환영이 어떤 식으로든 중산대학 학생운동권의 복잡한 분파투쟁과 연계되어 있어 상황이 "심상치 않다는 것"^{루쉰, 「통신」, 『이이집』(루쉰전집 5), 72쪽}을 바로 알아챈 것이다. 그러나 글을 쓰지 않은/못한 더 결정적 계기는 국공합작(1924)과 국민혁명(1926)을 노골적으로 배신한 장제스의 4·12 백색쿠데타(1927)였다.

「유형 선생에게 답함」(1927년 9월 4일)에서 루쉰은 자신이 침묵하는 이유를 "공포를 느끼게 되었"기 때문이라고 말한다. 루쉰은 무차별 살육과 낭자한 피의 유희, 더구나 그것을 주동한 자들이 청년이라는 점에 깊은 충격을 받았다. 동시에 자기의 글이 자신 혹은 독자들을 위험에 빠뜨릴 수 있다는 사실에도 새삼 공포를 느꼈다. 입을 다무는 수밖에 없었다. 그리고 마음의 중압감을 덜기 위해 옛 비방을 꺼내 들었다. "하나는 마비요, 하나는 망각"이다. 당시 루쉰은 "오후에야 해가 드는 이층" 숙소에 자신을 유폐시키고 지나간 원고를 뒤적이면서 시간을 죽였다.

「유형 선생에게 답함」은 루쉰의 외침과 분투를 호소하는 유형에게 침묵할 수밖에 없었던 그간의 사정을 비교적 진솔하고 담담하게 쓰고 있는 '통신' 형태의 글이다. 그러나 글 말미에 "이후로 점점 엷어질 '담담한 핏자국 속에서' 무언가 좀 찾아내어 종잇조각에 쓰고자 합니다"라고 쓴 이후 실제 많은 글들을 쏟아내기 시작했다는 점에서 그 글은 『이이집』 내에서도 어떤 분기점을 형성한다. 루쉰은 샤먼에서부터 광저우까지 2년여간의 관망, 도주, 은폐에 마침내 마침표를 찍은 것이다.

『이이집』의 글들은 크게 나누어 첫째, 1925년부터 시작된 『현대평론』 파와의 논전 연장전, 둘째, 1926년부터 유행한 혁명문학에 대한 비평, 그리고 마지막으로 『무덤』과 『열풍』의 연속선상에 있는 시사평론 등으로 구성되어 있다. 하나씩 살펴보자.

대의(大義)는 딱 질색이다

한때 그들은 다 같은 신청년이었고 그 점에서 모두 동지였다. 방향은 약간씩 달랐지만 신문화운동이라는 큰 차원에서 보면 그 차이는 별 것 아니었다. 그러니 1924년 11월에 창간한 『위쓰』(語絲)의 루쉰 등과 한 달

뒤인 12월에 창간한 『현대평론』의 천시잉(陳西瀅), 쉬즈모(徐志摩) 등의 사이도 딱히 좋았다고 할 수도 없지만 그렇다고 원수처럼 으르렁댔던 것도 아니었다.

이들이 결정적으로 갈라진 계기는, 다른 글에서도 여러 번 언급됐듯이 1925년 베이징여자사범대학에서 벌어진 학생운동이었다. 루쉰은 이때 여사대 학장인 미국 유학파 양인위(楊蔭楡)의 구태의연함을 목격했고, 한때 쑨원의 동지이자 천두슈의 절친이었으나 이제는 군벌 돤치루이(段祺瑞)의 충실한 심복이 된 교육부 장관, 장스자오(章士釗)의 보수본색도 확인했다. 루쉰은 이들의 만행을 폭로했고 장스자오는 루쉰을 교육부에서 잘랐다. 그런데 이 싸움에 『현대평론』파의 천시잉이 뛰어든다. 문제는 그가 실제로는 양인위와 장스자오 편임에도 불구하고 겉으로는 공정하고 객관적인 제3자를 자처했다는 것. 세상의 공리(公理)를 주관하는 심판자의 자리를 차지하고 그곳에서 그는 훈수를 둔다. 루쉰이 지식인답게 않게 편파적이라고, 학자답지 않게 도량이 좁다고. 경고도 한다. 운동권 학생들이 멈추지 않으면, 그들을 비호하는 루쉰이 그만두지 않으면, 정의를 수호하기 위해 자신들이 개입할 수밖에 없다고. 전형적인 꼰대질! 그런데 이건 어째 익숙하다. 중국 역사가 공(公)과 리(理)를 앞세우는 꼰대들에 의해 수천 년 동안 서서히 질식되어 온 과정 아니었던가?

루쉰은 이때 커다란 깨달음을 얻었던 것 같다. 노동자만 괴롭혔지 정작 오랑캐를 막아 내지도 못했던 낡은 만리장성이 왜 무너지지 않는지. 그것은 낡은 벽돌 위에 새로운 벽돌이 겹겹이 덧쌓이기 때문이다._{루쉰,} 「만리장성」, 『화개집』(루쉰전집 4), 이주노 옮김, 그린비, 2014, 89쪽 천시잉 같은 새로운 낡은 벽돌들! 혹은 주인보다 더 나쁜 발바리들! 무엇을 공격해야 하는지 너무나 분명해졌다. 루쉰은 그들과 "9개월 동안 원수처럼"(후스) 싸웠다. 돌이킬 수 없는 관계가 되었다.

　루쉰이 베이징에서 샤먼으로 탈출한 데에는 여러 가지 이유가 있지만 욕 같은 글을 써 대면서 너무 피곤해졌기 때문에 쉬고 싶은 마음이 간절했던 바도 컸다.루쉰, 「260617 리빙중에게」, 『서신 1』(루쉰전집 13), 이보경 옮김, 그린비, 2016, 680쪽 그런데 불행하게도 얼마 안 있어 『현대평론』파도 루쉰처럼 남쪽으로 내려온다. 처음에 루쉰은 이들과 다시 싸울 생각은 없었던 것 같다. "일군의 정인군자(장스자오는 천시잉 등을 정인군자라 불렀었다), '구퉁 선생'(천시잉 등은 장스자오를 그의 호를 따서 구퉁 선생이라고 불렀다)을 존경하고 있는 천위안 교수, 즉 시잉조차도 공리정의의 여인숙인 둥지샹(東吉祥) 골목을 내버리고 청천백일기 아래로 가서 일하게 되었다는 사실"을 보면서, 그들이 얼마나 터키 닭 벼슬처럼 자신의 색깔을 변화시키는지를 재미삼아 감상하면 그뿐이라고 생각했다.루쉰, 「통신」, 『이이집』(루쉰전집 5), 78~79쪽

　그런데 한 편의 광고가 루쉰을 격발시켰다. 천시잉이 쓴 칼럼 78편을 모아 출판한 『한담』이라는 책의 광고였다. 내용인즉, 1~2년 전의 베이징 문예계에서 현대파와 위쓰파가 교전을 벌였는데 위쓰파 우두머리인 루쉰의 대의와 전략은 『화개집』을 통해 알 수 있으나 그 반대편인 현대파 주장(主將) 천시잉의 전략은 모르니 이제 『한담』을 통해 확인해 보자는 것이다.

　한동안 '현대평론파=공리정의'였고, 자동적으로 '루쉰=반공리정의 =문예계의 악당'이 되었다. 그런데 채 2년이 지나지 않아 루쉰은 갑자기 악당에서 적장(敵將)으로 승격했다. 그리고 장수가 꼭 지녀야 할 대의라는 깃발까지 갖게 되었다. 이럴 수가. 대의명분을 빌려 이렇게까지 노골적인 장삿속을 보이다니. 루쉰은 격노했고 결국 또다시 도필(刀筆)을 날리게 된다. 공리를 이리저리 자꾸 바꾸는 그대들의 공리는 도대체 몇

근짜리냐고루쉰, 「'공리'의 소재」, 앞의 책, 133쪽, 자기는 물에 빠진 발바리나 계속 때리는 사람이지 감히 '주장'을 상대하는 사람이 아니니 '우두머리'라는 칭호는 사양하겠노라고루쉰, 「'우두머리'를 제거하다」, 앞의 책, 108쪽, 그리고 예의 마지막 단칼. 상대를 무참히 베어 버리는 결정적 한마디. 그런데 천시잉이 주장이었냐고, 자기는 졸개인 줄 알았노라고.루쉰, 「'대의'를 사양하다」, 앞의 책, 93쪽

문학은 무력하다

거칠게 요약해 보자. 1911년 신해혁명으로 낡고 거대한 중국의 앙시앵 레짐(ancien régime)이 무너졌다. 그러나 정치혁명은 때때로 죽 쒀서 개 주는 사태를 연출하기도 한다. 공화국 대총통 위안스카이는 어느새 스스로 황제가 되려는 야심을 드러냈다. 하여 1910년대 후반 등장한 『신청년』 그룹은 정치혁명을 넘어서 사회 전체의 근본적 변혁을 꿈꾼다. 허식을 넘어 'science'를 추구하고, 봉건을 넘어 'democracy'로 나아가자. 그들은 낡은 문명에서 새로운 문명으로 이행하는 길은 궁극적으로 국민들의 자각과 정신의 개조, 즉 문화혁명에 있다고 생각했다. 공자가 죽어야 나라가 산다! 거대한 문학혁명의 시대가 열린 것이다.

그후 10년. 상황은 많이 달라졌다. "『신청년』 단체는 뿔뿔이 흩어졌"고 "누구는 출세를 했고 누구는 은퇴를 했고 누구는 전진했다".루쉰, 『자선집』 서문」, 『남강북조집』(루쉰전집 6), 공상철 옮김, 그린비, 2014, 349쪽 정치혁명뿐 아니라 문학혁명도 뜻대로 되지는 않았다. 대신 전혀 새로운 정세가 도래했다. 1925년 5월 30일 상하이 노동자 총파업. 25만 명의 노동자의 16개월에 걸친 투쟁. 공산당의 약진. 그리고 1926년 7월, 제2차 국민혁명의 개시.

프롤레타리아트가 중국혁명의 새로운 주체로 떠올랐다. 구호 역시 전면적으로 바뀐다. 문학혁명에서 혁명문학으로!

루쉰이 광저우에 도착한 것은 바로 이 즈음이었다. 그는 곧 혁명문학의 요란한 구호와 마주쳤지만 그것은 루쉰의 실감, 즉 "학생들을 총으로 쏘아 죽이던 시절"(1926년 3월 18일의 학살)에 대한 분노, 비통, 적막과는 거리가 먼 것이었다. 피가 아니라 먹으로 쓰는 문학이 도대체 무슨 힘이 있다는 말인가? 문학에 대한 깊은 회의. 루쉰의 이런 생각은 1927년 4월 8일 황푸군관학교의 강연에서 최초로 표명된다.

"나는 이렇게 생각했습니다. 문학, 문학 하지만, 이것은 가장 쓸모없는 것이요, 힘없는 사람이 이야기하는 것이라고 말입니다. 실력 있는 사람은 결코 입을 열지 않고 사람을 죽이며, 압박받는 사람은 몇 마디 말을 하거나 몇 글자를 쓰게 되면 곧 죽임을 당합니다. 설사 다행히 죽임을 당하지 않고 날마다 고함치고 괴로움을 호소하고 불평을 털어놓는다 하더라도 실력 있는 사람은 여전히 압박하고 학대하고 살육하니 그들을 당해 낼 수가 없습니다. 이러니 문학이 사람들에게 무슨 이익이 있겠습니까?" 루쉰, 「혁명시대의 문학」, 『이이집』(루쉰전집 5), 35~36쪽

이어 "문학을 이용하여 선전하고 고무하고 선동하여 혁명을 촉진하고 혁명을 완성할 수 있다"는 혁명문학 역시, 그것이 문예를 혁명의 수단으로 삼는다는 점에서, 문(文)을 도(道)의 도구[文以載道]로 삼았던 구시대 팔고문(八股文)과 다를 바 없다고 일갈한다.

진짜 혁명적 정세가 도래하면 오히려 "문학이 없어지고 소리가 없어"진다. 왜냐하면 그때는 모든 것을 바꾸는 혁명 사업에 너, 나 없이

모두 바쁠 터, 한가하게 글을 쓸 만한 여유 따위는 없기 때문이다. 뿐만 아니라 혁명기에는 민생이 더더욱 어려워지고 먹을 빵조차 구하기 어려우니 역시 문학을 논할 만한 여유가 생길 수 없다. 문학은 오히려 혁명 전이나(반항의 문학) 혹은 혁명 후(구가謳歌/만가輓歌의 문학)에 일정한 역할을 부여받는다.

혁명을 진짜 원하는가? 그렇다면 혁명문학가가 아니라 혁명가가 되어야 한다. 시(詩)가 아니라 대포가 실제 적을 쫓아낸다. "'부숴라, 부숴라', '죽여라, 죽여라', '피, 피'라는 말을 수두룩이 써" 놓는다고 혁명이 일어나지는 않는다.루쉰,「혁명문학」, 앞의 책, 201~202쪽 혁명문학가들이 폭풍처럼 거세게 일어나는 곳에서는 오히려 혁명이 없다! 혁명문학에 대한 매서운 비판이었다. 그러나 아직까지는 워밍업에 불과했다. 이듬해 상하이에서 소위 혁명문학논쟁이라고 불리는 격렬한 본게임이 시작되기 때문이다.

적, 깃발 그리고 에워싸는 자

1927년 4월 12일 장제스의 백색테러. '청당운동'의 이름하에 벌어진 공포 통치. 한마디 말만 잘못해도 한 발만 삐끗해도 살아남기 힘든 상황이었다. 후에 루쉰은 "나는 27년 피바람에 아연실색해서 겁을 먹고 광둥을 떠났는데, 그 당시 사실대로 말할 용기가 없어 어물어물 얼버무린 글들은 모두『이이집』에 수록했다"루쉰,「서언」,『삼한집』(루쉰전집 5), 252쪽고 말한 바 있다.

7월 23일 국민당 주최로 하기학술강연회의가 열리고 루쉰도 참석한다.「위진풍도·문장과 약·술의 관계」라는 요상한 제목의 이 강의에서 루쉰은 장제스와 국민당에 대한 노골적 비판 대신 저 멀리 위진 시대를 빌려 에둘러 시국을 풍자한다. 본인은 "어물어물 얼버무린" 것이라 말하지만 사실은 사태의 핵심을 찌르는 세련되고 예리한 풍자였다.

강의의 요점은 이렇다. 시대의 기풍과 문학적 조류는 역사적으로 달라지지만 결국은 당대의 정치적 상황을 반영한다는 것이다. 예를 들어 한말위초(漢末魏初)의 공융(孔融) 등의 문장은 비분강개했고, 위말진초(魏末晉初)의 혜강(嵇康) 등은 청담(淸談)의 기풍을 선보였으며, 진말송초(晉末宋初)의 도연명(陶淵明)은 소위 전원시인이라고 불리는 온화한 문체를 보여 준다. 그러나 서로간의 차이에도 불구하고 이것은 모두 당대의 살벌한 정세에 대한 지식인의 저항이었다는 점에서 공통적이다. 나아가 맑은 정신으로 버티기 어려운 그들은 약(藥)과 술에 의존했고, 그 결과 파행을 일삼게 되었다. 그렇게 구차하게 입을 다물고 기행을 벌이면서 하루하루 겨우겨우 연명해 갔다. 그럼에도 불구하고 공융, 하안 등은 조조에게 대들다가 결국 처형되었고, 혜강 등은 사마의에게 밉보여 살해당했다. 예교를 파괴한 불효자들이라는 딱지를 붙인 채.

죄가 있어서 죄인이 되는 것이 아니다. "법률상의 많은 죄명은 모두 교묘한 말이며, 한마디로 개괄하면 '밉살 죄'라고 할 수 있다."루쉰, 「밉살죄」, 『이이집』(루쉰전집 5), 135쪽 나에게 대들지 마라. 나에게 밉보이지 마라. 예교의 이름으로 지식인을 처형한 조조와 혁명의 이름으로 지식인을 살해한 장제스는 결코 다르지 않다.

다르지 않은 것은, 그러나, 적들만은 아니다. 낙후된 홍콩의 어느 여학교에서 단발한 여학생에게 시험을 불허한 행태나 혁명의 전진기지 광저우에서 자연 그대로의 젖가슴을 동여매는 것을 금지하는 행위가 정말로 다른 것일까?루쉰, 「'자연 그대로의 유방'을 우려하다」, 앞의 책, 100~103쪽 길든 짧든, 동여매든 풀든, 그것이 깃발을 흔드는 행위에 불과하다면 그것은 단한 치도 삶을 구원하지 못한다.

마지막으로 깃발만큼 위험한 것. 그것은 바로 깃발을 겹겹이 에워싸는 행태다. 루쉰은 중국이 구습에서 벗어나지 못하는 가장 큰 이유가 잘나가는 사람들 주변을 물샐틈없이 에워싸고 부역하는 사람들이 있고, 그 결과 잘나가던 사람이 점차 우매해져서 꼭두각시에 가까워지기 때문이라고 말한다.

> "나는 일찍이 「에워싸는 데 대한 새로운 이론」(包圍新論)이라는 글을 한 편 지을 생각을 했었다. 우선 에워싸는 방법을 서술하고 그 다음으로 중국에서는 영원히 옛길을 걷게 되는 까닭이 바로 에워싸는 데 있다는 것을 논할 작정이었다. 왜냐하면 잘나가는 사람에게는 비록 흥망성쇠가 있지만 에워싸는 사람은 영원히 같은 사람이기 때문이다. 그 다음으로 잘나가는 사람이 만약 포위에서 벗어날 수 있다면 중국인의 절반이 구제된다는 것을 논할 생각이었다. 결말은 포위를 벗어나는 방법에 관한 것이다.──그렇지만 끝내 좋은 방법을 생각해 내지 못했고, 그래서 이 새로운 이론에 대해 감히 붓을 들 수 없었다."루쉰, 『위쓰』를 압류당한 잡감」 앞의 책, 127~128쪽

아마도 루쉰은 죽을 때까지 포위를 푸는 방법을 발견하지 못했는지도 모른다. 적의 깃발, 아군의 깃발, 그 깃발을 에워싼 군상들의 틈바귀에서 어쩌면 헛된 투창질만 반복하고 있었는지도 모르겠다. 하지만 수천 년의 습속을 깨려면 또다시 수천 년의 세월이 필요할지도 모르는 법. 그러니 던지고 던지고 또 던질 따름 아닐까?

"마침내 그는 무물(無物)의 진(陣) 속에서 늙고, 죽었다. 그는 결국 전사가 못 되었다. 무물의 물(物)이 승자였다.

이쯤 되면 아무도, 전투의 함성을 듣지 못한다. 태평, 태평······.

그러나 그는 투창을 들었다!"루쉰, 「이러한 전사」, 『들풀』(루쉰문고 05), 한병곤 옮김, 그린비, 2011, 81~82쪽

『이이집』이라는 제목은 '이이'(而已), 즉 '따름'이라는 뜻이다. 적이 제자들을 죽일 때도 자기는 잡감만 있었을 따름이고, 논적들이 공리정의를 내걸었을 때에도 자기에게는 잡감만 있었을 뿐이다. 문학은 이미 무력한데, 욕 같은 잡감마저도 그만두라 하면, 이제 남는 것은 '따름'일 뿐이다. 1927년, 혁명문학의 대세 속에서 루쉰은 반대로 철저하게 무기력한 길을 택한다. 그리고 단 하나 남은 '뿐'을 가지고 "사정없이 자신을 해부"하고 '뿐'인 글을 쓰고 있을 '뿐'이었다. 가장 급진적인 무기력이었다. 『이이집』이 바로 그것이다.

1928년 출간작 『이이집』에 수록된 글들(뒤의 숫자는 글 작성 연도)

9.
혁명문학논쟁을 중계한다
루쉰의 『삼한집』

이희경

상하이—심란한 출발

1927년 9월 27일 루쉰은 광저우를 떠나 상하이로 향한다. 홍콩을 경유하는 일정이었다. 그런데 당시 홍콩은 "영국에 고용된 동포가 배에 올라와 '세관검사'를 하면서 위협하며 욕을 하거나 그렇지 않으면 때리고 또 돈까지 요구"하고 있던 곳루쉰, 「다시 홍콩에 관한 이야기」, 『이이집』(루쉰전집 5), 홍석표 옮김, 그린비, 2014, 190쪽이었다. 루신은 매를 맞지는 않았지만 수색당했고 위협당했고 돈을 갈취당했다. 불쾌한 경험이었다. 홍콩은 작은 섬이었지만 중국이라는 거대한 나라의 축소판과 같았다. 어디서나 맨 위에는 소수의 서양인이 있고 중간에는 앞잡이인 한 무리의 노예동포가 있고 나머지는 모두가 '토인'이었다. 하여 이 에피소드는 단순한 해프닝이라기보다는 이후 조계지 상하이에서 펼쳐질 루쉰의 삶에 대한 하나의 시그널처럼 읽혀지기도 한다.

어쨌든 10월 3일 우여곡절 끝에 도착한 상하이. 그 다음 날은 기념 사진을 찍었다. 실질적 부인인 쉬광핑, 「아Q정전」을 쓰게 했던 쑨푸위안과 그의 동생인 쑨푸시, 베이징여자사범대학 사건의 동지 린위탕, 막내동생 저우젠런(周建人)과 함께. 잠시라도 희망을 가졌던 순간의 작은 풍경! 그리고 6일에는 동생에게 부탁해 쉬광핑과 살 셋집을 구했고 8일에는 간단한 살림을 장만했다. 이후 우치야마 서점에 드나들며 책을 읽고 강연 요청에 응하면서 정세를 관망하고 밥벌이의 방법을 강구했다.

루쉰이 상하이에서 가장 하고 싶었던 것은 광저우의 공포를 넘어서서 "무언가 좀 찾아내어 종잇조각에 쓰"루쉰, 「유형 선생에게 답함」, 『이이집』(루쉰전집 5), 89쪽는 일이었을 게다. 아니 그러고 싶어서 부득불 상하이로 온 것이다. 차이위안페이(蔡元培)가 제시한 특약저술가라는 밥벌이도 그 때문에 수락했다. 하지만 결론적으로 루신은 그다지 많이 쓰지 못했다. 루쉰은 "이 두 해 동안은 정말로 내가 글을 적게 썼고 투고할 곳도 없던 시기였다"루쉰, 「서언」, 『삼한집』(루쉰전집 5), 김하림 옮김, 그린비, 2014, 252쪽 고 말한다. 도대체 왜?

약간 에둘러 이 시기 정세부터 좀 살펴보자. 1927년 4·12 쿠데타로 패권을 잡은 장제스는 10월 10일에 북벌 종식을 선포하고 이듬해인 1928년 8월에 '군정 시기'에서 '훈정 시기'로 돌입했다는 선언을 한다. 이후 국민당은 인민들의 사상통제를 강화하는데, 1929년 1월 '선전물 심사조례'를 반포하여 당의 강령을 어기는 모든 것을 규제, 금지한다. 루쉰이 고정 기고자로 있던 『위쓰』(語絲)도 툭하면 압류되거나, 경고 혹은 금지령을 받는다. 그러나 루쉰이 글을 적게 썼던 것은 다만 정세 탓은 아니었다. 그것보다는 1928년부터 시작된 혁명문학진영의 "날카로운 포위공격에 처하게"루쉰, 「서언」, 『삼한집』(루쉰전집 5), 253쪽 되었기 때문이다.

"내가 상하이에 도착하자 (……) 문호들의 날카로운 포위공격에 처하게 되었는데, 모두들 나를 나쁘다고 했다. (……) 처음에는 '유한(有閑), 즉 돈 있는 계급', '봉건 잔재', 혹은 '낙오자'에 지나지 않았는데 나중에는 그만 청년들을 살해할 것을 주장하는 파쇼주의자로 판명되었다. (……) 그 당시 나는 (……) 내가 편집하고 있는 『위쓰』에 대해서도 실제로는 아무런 권한이 없어서 기피당했을 뿐만 아니라 다른 곳에서도 나의 글은 시종 '배척당하다가' 겨우 실리는 형편이었고 (……) 투고한다고 해서 무슨 소용이 있었겠는가. 그래서 나는 글을 극히 적게 썼다."루쉰, 「서언」

『삼한집』(루쉰전집 5), 252~253쪽

봉건에 맞선 '정신계의 전사'에서 하루아침에 '봉건 잔재'로 떨어진 루쉰. 그러나 아이러니는 이뿐만이 아니었다. 이때 루쉰은 이미 혁명이 거대한 판타지에 불과하다는 것. 그것은 목숨[命]을 혁(革)하는 피의 유희에 불과하다는 것을 뼈저리게 실감하고 있었다. 자신이 평생 기댔던 문학이 이런 살육에 철저하게 무력하다는 사실도 뼈아프게 인식하고 있었다. 혁명에도 문학에도 단 한 톨의 환상도 남아 있지 않았는데, 느닷없이 '혁명'+'문학' 진영에 포위되어 옴짝달싹하지 못하게 되어 버린 것이다.

혁명문학—애매하고 모호하다

『삼한집』(三閑集)은 1927년에서 1929년까지 썼던 서른네 편의 글에 출판 당시인 1932년에 덧붙여진 한 편의 글을 더하여 모두 서른다섯 편의 글이 수록되어 있는 잡문집이다. 이 가운데 『이이집』의 보충에 해당하는 1927년의 글 여덟 편을 빼면 스물일곱 편이 남는데 1928년의 글이 열네 편, 1929년의 글이 열세 편이다. 그리고 1928년의 글은 단 두 편만 빼놓고는 모두 혁명문학논쟁과 관련되어 있다. 2월부터 8월 사이에 집중적으로 썼고, 어떤 경우는 하루(4월 10일)에 여섯 편을 쓰기도 했다. 논쟁이 얼마나 격렬했는지를 짐작할 수 있는 대목이다.

이 과정을 개략적으로 정리해 보자. 논쟁은 크게 두 단계로 나눌 수 있는데 1라운드는 1928년 1월 초 혁명문학파의 대대적인 선공과 이에 대한 루쉰의 3월 초 첫 응답까지로 볼 수 있다. 먼저 창조파의 펑나이차오(馮乃超). 그는 루쉰을 명료한 계급의식이 결여된 낙후된 봉건 잔재라고 규정하였다. 그런 낙오자를 문학적으로 표현한 것이 바로 "흐뭇하게 취한 눈"루쉰, 「'취한 눈' 속의 몽롱」, 앞의 책, 327쪽이다. 이어 같은 창조사의 리추리(李初梨)는 루쉰의 문학을 취미문학이라고 불렀고 청팡우(成仿吾) 역시 루쉰의 문학은 한가한 유한계급의 문학일 뿐이라고 공격했다. 태양사의 첸싱춘(錢杏邨)은 한 술 더 떴는데, 루쉰의 시대는 아Q와 함께 죽어 버렸다고, 아니 루쉰은 아Q와 함께 매장해 버려야 한다고 말했다.

루쉰은 3월 12일 『위쓰』를 통해 「'취한 눈'(醉眼) 속의 몽롱」이라는 글을 발표하면서 반격에 나선다. 제목에서 알 수 있듯이 이것은 자신을 "흐뭇하게 취한 눈"(醉眼陶然)이라고 부른 것에 대한 일종의 미러링(mirroring)이었다. 도대체 누가 취한 것처럼 몽롱한 것인가? 하지만 이번에는 문학적 표현이 아니었다. 루쉰은 실제로 혁명문학 자체가 몽롱=모호하다고 보았다.

첫번째 모호함──입장의 비약. 창조사 그룹은 불과 2년 전만 하더라도 순수문예단체를 표방하고, "'예술의 궁전'을 호위"하는 일을 자임했는데 갑자기 혁명문학을 주창하면서 "'대중을 쟁취하며' 혁명문학가에게 '최후의 승리를 확보해 주려' 하고 있다"는 것이다. 근거 없는 이 "비약"은, 그렇다면 스스로(순수예술)의 몰락을 예감한 자들의 자구책에 불과한 것이 아니겠는가?루쉰, 「취한 눈 속의 몽롱」, 「삼한집」(루쉰전집 5), 328쪽

두번째 모호함──논리의 모순. 모든 문학은 시대를 반영한다. 혁명문학이라는 것 역시 혁명적 시기의 산물일 수밖에 없다. 그런데 왜 이들은 혁명문학이 시대를 초월해야 한다고 주장하는 것일까? 이것은 "자기의 손으로 자신의 귀를 올려 당기며 지구를 떠날 수 있다고 말하는 것과 마찬가지로 사람을 기만하는 일"루쉰, 「문예와 혁명」, 앞의 책, 353쪽이 아니겠는가?

세번째 모호함──개념의 불명료. 청팡우는 루쉰의 계급을 문제 삼는다. 루쉰처럼 한가하고 한가하고 한가한 부르주아 계급은 10만 냥의 연기 없는 화약으로 날려 버려야 한다고 했다. 그런데 같은 창조자 동인인 리추리는 중요한 것은 계급이 아니라 계급의식이라고 한다. 과연 어느 장단에 춤을 추어야 하는 것일까? 혁명문학이 이렇게 애매하다면 차라리 "리추리에게 '예술의 무기로부터 무기의 예술에 이르게 하고', 청팡우에게 반조계지에 가 앉아서 '연기 없는 화약 10만 냥'을 모으게 하고, 나는 의연히 '취미'를 추구하는 것이 제일 나은" 게 아닐까?루쉰, 「취한 눈 속의 몽롱」, 같은 책, 330쪽

루쉰은 혁명문학가들이 "도대체 '혁명은 이미 성공했도다'라는 문학가인지 아니면 '혁명은 아직 성공 못했도다'라는 문학가인지"루쉰, 「통신」, 같은 책, 372쪽 분간할 수 없었다. 하지만 "지금은 큰 시대, 동요하는 시대, 전환의 시대로" 중국뿐 아니라 모든 곳에서 "계급 대립이 매우 첨예화되었으며 노농대중의 힘이 날로 커지고" 있었다.루쉰, 「취한 눈 속의 몽롱」, 같은 책, 328쪽 이 추세를 반영하는 새로운 문예이론에 대해 공부해야 한다. 루쉰은 비록 "그들의 '강요에 의해'"서였지만, "과학적 문예론을 몇 권 읽어

보고서, 이전에 문학사가들이 수없이 말했지만 종잡을 수 없었던 의문들을 풀었다. 또 이로 인해 플레하노프의 『예술론』을 번역해서 나의—또 나로 인해 다른 사람에게 미친—진화론만 믿던 편견을 바로잡았다".루쉰,「서언」,같은 책, 255쪽 혁명문학 논쟁은, 한편으로는 소모적이었지만 또 한편으로 루쉰에게 엄청난 배움과 소득을 남겼다.

논쟁—단칼에 피를 보다

「'취한 눈' 속의 몽롱」은 혁명문학 진영을 격분시켰다. 루쉰의 '팩트 폭력' 앞에 모두 벌떼처럼 일어나서 루쉰에게 달려들었다. 2라운드가 시작된 것이다. 그런데 이번의 공격은 루쉰의 계급과 문학이 아니라 루쉰의 논쟁 태도에 집중되었다. 판쯔녠(潘梓年)은 "루쉰의 그 글은, 아주 실례지만 태도가 아주 글러먹었다. 그는 도량이 너무 좁다고 말하지 않을 수 없다. 그의 이러한 태도는, 비록 그 자신은 매우 통쾌하게 욕을 했다고 생각할지 모르지만, 그런 말투는 사실 이 '영감탱이'는 정말 막돼먹었다는 것을 보여 주는 데 족할 뿐이다".판쯔녠,「중국 현재의 문학계를 말한다」; 루쉰,「나의 태도와 도량, 나이」,같은 책, 386~387쪽고 평가했다. 리추리는 「중국의 돈키호테의 난무(亂舞)를 보라」에서 아예 루쉰을 '또라이' 취급한다. 그 밖에도 펑나이차오(馮乃超), 펑캉(彭康), 청팡우, 첸싱춘 등이 루쉰을 공격했다.

　루쉰도 물러서지 않았다. 4월 16일에는 「문예와 혁명」(『위쓰』 제4권 16호)을, 4월 23일에는 「편액」, 「길」, 「머리」, 「통신」(『위쓰』 제4권 17호)을, 4월 30일에는 「태평을 바라는 가요」, 「공산당 처형의 장관」(『위쓰』 제4권 18호)을, 5월 7일에는 「나의 태도와 도량, 나이」(『위쓰』 제4권 19호)라는 글을 연달아 쏟아내면서 혁명문학파의 공격에 응수한다. 6월에 다시 혁명문학파의 재반격이 이루어졌고 8월에 루쉰은 또다시 「혁명커피숍」, 「문단의 일화」, 「문학의 계급성」이라는 글을 써서 응전했다. 격렬한 난타전이었다. 논쟁은 점점 이전투구가 되어 갔고 루쉰이 말한 대로 이론적이기보다는 "그만 '태도전', '도량전', '나이전'으로 되어"루쉰, 「나의 태도와 도량, 나이」, 『삼한집』(루쉰전집 5), 389쪽 버렸다.

확실히 루쉰의 논쟁 태도는 남다른 데가 있다. 논적들로부터는 신랄하고 냉혹하고 비열하다고 욕을 먹었고, 심지어 깊은 우정을 나눈 취추바이로부터도 혁명문학 논쟁의 어느 "대목에서는 루쉰의 문인적 소집단주의가 드러나고 있다"취추바이, 『루쉰잡감선집』 서언, 전형준 엮음, 『루쉰』, 문학과지성사, 1997, 84쪽는 평가를 받기도 했다. 다케우치 요시미처럼 말해 보면 "사자가 토끼를 쫓는 데 전력질주를 하는 느낌이 그의 논쟁 태도에는 있다".다케우치 요시미, 「루쉰의 논쟁태도」, 『루쉰문집』 4권, 일월서각, 304쪽 한마디로 그는 "단칼에 피를 본다".(위다푸郁達夫) 다케우치 요시미는 루쉰의 이런 스타일이 "그의 기질에 의한 것인지, 전통에 의한 것인지, 그 밖의 원인에 의한 것인지는 간단히 말할 수 없다"고 진단했다. "아마 그 복합에서 오는 것"이 아니겠냐고 덧붙이기도 했다.다케우치 요시미, 앞의 글, 303쪽 실제 논쟁으로 더 들어가서 살펴보자.

루쉰이 욕을 먹은 가장 큰 이유는 그의 문학이 "암흑을 퍼뜨리면서 혁명을 방해"하고, "용사들의 사기를 저하"루쉰, 「공산당 처형의 장관」, 『삼한집』(루쉰전집 5), 384쪽시킨다는 것이었다. 이렇게 해서는 "출로가 없다".루쉰, 「통신」, 앞의 책, 374쪽 대신 최후의 승리를 보장하기 위해서는 그런 부르주아 계급의 여독과 영향을 청산하여 그들로부터 대중을 쟁취하고 그들에게 부단한 용기를 주고 자신감을 확보해 주어야 한다. 그러기 위해 문학이 그들의 격렬한 비분과 영웅적 행동과 승리의 기쁨을 열성적으로 묘사해야 하는 것은 필수적이다.청광우, 「문학혁명에서 혁명문학으로」, 루쉰, 같은 책, 335쪽, 옮긴이주 9번

그런데 격렬한 비분과 영웅적 행동과 승리의 기쁨에 도취해 있는 프롤레타리아트는 과연 어디에 있는 것일까? 루쉰이 홍콩에서 경험한 것은 영국 지배자 밑에서 거들먹거리는 동포였고, 신문을 통해 매일 확인하는 것은 민중들이 "어떤 당인가는 상관없이 '수급'(首級)과 '여자의 시체'라면 구경한다"는 사실이었다.루쉰, 「공산당 처형의 장관」, 같은 책, 384쪽 아Q들은 여전히 도처에 존재하며, 센다이 시절의 환등기 사건은 현재진행형이었다. 그렇다면 암흑이 아니라 광명을 노래해야 한다는 혁명문학가들이란 아직 걸리지도 않은 편액을 보고 내가 더 글씨를 잘 알아본다고 다투는 근시안들과 다른 게 하나도 없는 자들 아닐까?루쉰, 「편액」, 같은 책, 358쪽 나아가 그것은 마치 고골의 『검찰관』에서 관리들이 황제의 사자가 몰래 방문할 것이라는 소문이 퍼지자마자 두려운 나머지 객사에서 엇비슷한 사람을 찾아내어 한바탕 융숭하게 영접했던 것루쉰, 「길」, 같은 책, 359쪽과 같은 기회주의에 불과한 것 아닌가?

어둡기 때문에 광명이 없기 때문에 혁명을 하는 것이다. "만일 앞에 '광명'과 '앞길'이 있다는 보증서가 붙어 있는 것을 보고서야 용맹스럽게 혁명에 뛰어든다면 혁명가이긴 고사하고 기회주의자만도 못하다."루쉰, 「공산당 처형의 장관」, 같은 책, 384쪽 루쉰은 "서양식 건물에 살면서 커피를 마시고 '나만이 무산계급의식을 파악하고 있기 때문에 나는 진정한 프롤레타리아다'라고 말하는"루쉰, 「문학의 계급성」, 같은 책, 409쪽 혁명문학/ 혁명문학가를 결코 믿지 않았다. 게다가 그들은 입으로 '무산'(無産)을 말하지 않으면 곧바로 '비(非)혁명'으로 몰아붙이고, '비혁명'은 즉시 '반(反)혁명'으로 몰아붙이는 위험천만한 짓을 서슴지 않는다.루쉰, 「길」

『삼한집』(루쉰전집 5), 360쪽 그것은 바로 장제스가 사람들을 살육했던 것과 똑같은 방식이었고 더 거슬러 올라가 오랫동안 중국의 건달, 깡패들이 해왔던 짓이기도 하다. "이래서야 정말 활로가 없다!"

취추바이는 현대평론파와의 논쟁 속에서 등장하는 "'천시잉'이나 '장스자오'와 같은 무리들의 이름은, 루쉰의 잡감 속에서는 그야말로 하나의 보통명사로서, 모종의 사회적 전형을 대표"한다.취추바이, 『루쉰잡감선집』 서언」, 전형준 엮음, 『루쉰』, 71쪽고 말한다. 이것은 혁명문학파와의 논전에서도 마찬가지 아니었을까? 청팡우가 안전한 조계지에 앉아서 10만 냥의 연기 없는 화약을 쏜다고 조롱할 때도, 모든 문예가 선전이지만 모든 선전이 문예가 아니라는 것을 보여 주기 위해 펑나이차오의 수준 낮은 극본을 들춰낼 때도 루쉰이 상대한 것은 청팡우나 펑나이차오 개인이 아니었다.

루쉰은 말이 아니라 말을 하는 자리를 문제 삼았고, 말을 하는 사람들 자신들조차 알지 못하는 무의식을 해부했다. 루쉰이 싸운 상대는 개인들이 아니라 어떤 유형, 어떤 태도, 어떤 전형이었다. 루쉰이 집요했다면, 그것은 루쉰의 기질이 강퍅해서라기보다 루쉰이 상대한 것들이 수천 년간 누적된 고질적인 적폐였기 때문일 것이다. 루쉰이 무자비했다면, 그것은 루쉰의 도량이 좁아서라기보다 루쉰이 상대한 것들이 뿌리가 깊숙이 박혀 있는 완강한 습속이었기 때문일 것이다. 1925년의 현대평론파와의 논쟁, 1928년의 혁명문학파와의 논쟁, 앞으로도 몇 번의 논쟁이 더 기다리고 있다. 그러나 한편으로 동지와 적을 가리지 않고 벌어진 이러한 가차없는 논쟁들은 역으로 루쉰도 단련시켰다. 루쉰 역시 논쟁을 통해 고유명사에서 보통명사로 전환되어 갔다. 루쉰. 그 이름은 단 한 줌의 관념적 유희도 거부하는 단호한 태도, 단 한 치의 환상도 가지지 않는 냉정한 눈빛, 그리고 "한 걸음 한 걸음 느리면서도 신중하고 치밀하게" "제국주의 발톱과 군벌이나 정치꾼들의 억압 아래 있는 중국 인민들의 피고름"을 파내고 닦아내는 청소부_{깐런(甘人); 린시엔즈, 『인간 루쉰』(하), 김진공 옮김, 사회평론, 2006, 249쪽에서 재인용}의 묵묵한 노동을 가리키는 것이 되었다.

잡문—하찮은 것의 정치학

『삼한집』은 루쉰의 다섯번째 잡문집이다. 1925년 11월에 출판된 첫번째 잡문집 『열풍』으로부터 7년이 흘렀다. "대부분 사소한 문제"(『열풍』)를 다루었고, "하찮은 옛 흔적"(『무덤』)에 불과했고, "몇 가지 자질구레한 일"(『화개집』)에 매달렸으며, 기껏해야 "코 하나, 입 하나, 터럭 하나를 쓰고"(『풍월이야기』) 있었던, "명실상부한 '잡감'"(『화개집속편』)에 불과한 것들이었다. 잡(雜)스런 이야기들! 잡문은 이제 루쉰을 상징하는 장르가 된다. 논적들은 루쉰을 조롱하거나 야유하기 위해 루쉰에게 '잡감가'라는 칭호를 붙였고, 친구들은 그런 루쉰에게 잡감을 쓰지 말라는 우정 어린 충고를 하기도 했다.

> "대충 생각해 보면 아마도 '잡감'이라는 두 글자가 뜻과 취향이 높고 속세를 초월한 작가들에게 혐오감을 주기에, 그것이 가까이 있을까 두려워서 피해 버린 듯하다. 일부 사람들은 매번 나를 야유하고 싶을 때면 종종 나를 '잡감가'라고 불렀는데, 이는 고등문인들의 안중에서는 멸시한다는 것을 뚜렷하게 드러내는 바로 그 증거이다."_{루쉰, 「서언」,}
>
> _{『삼한집』(루쉰전집 5), 251쪽}

그런데 루쉰은 점점 더 "마치 중병을 앓고 난 사람이 자신의 홀쭉하게 여윈 얼굴을 더 비춰 보고 싶고 메마른 살가죽을 더 만져 보고 싶어 하듯이"루쉰, 「서언」, 『삼한집』(루쉰전집 5), 252쪽 이 하찮은 것들을 돌본다. "나아가 정말이지 조금은 이것들을 아끼고"루쉰, 「제기」, 『화개집』(루쉰전집 4), 이주노 옮김, 그린비, 2014, 26쪽 있다. 그것은 좋으나 싫으나 자신이 "모래바람 속에서 엎치락뒤치락 살아온 흔적이기 때문"이다.루쉰, 앞의 글, 26쪽

『삼한집』에서 특히 주목해야 하는 '살아온 흔적'은 청년과 번역이다. 우선 청년들. 루쉰의 진화론적 사유, 청년들에 대한 믿음이 4·12 쿠데타로 산산조각이 났다는 것은 이미 말한 바 있다. 그들 청년들이 "두 진영으로 갈라져서 누구는 투서와 밀고를 하고 누구는 관청을 도와 사람을 체포하는 사실을 광둥에서 직접 목격했기 때문이다"루쉰, 「서언」, 『삼한집』(루쉰전집 5), 254쪽 루쉰은 그 이후 청년들을 무조건 경외하지 않았다고 하지만 여전히, 마치 운명인 듯, 계속 청년들을 성원하고 그들과 함께 새로운 일을 도모하고 있었다. 나중에 좌련 5열사의 한 사람이 된 러우스를 알게 되고 그와 함께 '조화사'를 건립하기도 하고, "서문을 잘 쓰지 못하며 서문 쓰기를 찬성하는 것도 아니"라면서루쉰, 『『노동문제』앞에 쓰다』, 『이심집』(루쉰전집 6), 이주노 옮김, 그린비, 2014, 46쪽 청년들의 작품에 기꺼이 서문을 써준다. 그 내용도 "이 진실한 작품을 중국에 소개할 수 있어서 정말 행복"루쉰, 「예융친의 『짧은 십 년』의 머리말」, 『삼한집』(루쉰전집 5), 436쪽하다는 등, "주변에서 마주치는 인물들도 모두 생동적"루쉰, 「러우스의 『2월』 서문」, 앞의 책, 438쪽이라는 등, 어찌나 정감이 뚝뚝 떨어지는지 이런 루쉰이 논전 때의 살벌한 루쉰과 같은 사람인가라는 생각이 들 정도이다.

또 하나 번역. 혁명문학 논쟁 과정에서 루쉰이 확인한 사실은 중국에서는 "추종하는 사람이나 창작하는 사람은 매우 많으나, 연구하는

사람은 많지 않"다는 것이었다. 그 때문에 늘 "몇몇 제창자들에게 둥글게 포위당하고" 살게 된다.루쉰, 「오늘날의 신문학 개관」, 같은 책, 416쪽 이 포위를 뚫기 위해서 필요한 것은 외국의 책을 잘 읽는 것이다. 더 바람직한 것은 그것을 중국에 소개하는 것이다. "번역은 변변찮은 창작보다 어렵지만, 신문학의 발전을 위해선 더 효과적이며 많은 사람에게 유익"루쉰, 앞의 글, 421쪽하다. 이 즈음 루쉰은 세계문학 등의 번역, 특히 소련문학을 소개하기 위해 새로운 간행물, 『분류』(奔流)를 창간한다. 린시엔즈에 따르면 루쉰은 1928년 4월 중순부터 7월 중순까지 몇 달을 더위, 모기와 싸워 가면서 번역과 편집, 교정과 자료수집, 삽화그리기까지 모든 실무를 거의 혼자서 도맡았다고 한다.린시엔즈, 『인간 루쉰』(하), 278쪽 1929년 4월에는 청년들과 함께 벨기에, 체코, 프랑스, 헝가리, 러시아와 소련, 유고슬라비아, 스페인 등의 국가와 민족 및 유태민족의 단편소설 스물네 편을 번역하여 『근대 세계단편소설집』을 출판하고 그것의 짧은 머리말을 쓰기도 한다.

　　몇 년 후 루쉰은 잡문을 정의하면서 글을 성격에 따라 분류하지 않고 편년으로 엮으면 "문체와 상관없이 글을 쓴 연도와 월에 따라서 각 종류가 한데 뒤섞여 있게 되어 '잡'이 된다"루쉰, 「서언」, 『차개정잡문』(루쉰전집 8), 박자영 옮김, 그린비, 2015, 25쪽고 말한다. 그러나 단순히 여러 종류의 글을 섞어 놓았다는 것이 잡문의 의미일까? 그것보다는 잡문이 문이재도(文以載道)의 오래된 전통으로부터도, 초월적이고 심미적인 예술의 전통으로부터도, 강고한 이념과 대의를 선전하는 혁명문학의 전통으로부터도 죽어라고 도망치고 있는 글쓰기라는 게 핵심 아닐까? 쓴다는 것. 그것은 혁명의 위대함이나 문학의 영원성 따위와 아무런 관련이 없다. 그것은 한낱 모기에 문 것에 지나지 않는 사소하고 하찮은 것들이라도 자신의 몸에 일어난 일은 역시 너무나 절실하기 때문에 쓸 수밖에 없는 것이다.루쉰, 「어떻게 쓸 것인가」

『삼한집』(루쉰전집 5), 271쪽

존 버거는 "저항의 본령은 어떤 대안, 좀더 공정한 미래를 위한 희생이 아니다. 그것은 현재의 아주 사소한 구원이다"라고 말한다. "문제는 이 사소한이라는 형용사를 안고 어떻게 시간을, 다시 살아갈 것인가 하는 점이다." 존 버거, 『벤투의 스케치북』, 김현우 옮김, 열화당, 2012, 86쪽 루쉰은 매번 이러한 사소한 순간에 집중하여 하찮은 것들을 침묵에서 꺼내서 출력시켰다. 한가하고 한가하고 한가하다고 조롱받은 루쉰이 『삼한집』을 통해 우리에게 보여 주는 것은 바로 그 출력물, 노예가 아니라 매순간 주인으로 살았던 고귀한 정신의 분투였다.

1932년 출간작 『삼한집』에 수록된 글들(뒤의 숫자는 글 작성 연도)

서언 1932

소리 없는 중국(2월 16일 홍콩청년회에서의 강연) 1927

어떻게 쓸 것인가?(밤에 쓴 글 1) 1927

종루에서(밤에 쓴 글 2) 1927

구제강 교수의 '소송을 기다리라'는 사령 1927

비필 세 편 1927

모필 두 편 1927

홍콩의 공자 탄신 축하를 말하다 1927

애도와 축하 1927

'취한 눈' 속의 몽롱 1928

쓰투차오 군의 그림을 보고 1928

상하이에서 루쉰의 공고 1928

문예와 혁명 1928

편액 1928

길 1928

머리 1928

통신 1928

태평을 바라는 가요 1928

공산당 처형의 장관 1928

나의 태도와 도량, 나이 1928

혁명 커피숍 1928

문단의 일화 1928

문학의 계급성 1928

'혁명군 선봉'과 '낙오자' 1929

『근대 세계 단편소설집』의 짧은 머리말 1929

오늘날의 신문학 개관(5월 22일 옌징대학 국문학회에서의 강연) 1929

황한의학 1929

우리나라의 러시아 정벌사의 한 페이지 1929

예융친의 『짧은 십 년』 머리말 1929

러우스의 『2월』 서문 1929

『어린 피터』 번역본 서문 1929

부랑배의 변천 1929

신월사 비평가의 임무 1929

서적과 재물과 여인 1929

나와 『위쓰』의 처음과 끝 1929

루쉰 저서 및 번역서 목록 1932

10.
옛이야기의
복원과 생성
루쉰의 『중국소설사략』

길진숙

흥미진진한 『중국소설사략』

루쉰이 쓴 『중국소설사략』은 중국 최초의 소설사 연구서이다. 그러니 그 역사적 중요성이야 말해 무엇하겠는가? 중국소설사 혹은 중국고전문학을 공부하는 학자들에게 일종의 통과의례와 같은 책으로 학문적 평가와 논란이 끊이지 않고 일어나는 책인 것이다. 그러나 루쉰의 글을 좋아하는 보통의 독자들이 굳이 읽게 되지는 않는 책이다. 솔직히 이 방대한 소설사 연구서를 누가 읽겠는가? '소설사'에 특별한 흥미를 갖는다면 모르겠지만 일반 독자들이 읽기는 쉽지 않은 책이다.

나도 그랬다. 다른 읽을 거리가 없다면 몰라도 혹은 특별히 아카데믹하지 않고서야 『중국소설사략』을 굳이 읽을 이유는 없었다. 그런데 루쉰의 글에 빠져들면서, 루쉰의 저술을 모두 읽고 싶은 욕심이 생겼다. 그 덕에

『중국소설사략』도 읽게 된 것이다. 사실 들추기에는 겁이 났고, 읽기 전 심호흡을 하며 마음의 준비가 필요했다.

그러나 막상 읽어 나가자 이 모든 게 기우였다. 뜻밖에 재미있었기 때문이다. 루쉰이 뽑아 놓은 자료들은 다채롭고 새롭고 흥미진진했다. 루쉰이 어마어마하게 공부를 많이 했으며, 그 분야도 광범위했음은 익히 알았지만, 중국 고전에 대한 지식이 이토록 깊고 넓다니 놀라울 따름이었다. 수많은 작품들을 고증하고 평가한바, 루쉰은 뼛속까지 성실한 고전문학자였다.

베이징의 루쉰박물관에서 비문을 베껴 쓴 종이 위에 빼곡히 정렬된 루쉰의 필체를 목도한 순간, 그 감정은 경이로움 자체였다. 신해혁명 이후 절망과 적막의 한가운데서 루쉰이 한 일은 비문 베끼기였다. 달리 무엇을 할 수 없을 때 루쉰은 고대로 돌아갔다. 고전을 읽고 비문을 베끼며 중국의 어제를, 자신의 과거를 곱씹고 곱씹었던 것이다. 그리고 생각만 한 게 아니라 아주 성실하게 아주 빈틈없이 아주 단정하게 베껴 쓰는 일을 했던 것이다. 그 필체는 어쩌나 또박또박 반듯하던지 루쉰의 그 끈질기고 변함없음은 이런 자세에서 온 것이 아닐까 싶었다.

『중국소설사략』에서도 그런 감동이 밀려 왔다. 그 많은 고전을 읽고 고증하고 자료를 뽑고 정리하면서 루쉰은 무슨 생각을 했을까? 나는 『중국소설사략』에서 루쉰이 이루어 놓은바, 고증이 정확한지, 소설의 평가와 진단이 적확한지를 검증할 지식은 갖추지 못했다. 이 부분은 전공자들이 충분히 논의했고 앞으로도 좋은 연구가 나올 것이다. 나는 그저 한 사람의 애독자로서 『중국소설사략』에서 느낀 루쉰의 마음 혹은 루쉰다움을 전하고 싶다.

루쉰은 왜 소설을 정리했을까?

루쉰은 '청년필독서'를 추천할 때, 중국책은 읽지 말라고 했다. 신생하는 청년들에게 전혀 도움이 되지 않는다고 판단했기 때문이다. 그런데 루쉰은 중국고전을 여느 학자들보다 더 많이 조사하고 읽었다. 모순 아닌가? 루쉰은 앞으로 나아가는 청년들이 중국 고전에 빠져 퇴보할까 걱정했던 것이다. 새로운 책을 읽고 행동할 여가도 없는데 낡은 관념을 담고 있는 책을 읽다 길을 잃을까 염려했던 것이다. 루쉰 자신은 청나라로부터 중화민국을 거친 중간자이자 고전을 공부했던 사람으로 고전에서 몰락할 것과 신생할 것을 선별할 의무가 있었다. 그러나 청년들은 달랐기에 중국책을 읽지 말라고 했던 것이다.

　　루쉰은 고전을 널리 읽었으되, 좋아한 것은 이야기였다. 루쉰은 어려서부터 이야기에 관심이 많았다. 『감략』(鑑略)과 같은 역사책이나 경서보다는 『산해경』(山海經)이나 귀신 이야기를 좋아했다. 어린 루쉰은 도덕적 당위에 채색된, 교훈적인 이야기는 좋아하지 않았고 귀 기울이지 않았다. 어린 루쉰의 감식안은 장년 루쉰에게도 고스란히 이어졌다. 루쉰은 러시아나 동구권의 문학에 특히 공감했고, 서구유럽의 문학에도 심취했다. 그 결과 루쉰은 구문학이 쇠퇴할 때는 민간문학 또는 외국문학을 섭취하여 새로운 변화를 가져와야 한다고 보았다.

　　중국에서 소설은 문학에 속하지 못했다. 길거리와 골목을 떠도는 하찮은 이야기로 취급되어 제대로 정리될 수 없었던 것이다. 루쉰은 그런 소설에서 경전의 진리와 도덕과 권위에 반하는 혹은 그것으로 제어되지 않은 생명의 원천을 보았던 것이다. 그래서 옛날이야기를 읽다가 잘못되고 빠진 부분을 발견하면 그것을 이본과 대조하여 고증하고, 흩어진 자료를 기록하는 데 힘을 기울였다. 루쉰에게 이 복원 작업은 옛이야기를 이념화하려는 책략으로부터 구출하는 일과 다름없었다. 루쉰은 옛 책들이 영락할 것이 아쉬워, 그리고 옛책에 혼을 되돌려 주기 위해 정리 작업을 했던 것이다. 이 때문에 루쉰은 콩알만 한 안목에서 벗어나 진상을 온전하게 드러내는 것을 중시했다.

이렇듯 성실하게 옛이야기를 읽고 정리하던 루쉰에게 기회가 왔다. 차이위안페이(蔡元培)가 베이징대학 총장이 되어 학제를 혁신하면서 소설과 희곡이 정식과목으로 채택되었다. 이때 소설사 강의가 개설됐는데 처음 강의를 맡은 이는 루쉰의 동생 저우쭤런이었다. 그러나 저우쭤런이 급하게 소설사 강의를 준비할 수가 없어 루쉰이 대신하게 되었다고 한다. 이로 인해 루쉰은 1920년 8월 베이징대학 강사로 위촉되어 소설사 강의를 하게 되었고, 이때의 강의록을 등사본으로 만들어 교재로 쓰다가 1923~24년에 『중국소설사략』이란 제목으로 출판하게 된 것이다. 이리하여 루쉰은 중국 최초로 소설사를 연구·정리한 사람이 되었다.

루쉰이 공감한 소설

루쉰은 길거리와 골목에 떠도는 이야기, 하찮은 이야기를 소설로 정의하고, 그 원천이 되는 신화와 전설로부터 소설사를 시작한다. 그리고 각 시대마다 의취가 빼어나고 문장 표현이 뛰어난 작품과 그 경향을 주도적 흐름으로 배치했다. "상고시대의 신화, 육조시대의 지괴, 당대의 전기문, 송대의 화본소설, 명대의 신마소설(神魔小說)과 인정소설, 청대의 풍자, 인정, 재학(才學), 협사(狹邪), 협의(俠義), 견책소설(譴責小說)."

"[『서경잡기』는] 갈홍이 지었다고 하는 것이 타당할 것이다. (……) 황성증이 서에서 말한 것과 같다. "대체로 네 가지 특징이 있다. 잡다하여 생략해도 좋은 것, 산만하여 근거가 없는 것, 무릇 애매하여 신빙하기가 어려운 것, 금기에 저촉되어 반드시 피해야 할 것 등이 그것이다." 그러나 이것은 사서(史書)의 관점에서 비판한 것이고, 문학으로서 논한다면 이것은 고대소설 중에서 진실로 의취가 빼어나며 문장 표현도 볼 만한 것이 있다."루쉰,『중국소설사략』(루쉰전집 11), 조관희 옮김, 그린비, 2015, 98쪽

루쉰은 소설을 역사장르에 준하여 평가하는 옛 학자들의 태도에 반기를 든다. 그들이 비판한 바가 바로 소설의 뛰어난 점이다. 잡다하고, 산만하고, 애매하며, 금기에 저촉되는 것. 이는 루쉰이 좋아했던 외국 소설의 경향과도 크게 다르지 않다. 물론 언어와 표현은 다르지만 그 지향은 비슷했다. 루쉰이 공감한 소설은 대개 세상에 반항하며 일체의 권위적이고 노예적인 습속을 뒤흔드는 것이었다. 루쉰에게 문예는 일체의 도덕과 권위에 반하는 것이며, 습속에 물든 정신을 개조하는 것이다.

루쉰은 이런 입장에서 청나라의 문학가 기윤(紀昀)을 재평가한다.

"기윤(『난양소하록』, 『여시아문』, 『괴서잡지』)은 (……) 송대 유자들의 가혹한 관찰에 특히 반발했다. (……) 또 인정에 어긋난 의론에 대해서는 (……) 그때마다 의문을 제기하여 그것이 잘못된 것임을 드러내 보여 주었으니, 이러한 일은 그 이전과 이후의 여러 작가들에게 일찍이 없었던 점이었다. 세상 사람들은 그러한 사실은 깨닫지 못하고 다만 떠들썩하게 권선징악을 보여 준 뛰어난 작품이라고만 칭찬하고 있다."루쉰, 앞의 책, 562쪽

기윤은 인간의 행위를 당대의 윤리적 규범에 의거해 단순히 비난

하거나 평가할 수 없다는 입장이다. 루쉰은 이런 작품들을 세세히 인용해서, 읽을 맛을 제공한다. 이론이나 설명에 치우치면 재미없을 텐데 의외의 작품들을 면면이 소개하여 관심을 갖게 만든다.

기윤의 작품 두 편을 소개한다. 성실하고 후덕하다고 이름난 의원에게 한 할멈이 낙태약을 구하러 찾아온다. 금팔찌와 진주를 주면서 약을 구했으나 의원은 꾸짖으며 단호히 거절했다. 어찌 생명을 함부로 해칠 수 있겠는가? 의원은 굉장히 어진 사람임에 틀림없다. 반 년쯤 지난 어느 날 꿈에 머리를 풀어헤치고 목에 붉은 수건을 두른 여자가 찾아와 말했다. 낙태를 시도한 장본인이었다. 이 여인은 이렇게 말했다.

"약을 구하지 못했으니 아이를 낳지 않을 수 없었던 것이고, 이로 인해 아이는 목 졸려 죽는 지경에 이르러 많은 고통을 받았으며, 나 역시 핍박을 받아 목을 매게 되었던 것입니다. 이것은 당신이 한 생명을 살리려다 도리어 두 생명을 죽인 것입니다. 죄가 당신에게 돌아가지 않는다면 누구에게 돌아가겠습니까?"루쉰, 같은 책, 563쪽

기윤은 이 이야기를 통해 하나의 도리만을 고집해 일의 앞뒤 사정을 돌아보지 않는 송대의 사람들을 비판한 것이다. 이럴 때 환자의 상황도 헤아리지 못하는데, 의원이 후덕하다는 게 무슨 의미가 있는가?

기윤의 놀라운 이야기를 한 편 더 살펴보자. 어떤 여인이 급류에 아이를 버리고 시어머니를 구했다. 살아남은 시어머니는 아이를 구하지 않고 자신을 구하여 제사를 끊어지게 했다고 며느리를 책망했다. 70 넘은 시어머니는 손자 때문에 울다가 곡기를 끊어 죽고 말았다. 며칠 뒤 그 며느리도 그대로 죽어 버렸다. 이로 인해 사대부들은 며느리가 옳다,

시어머니가 옳다 논평이 구구했다. 기윤은 요안공(姚安公)의 말을 빌려 도리 운운하는 세상을 꾸짖었다.

> "이 부인이 한 행동은 이미 보통 사람의 상황을 훨씬 뛰어넘지만, 불행히도 시어머니는 스스로 목숨을 끊고, 이 때문에 부인도 따라 죽게 된 것 또한 슬픈 일이다. 여전히 득의에 찬 모습으로 그 주둥이를 놀려 정의의 학문이라고 여긴다면, 곧 백골이 되어서도 원망을 품고 황천에서도 한을 품는 일이 되지 않겠는가?"루쉰, 『중국소설사략』(루쉰전집 11), 563쪽

루쉰이 의미있게 생각한 소설들은 이렇듯 금기를 깨는 것이었다. 습속에 취한 사람들의 의식을 뒤흔들어 깨우는 것이 문예가였다. 루쉰이 고전을 곱씹은 이유는 이 때문이었다.

물론 루쉰이 의취만 강조한 것은 아니다. 표현도 그 못지않게 중시했다. 문학의 발전은 남다른 의취뿐만 아니라 남다른 표현에서 비롯되는 것이다.

> "역사적 사실에 의거하다 보면 서술에 제약이 생기고, 허구를 섞어 넣으면 혼란이 가중된다. (……) 인물을 묘사함에 있어서도 또한 잘못이 많다. 유비가 후덕한 사람이라는 것을 강조한 나머지 위선자같이 되어 버렸고, 제갈량이 지모가 많다는 것을 그린다는 것이 요괴에 가깝게 되어 버렸다. 오직 관우에 대해서는 특히 뛰어난 표현이 많아 그의 의리와 용맹이 때때로 눈으로 보는 듯하다."루쉰, 앞의 책, 331쪽

역사소설은 사실에 허구를 입힌 것이다. 따라서 실존했던 인물을 작가의 상상에 의해 묘사할 때 각별히 주의해야 한다. 작가는 인물에 성격을 부여해야 하므로 한 측면을 강조해서 표현하는데, 이러다 보면 진실을 잃게 된다. 후덕함을 강조하다 보면 위선자처럼 되거나, 지모를 강조하다 보면 요괴처럼 그리게 된다. 치우치지 않는 그 적확한 표현이 중요하다. 작가가 인물의 성격을 두드러지게 하면서도 참신하고도 알맞게 표현해야 뛰어난 작품이라 평가받을 수 있다. 루쉰은 소설을 평가하면서 표현에 있어서의 감식안을 예리하게 가동시켰다.

명나라의 인정(人情)소설 중 가장 유명한 작품,『금병매』(金甁梅)를 평가할 때도 이 내용과 표현의 조화를 중시했다.『금병매』에 부여된, 음란한 서적이라는 이미지 때문에 작품을 일방적으로 배격하거나 폄하하지 않았다. 오히려 세상이 외설스러운 묘사에만 주의를 기울이는 바람에 『금병매』의 진면목이 가리게 되었음을 안타까워했다. 루쉰은『금병매』의 작가가 세간의 정리(情理)에 대하여 잘 이해했으며, 묘사는 명쾌하여 알기 쉽고, 혹은 곡절이 많으나 진상을 다 드러내 밝히고, 혹은 미묘하고 완곡한 표현으로 풍자의 뜻을 담았고, 한 번에 두 가지 측면을 모두 묘사하여 그것들을 대조시킴으로써 변환하는 일상생활의 정리가 곳곳에 드러나게 했다고 극찬했다. 세정의 거짓과 진실을 철저하게 드러내 보여 세상을 비판하고, 지배계층을 욕한 작품이라는 점, 그 문장력이 뛰어나다는 점에서 『금병매』의 작품성을 높이 평가했던 것이다.

루쉰이 소설사를 정리한 목표는 이렇듯 명확했다. 작품의 자리를 회복시켜 주는 것.

중국인이 중국 작품을 말하라

루쉰은 중국소설을 추리고 정리하고 평가할 때 입장은 분명했지만, 이야기에 어떤 편견을 갖지 않았다. 소설을 발굴하고 소개함에 있어서 도덕적 기준을 내세우거나, 서구의 소설문법에 의거하지 않았다. 민족주의적인 입장에서 중국소설의 의미를 과장하지도 않았다. 재미있고 진실한 이야기라면 소설의 자격으로 충분했다. 상처 딱지를 전복맛이 난다고 좋아하는 원님이 딱지에 욕심을 부려 무리수를 행하는 우스꽝스러운 소화(笑話)로부터 세상을 풍자하는 소설에 이르기까지, 생동하는 이야기라면 복원하여 자리를 부여해 주었던 것이다.

　　루쉰도 서구문학을 공부한 터, 소설사를 정리하면서 서구의 소설 개념을 의식하지 않을 수 없었을 것이다. 그러나 루쉰은 서양인이 중국작품을 말하는 것보다 중국인이 중국작품을 말할 때 진실이 드러난다는 입장이었다. 그래서 중국소설을 발굴하고 정리하고 말하고 알리는 데 박차를 가했던 것이다.

> "지금까지는 서양인이 중국의 작품에 대해 이야기하는 경우가 중국 인민이 자기의 작품을 이야기하는 것보다 훨씬 더 많았던 것 같다. 그러나 이런 경우는 아무래도 서양인의 관점을 벗어나기 힘들었다. '만약 폐부가 말을 할 수 있게 된다면 의사의 얼굴은 흙빛이 된다'라는 중국 속담이 있다. 폐부가 진짜로 말을 한다 하더라도 다 믿을 만한 말은 아닐 것이다. 그렇지만 의사가 진찰해 내지 못한 것도 있게 마련이므로 의외로 여기에 상당한 진실이 깃들어 있을지도 모르겠다." 루쉰, 「『짚신』 서문」
>
> 『차개정잡문』(루쉰전집 8), 박자영 옮김, 그린비, 2015, 46쪽

루쉰이『중국소설사략』을 쓸 때는 중국 전통과 서양 근대가 교차하는 격동기였다. 20세기 근대문명의 세례를 받은 동아시아. 이때부터 동아시아는 서구문명을 통해 자국 문명을 보게 된다. 문학도 그렇게 연구되었다. 서구 소설을 통해 자국의 소설이 분류되고 평가되었던 것이다. 루쉰이 보기에 중국에서 생성되어야 할 것은 소설이었다. 그런데 다시 서양인이 그들의 안목으로 작품을 평가했다. 중국인들 모두의 DNA가 새겨져 있는 소설, 그 소설은 역사적 왜곡이 덜한 편이었다. 중국의 이야기를 가장 잘 이해하는 자는 지극히 당연하게 중국인이다. 중국의 풍토에서 자연스럽게 생성된 이야기, 그리고 중국인 모두가 자연스럽게 공명했던 이야기를 중국인보다 더 잘 말할 수는 없을 것이다. 루쉰의 『중국소설사략』은 이렇게 탄생하여 중국의 많은 이야기들을 있는 그대로 드러냄으로써, 그 많은 살아 있는 이야기가 읽기를 기다리게 된 것이다.

1925년 출간작 『중국소설사략』의 목차

『중국소설사략』은 강의 노트를 기반으로 후에 루쉰의 수정과 증보를 거쳐 1923년과 1924년에
상권과 하권 두 권으로 나뉘어 출판되었고, 이후 1925년에 한 권으로 합쳐 출판되었다.

11.
루쉰의 '고전사용설명서'
—'거룩한' 신화가
'비루한' 일상을 만나면?
루쉰의 『새로 쓴 옛날이야기』

고미숙

흙을 빚어 인간을 만들고 하늘의 한 귀퉁이가 무너지자 두 팔을 뻗어 땜질해 준 창조주 여와(女媧), 열 개의 태양으로 초목이 타들어 가자 아홉 개를 쏘아 없앴다는 활의 명인 예(羿), 넘실거리는 물길을 바로잡은 치수의 달인 우(禹), 수양산에서 고사리를 캐먹다 굶어 죽은 절개의 상징 백이와 숙제, 치명적인 복수의 화신 미간척, 『도덕경』 5천 자를 남기고 사막으로 떠난 노자, 강대국 초나라가 약소국 송나라를 치려 하자 단신으로 달려가 전쟁을 중지시킨 묵자, 500년 전에 죽은 해골을 살려 낸 장자. 자, 이들이 『고사신편』(故事新編)*에 등장하는 주인공들이다. 이 여덟 편의 스토리가 완성되기까지는 13년이 걸렸다. 1922년에서 1935년까지. 국공분열,

---

* 이하 이 책의 인용은 루쉰전집번역위원회에서 발간한 루쉰문고 7권 『새로 쓴 옛날이야기』(유세종 옮김, 그린비, 2011)를 따른다. 다만, 루쉰이 옛이야기를 새롭게 펴냈다는 의미를 살리고자 책 제목은 원문 그대로인 '고사신편'으로 본문에서는 적는다.

대장정, 만주사변 등으로 중국 전역이 격하게 요동치던 시기다. 대체 루쉰은 왜 이 '거룩한' 인물들을 그 '격동기'에 다시 불러낸 것일까?

고전이라는 '참호'─도피가 아닌 도주!

『고사신편』은 일종의 소설집이다. '일종의'라는 단서를 붙인 것은, 루쉰 자신이 밝힌 바대로 "'문학개론'에서 말하는 이른바 소설이라 하기에는" 루쉰, 「서언」, 『새로 쓴 옛날이야기』, 11쪽 좀 '거시기'한 탓이다. 제목을 풀이해 보면, '고사'(故事) 즉 신화, 전설, 민담 등 여러 문헌에 전해지는 기록들을 모아서, '신편'(新編) 곧 새롭게 짜깁기를 했다는 뜻이다. 고전 '리라이팅'의 일종인 셈이다. 특히 루쉰 당시에 진행되던 논쟁과 이슈를 깨알같이 여기저기 심어 놓았다. 그래서인지, 분명 오래전 이야긴데도 생생하기 이를 데 없고, 그렇다고 현대물이라 하기엔 시공간적 배경이 아득하다. 한마디로 루쉰은 '유례없는' 형식을 창안한 셈이다. 그래서 또 묻게 된다. 루쉰은 왜 이런 '기묘한' 글쓰기에 골몰한 것일까? 안으로는 백색테러가, 밖에서는 일제의 총알이 빗발치던 그 혼돈의 시기에.

그걸 파악하려면 고전과 시대가 맺는 관계를 짚어 볼 필요가 있다. 가장 흔한 케이스는 이른바 '복고 취향'이다. 복고란 말 그대로 '고대로 돌아간다', '고대를 회복한다'는 뜻이다. 왜? 현실을 대면하기가 힘들고 벅차니까. 고전을 이상화·전범화하여 그 생명력을 박탈하는 경우에 해당한다. 중국고전의 세계가 얼마나 광대무변한가! 또 고전을 표방하면 얼마나 고상해 보이는가! 현실에서 도피하여 몸을 숨기기에 이보다 더 좋은 피난처는 없다. 하지만 머리를 감춘다고 몸이 보이지 않겠는가. 결국

그런 행보는 폭력과 압제를 묵인하는 수구반동적 행태임이 곧 드러나고
만다. 루쉰은 평생 이런 '정인군자'들의 실체를 까발리는 데 몰두했다.
나아가 그는 고전의 권위 자체를 인정하지 않았다. 고전적 인물에 대한
그의 태도는 '공경스럽기는커녕 수시로 장난기가 발동하곤' 했다.루쉰, 「서언」
『새로 쓴 옛날이야기』, 12쪽

　또 하나, 고전을 시류에 맞춰 변주하는 일이다. 복고 취향이 상아탑의
훈고학으로 숨어드는 것이라면, 이 경우는 시쳇말로 '대중의 취향을
저격하는' 케이스다. 특히 1935년에는 린위탕(林語堂)의 소품문 운동이
큰 붐을 일으킨 바 있다. 소품이란 명말청초(明末清初) 공안파(公安派)가
창안한 형식으로 감성의 자유로운 발로를 통해 주자학의 도그마를
해체하는 데 큰 기여를 했다. 18세기 조선의 르네상스를 주도한
연암그룹과도 뗄 수 없는 장르다. 그런 소품문이 현대중국에서 다시 부활한
것이다. "그(린위탕)가 잇달아 창간하는 잡지는 폭발적으로 팔렸으며,
문학운동으로서의 범위를 넘어서서 사회현상이라는 느낌을"다케우치
요시미, 「루쉰의 논쟁 태도」, 『루쉰문집 6권』, 한무희 옮김, 일월서각, 1987, 306쪽 줄 정도였다.
이런 호응에는 "좌익 용어의 범람과 그리고 획일적인 편향적 문체로"
중국의 구어화가 심각하게 타격을 입고 있다는 인식이 저변에 깔려 있다.
쉽게 말해 언어가 너무 피폐해졌다는 것. 루쉰 역시 이런 문제의식에는
공감했다. 또 따지고 보면 루쉰의 잡문도 소품문의 일종이다. "린위탕
쪽에서도 루쉰의 문체를 소품문의 모범, 적어도 그 유력한 한 가지라는
것을 인정하고 루쉰을 떠받들려고 했을 정도"다케우치 요시미, 앞의 글다. 하지만
루쉰은 그런 손짓을 가차없이 뿌리쳤다. 소품문 현상이 복고 취향과는
거리가 있다 해도 처음의 문제의식 ── 문체개혁과 감성의 자유로운
발로 ──을 계속 견지하기는 쉽지 않다. 시류에 영합하다 보면 결국 '한정'

(閑情)과 '초탈'로 빠질 수밖에 없다. 루쉰은 바로 그 점을 꿰뚫어본 것이다.

그럼 어떻게 할 것인가? 복고와 한정, 도피와 영합, 그 양변을 모두 떠나면 된다. 루쉰과 고전의 마주침은 여기서부터 시작한다. 그는 먼저 시간의 선분적 질서를 와해시킨다. 고대적 서사 위에 현재적 사건을 촘촘히 박아 넣음으로써 과거와 현재의 경계를 없애 버렸다. 그러자 고사를 둘러싼 신화적 아우라가 자연스럽게 증발되었다. 예컨대, 서두에 정리한 저 거룩한 이야기들에 '구모링!' '하우뚜유투!'* 같은 알파벳 언어를 남발하는가 하면, 국민당의 비열한 정책, 문단의 더러운 풍토 혹은 자신을 뒷통수친 청년의 '싸가지 없는' 말투까지 다 끼워넣는 식이다. 그러다 보니 소설도 아니고, 소품도 아니고, 잡문도 아니고, 르포도 아닌, 하지만 그 모든 것이 다 공존하는 아주 특이한 '서사의 공간'이 탄생되었다.

이것은 일종의 도주의 공간이다. 도피가 아닌 도주! 도피가 아예 적의 시선에서 사라지는 것이라면, 도주는 적의 시선을 따돌리면서도 계속 적의 추격을 도발하는 행위다. 아슬아슬하게 한 발만 앞서가는 식으로. 당시 검열관의 입장에서 보자면 『고사신편』 같은 저서는 금서로 지정하기도 애매하고 그렇다고 그냥 '내비두기'도 뭣하다. 독자 대중의 입장에서도 그렇다. 린위탕식 소품문에 비하면 루쉰의 고전은 몹시 껄끄럽다. 낭만적 초탈은 고사하고 최소한의 품격조차 기대하기 어렵다. 대신 아주 색다른 정서와 감각을 체험하게 된다. 상식 혹은 통념을 뒤집는 데서 오는 불온함이랄까. 스릴이랄까.

이런 기법은 루쉰이 평생 견지한 참호전, 진지전의 일환이기도 하다. 말하자면, 루쉰에게 고전은 도주의 참호다. 전선을 팽팽하게 유지하되

---

* 각각 영어 'Good morning' 'How do you do'의 잘못된 음역인데, 「홍수를 막은 이야기」에 나오는 대사.

가능한 한 힘을 덜 낭비하고, 독자 대중들에겐 계속 전의를 불태우도록 독려할 수 있는 참호. 그런 점에서 『고사신편』은 루쉰만의 독특한 '고전 사용설명서'라 해도 좋으리라.

'시간여행'의 미학—반전과 해체

『고사신편』에 실린 여덟 편의 작품은 모두 분량이 짧다. 하지만 한 문장도 만만치가 않다. 앞서 밝혔듯이, 제대로 음미하려면 고전적 지식은 물론이고 당대의 첨예한 이슈까지 두루 꿰고 있어야 한다. 게다가 집중하지 않으면 스토리를 놓쳐 버린다. 자칫하면 의미를 거꾸로 파악할 수도 있다. 바로 여기에 『고사신편』의 특이성이 존재한다. 단지 고대와 현재를 종횡하는 '타임슬립'만으로 이것이 가능할까? 옆으로 새는 감이 있지만 요즘 우리나라 드라마의 대부분이 '타임슬립' 형식을 취한다. 900년 전 도깨비가 나타나질 않나 조선시대 신사임당이 현신하질 않나. 소재는 특이하지만 의미망은 아주 단순하다. 시공을 넘어선 영원한 사랑, 불멸의 예술혼 등등. 상투적이다 못해 지루해서 죽을 지경이다.

　　『고사신편』의 '시간여행'은 정반대다. 고대와 현재를 넘나듦으로써 상식과 통념, 나아가 표상의 근저를 무너뜨린다. 이를테면, 이런 식이다. 「달나라로 도망친 이야기」는 활의 명인 예가 사냥에서 돌아오는 장면으로 시작한다. 그의 망태 안에는 '까마귀 세 마리와 살이 찢긴 작은 참새'가 고작이다. 그걸 보자마자 아내인 상아의 바가지 긁기가 시작된다.

　　"또 까마귀 짜장면, 또 까마귀 짜장면! 뉘 집에서 일 년 내내 까마귀 고기

짜장면만 먹는지 좀 물어봐요. 내 정말 무슨 팔자를 타고났는지 모르겠어. 이리 시집와 일 년 내 까마귀 짜장면만 먹었으니!"루쉰, 「달나라로 도망친 이야기」, 『새로 쓴 옛날이야기』 33~34쪽

상아는 월궁항아(月宮姮娥)라는 이름으로 더 잘 알려진 인물이다. 동양의 비너스 혹은 아프로디테에 해당한다. 활의 명인 예가 까마귀와 참새밖에 잡지 못한다는 사실도 뜨악하지만, 미의 여신 상아가 짜장면 먹기 싫다고 '팔자타령'을 늘어놓다니, 이거야말로 반전이다.

그럼 예는 왜 이 지경이 되었나? 신의 저주로? 아니면 적들의 음모로? 아니다. "그는 회상에 젖었다. 그해에 멧돼지는 얼마나 컸던가! 멀리서 바라보면 마치 작은 산처럼 보였지. 그때 쏴 죽이지 않고 지금까지 놔두었더라면 반 년은 잘 먹을 수 있었을 텐데, 그랬더라면 어찌 날마다 반찬거리 때문에 이 걱정을 하랴."루쉰, 앞의 글, 35쪽

이어지는 탄식. "내 궁술이 너무 뛰어난 탓이야. 결국 땅에 사는 짐승이란 짐승은 남김없이 다 쏴 버렸으니, 이젠 까마귀만 남았어." 헐~ 그 잘난 궁술이 주변 생태계를 파괴해 버린 것. 기막힌 반전이다. 결국 상아는 남편인 예의 선약을 훔쳐 먹고 달나라로 가 버린다. 전형적인 '먹튀'다. 예는 분기탱천하여 달을 향해 화살을 쏘아 댄다. 하지만 "달은 그를 아는 척도 하지 않았다. 그가 세 걸음 앞으로 나서면 달은 세 걸음 뒤로 물러났다". 그 옛날엔 무려 아홉 개의 해를 쏘아 떨어뜨렸지만 이젠 달을 상대하기도 벅차다. 오, 세월의 무상함이여! 하지만 예는 곧 자신의 처지를 받아들인다. "까마귀 짜장면이 맛이 없긴 없었지. 참을 수 없었던 게야."루쉰, 같은 글, 49~50쪽

뭐지? 이 대책없는 관대함은? 끝까지 반전의 연속이다. 이 반전의 파노라마가 무엇을 겨냥하는지는 대강 짐작할 만하다. 영웅의 몰락, 아니

그 이상이다. 영웅을 둘러싼 의미망——악의 세력과의 투쟁, 미녀와의 낭만적 사랑, 운명에 저항하는 불굴의 투지 등등——의 해체다.

「고사리를 캔 이야기」는 더 신랄하다. 백이와 숙제는 고죽군의 왕자였으나 왕위 계승을 거부하고 주나라로 와서 몸을 의탁했다. 주나라 문왕이 덕이 높다고 여겨서다. 하지만 문왕의 아들 무왕이 은나라의 폭군 주(紂)를 치기 위해 거병을 하자 충효를 저버렸다 여겨 수양산에 들어가 고사리를 캐먹다 굶어 죽었다. 사마천이 『사기열전』의 첫머리에 올리는 바람에 이들은 '절개의 상징'으로 추앙되었다. 서사의 얼개는 이 흐름을 대체로 따라간다. 하지만 루쉰은 그들의 궤적에 섬세하고도 기묘한 디테일을 부여한다.

더 이상 주나라의 곡식은 먹을 수 없다며 수양산으로 들어간 두 형제. 그들은 애초 고사리를 먹으러 들어간 게 아니었다. 숱한 시행착오 끝에 마침내 찾아낸 것이 고사리였던 것. 이것도 흥미롭지만 압권은 그 다음이다.

"그날부터 그들은 날마다 고사리를 뜯었다. 처음에는 숙제 혼자 뜯고 백이는 삶았다. 나중에는 백이도 건강이 좀 나아진 느낌이 들자 함께 뜯으러 나갔다. 조리법도 다양해졌다. 고사리탕, 고사리죽, 고사리장, 맑게 삶은 고사리, 고사리 싹탕, 풋고사리 말림….".루쉰, 「고사리를 캔 이야기」, 『새로 쓴 옛날이야기』, 110쪽

와우~ 이른바 '고사리의 대향연'이 펼쳐진 것. 이쯤 되면 백이, 숙제는 '지조의 화신'이 아니라 '고사리 요리의 대가'라 할 만하다. 그 다음 대목은 더 가관이다. "근처의 고사리는 어느새 다 바닥나 버렸다. 뿌리가 남아

있다 해도 금방 자라는 건 아니었기 때문에 날마다 멀리까지 나가야만 했다. 몇 번 이사를 했지만 얼마 지나면 결국 마찬가지였다." 헐~ 고사리만 먹다가 영양실조로 굶어 죽은 줄 알았는데, 사실은 고사리를 너무 먹어서 숲의 고사리가 초토화되었다니. '장난기'가 너무 심하다고? 하지만 딱히 부인하기도 뭣하다. 충분히 일어날 법한 일이니까.

이런 식으로 루쉰은 신화의 이면을 낱낱이 까발린다. 일상의 디테일을 오버랩하는 방식으로. 그것도 아주 과격하게, 또 파격적으로. 거룩한 신화와 비루한 일상의 마주침! 그것이 야기하는 효과는 간단하다. 영웅이건 지사건 다 조건의 산물이다. 시공의 인연이 바뀌면 그저 생활인에 불과할 뿐이다. 하지만 사람들은 이 사실을 망각해 버린다. 영웅이나 지사를 초월적 존재로 간주하기 때문이다. 거기에 역사적 무게까지 더해지면 그들은 맹목적 숭배의 대상이 되고 만다. 대중들이 전통에 짓눌리는 것도 이런 맥락이다. 루쉰은 바로 이 지점을 집중 공략하고 있는 것이다.

하나만 더. 「관문을 떠난 이야기」의 한 장면이다. 관문을 나서려는 노자한테 강연을 해달라고 졸라 대더니 막상 노자의 강론이 시작되자 사람들은 몸을 비비꼬기 시작한다. "어떤 사람은 손발을 어디다 둘지 모르는 것 같았다. 한 검사관은 크게 하품을 했고, 서기 선생은 마침내 끄덕끄덕 졸기 시작했다. 딜그럭 소리와 함께 칼과 붓, 목간이 손에서 바닥으로 굴러 떨어졌다." 노자의 강연이 끝나자 "그제야 비로소 사람들은 깊은 꿈에서 막 깨어난 듯했다. 너무 오래 앉아 있어서 두 다리가 마비되어 금방 몸을 일으키지 못했다. 그래도 마음속으로 마치 대사면을 받기라도 한 듯 놀랍기도 하고 기쁘기도 했다".루쉰, 「관문을 떠난 이야기」, 앞의 책, 170~171쪽

이 대목을 노자의 사상이 얼마나 대중과 동떨어졌는지를 풍자하기

위함이라고 보기도 하지만, 내 생각은 좀 다르다. 이 대목을 본 순간, 난 무릎을 쳤다. 아하, 그랬겠구나! 지금도 『도덕경』을 읽으면 다들 '멍~'한데, 당대에 과연 노자의 말을 몇이나 알아들었을까. 당연히 졸거나 딴짓거리를 할 수밖에. 예수, 공자, 소크라테스 모두 마찬가지다. 어떤 위대한 사상도 대중의 환호를 받지는 못했다. 루쉰은 그런 간극을 '있는 그대로' 보여 줄 따름이다.

> "그것이 서술한 일은 공공연한 것이며 또한 흔히 보는 것으로, 평소에는 누구도 기이하다고 생각지 않으며 그래서 당연히 어느 누구도 주의를 기울이지 않는 것이다. 그러나 그 일은 그때 이미 불합리하고 가소롭고 비루한 것이며 심지어 증오스럽기까지 한 것이다. 하지만 그렇게 행해지고 습관이 되다 보니 공개적인 장소와 대중들 사이에 있어도 아무도 기괴하다고 여기지 않았다." 루쉰, 「풍자란 무엇인가」, 『차개정잡문 2집』(루쉰전집 8), 서광덕 옮김, 그린비, 2015, 432쪽

이 순간을 포착하면 그때 웃음이 터진다. 허를 찔린 데서 오는 놀라움 혹은 쾌감. 그 웃음 속에서 반전과 해체가 일어난다. 더 중요한 것은 반전과 해체의 파노라마 속에서 텍스트의 의미가 사방으로 '산포'된다는 사실이다. 즉, 낡은 통념이 무너진다고 해서 곧바로 다른 의미로 귀환하는 것은 아니다. 신화적 인물들을 지상으로 끌어내리지만 그렇다고 그들을 깎아내리는 것을 목표로 하지는 않는다. 굳이 말하자면, 다양한 해석이 서로 각축하도록 '내버려' 두는 것이 저자의 의도라면 의도다. 이것인가 싶으면 저것이고, 저것인가 싶으면 또 엉뚱한 곳으로 튀는 고도의 유동성이 이 '시간여행'의 진짜 묘미다. 앞에서 말한 불온함 혹은 스릴도 여기에서

발생하는 것이 아닐지.

생명과 일상―급진적인, 너무나 급진적인!

루쉰은 집요하다. 일단 논쟁이 시작되면 끝까지 물고 늘어진다. 절대 대충 넘어가는 법이 없다. "상대방을 진흙 속에 끌어들여 그 진흙 속에서 같이 격투를 벌이는 것과 같은 논쟁형식"다케우치 요시미, 「루쉰의 논쟁 태도」을 취한다. 『고사신편』에서도 그렇다. 아니 그런 집요함이 아득한 고대로의 '시간여행'을 가능케 했으리라.

　그는 이념과 주의를 믿지 않는다. 우상이나 상징 따위는 '개나 물어 가라'는 식이다. 평생 혁명을 위해 싸웠지만 그가 신봉하는 유일한 척도는 생명이다. 여와의 창조, 우임금의 치수, 묵자의 평화, 미간척의 복수. 이 모든 것을 관통하는 키워드는 오직 하나, 생명이다. 거기에는 어떤 단서나 유보도 필요치 않다. 창조는 창조 그 자체로 충분하다. 인간을 창조하고 하늘을 보수한 여와의 최후는 이렇다. "이때 그녀는 자신의 모든 것을 써 버린 몸이 되어 해와 달 사이에 쓰러져 누웠다. 그리고 다시는 숨을 쉬지 않았다."

　천하를 위해 온몸을 던진 우임금이나 평화를 위해 혼신의 노력을 다한 묵자 역시 마찬가지다. 그들의 행위 또한 생명의 자연스런 발로일 뿐이다. 몸수색을 당하고 감기에 걸리는 것이 묵자의 결말이라면, 우는 치수의 공적으로 임금에 추대되긴 한다. 하지만 그의 아내는 그를 향해 고래고래 악담을 퍼붓는다. "이 천 번 만 번 죽일 놈! 무슨 장사 지낼 일 있다고 그렇게 뛰어다닌담! 제 집 문앞을 지나면서도 코빼기도 보여 주질 않다니! 네

장사나 치러라! 벼슬, 벼슬, 벼슬이 뭐 대단한 거라고. 하는 꼬라질 보면 제 애비처럼 변방에 유배돼 못에 빠져 자라나 되라지! 이 양심이라곤 없는 천 번 만 번 뒈질 놈!"루쉰, 「홍수를 막은 이야기」, 『새로 쓴 옛날이야기』, 70쪽 우가 행한 거룩한 위업도 아내의 입장에서 보면 '뒈져 마땅할' 짓이다.

　미간척의 복수는 그야말로 '복수혈전'의 끝장판이다. 여기엔 아예 복수 그 자체인 사내가 등장한다. "너의 원수가 바로 내 원수이고, 그 원수가 곧 나이기도" 한 존재. 그는 자기 자신조차 열렬히 증오한다. 그러니 의협심이나 동정심 따위는 "너절한 적선의 밑천"에 불과하다. 복수를 하려면 이 정도는 해야 한다. 원수와 나를 구별하고, 복수 이후의 보답이나 칭송을 바란다면, 그건 애당초 복수의 정념과는 거리가 멀다.

　루쉰은 전후좌우 사방의 적들과 싸웠다. 그중 가장 열렬히 싸운 건 혁명 진영 내부의 인물들이다. 그는 보여 주고 싶었으리라. 혁명이란 이런 것이라고. 이데올로기에 복속되고 파벌투쟁에 골몰하는 것이 아니라 창조와 실천, 복수와 혼연일체가 되는 것이라고. 그런 혁명만이 진정 중국인을 개조하고 미래를 창안할 수 있다고. 그런 점에서 루쉰은 실로 급진적(radical)이다. '래디컬'의 어원이 잘 보여 주듯, 근본적인 것이 아니면 그 어떤 것도 용납하지 않는다는 점에서 그렇다.

　물론 모든 근본주의는 도그마로 화할 위험이 있다. 루쉰에겐 그런 함정을 벗어날 척도가 또 하나 있다. 일상이 바로 그것이다. 어떤 신화도, 어떤 혁명도 일상의 그물망을 벗어나진 못한다. 삶은 결국 일상의 지리한 연속이 아니던가. 그리고 일상의 척도는 밥벌이가 우선이다. 『고사신편』의 모든 작품에는 '먹거리'가 가장 중요한 소품으로 등장한다. 상아의 까마귀 짜장면과 백이·숙제의 솔잎떡과 고사리를 비롯하여, 노자의 만두, 묵자의 고추장과 떡 등등. 어떻게 살 것인가? 무엇을 먹을 것인가? 생명이건 혁명이건 바로 거기에서 출발해야 한다.

「죽음에서 살아난 이야기」는 그 점을 아주 파격적인 방식으로 보여 주는 작품이다. 주인공은 장자. 장자는 꿈과 현실, 생과 사가 하나라고 설파한 철학자다. 그런데 자신의 능력을 과신한 나머지 길 위에서 발견한 해골을 다시 살려 낸다. 죽은 자를 살려 낸다고? 그렇다. 그것도 500년 전에 죽은 자를 다시 깨어나게 한 것이다. 오, 부활의 거룩함이여! 한데, 실상은 참 '머시기'하다. 다시 살아난 사내가 한 말은?

"내 보따리와 우산은?"
"아, 아니 내 옷은?"

이거야말로 '홀딱 깨는' 장면이다. 부활의 거룩한 행위 뒤에 보따리와 옷타령이 이어질 줄이야. 하지만 반박할 길이 없다. SF계 영화의 고전 〈터미네이터 1〉의 첫장면을 떠올려 보라. 미래에서 한 사내가 온다. 그 역시 알몸이다. 그가 제일 먼저 한 일은 행인한테서 옷을 빼앗는 짓이다. 터미네이터야 슈퍼맨이니까 그 정도는 식은 죽 먹기지만 이 사내는 보통 사람이다. 설탕과 대추가 든 보따리를 들고 친척집으로 가던 중이었다. 그러니 다시 그 길을 가야 한다. 그러니 옷과 보따리를 돌려 달라고 아우성을 칠밖에. 하지만 장자는 사내에게 역사와 철리(哲理)를 떠들어 댄다. "옷이란 있든 없든 상관없는 게야. 옷이 있는 게 옳을 수도 있고, 옷이 없는 게 옳을 수도 있지… 물론 옷이 없는 것을 옳다고는 말할 수 없겠지만, 그렇다고 옷이 있어야만 옳다고 당신 어떻게 말할 수 있겠어?" 사내의 응답은? "니에미 나발 불고 있네! 내 물건 돌려주지 않으면 내 널 때려 죽일 테다!"루쉰, 「죽음에서 살아난 이야기」, 『새로 쓴 옛날이야기』, 213쪽 결국 순경을 부르고 장자는 잽싸게 튀어 버린다. 다시 이어지는 순경과 사내의 옥신각신. 부활이라는 거룩한 신화가 '부활대소동'이라는 시트콤이 되는 순간이다.

이것을 장자에 대한 풍자로 이해하는 건 좀 단순하다. 루쉰이 장자의 잠재력을 몰랐을 리가 있는가. 일찍이 말했듯이 "(장자의) 그 문장의 기세는 웅장하고 거침이 없으며 의태가 다채로워 주나라 말기의 저작 가운데 이 책보다 뛰어난 것은 없다".루쉰, 「노자와 장자」, 『한문학사강요』(루쉰전집 12), 천진 옮김, 그린비, 2016, 66쪽 솔직히 장자야말로 '루쉰적'이다. 시비와 선악, 그리고 미추에 이르기까지 모든 분별망상을 일거에 와해시킨 해체주의의 종결자 아닌가. 문제는 그런 장자를 초탈과 영생의 상징으로 간주하는 데 있다. 가장 전복적인 사유를 가장 반동적으로 활용하는 경우다.

루쉰은 바로 이 지점을 공략한다. 그래, 영생이 가능하다고 치자. 그럼 무슨 일이 벌어지는가? 일단 옷을 입어야 하고 그 다음엔 먹어야 하고 또 그 다음엔 친척이든 이웃을 만나러 가야 한다. 요컨대, 다시 살아야 한다. 그뿐이다! 일상이라는 생생한 현장에서 부활이라는 초월적 판타지는 물거품에 지나지 않는다. 장자를 직접 등장시킴으로써 세간에 통용되는 '장자주의적' 발상을 비틀어 버린 것이다.

반전에 반전을 거듭함으로써 어디에도 기댈 곳이 없게 만드는 것, 그것이 바로 루쉰이 고전이라는 참호에서 갈고닦은 '투창과 비수'다. 모든 의지처를 붕괴시키고 나면 무엇이 남을까? 생명과 일상! 아니, 생명이 곧 일상이다. 어떤 신화도, 어떤 혁명도 이 원리에서 시작해야 한다. 급진적인, 너무나 급진적인!

"올려다보면 기우뚱 균열이 생긴 하늘이요, 내려다보면 뒤죽박죽 엉망이 된 땅이어서 눈과 마음을 즐겁게 해줄 수 있는 것이 하나도 없게 된 것이다."루쉰,「하늘을 땜질한 이야기」,『새로 쓴 옛날이야기』, 24쪽 여와의 탄식이다. 우주는 애당초 기우뚱하고, 인간은 뒤죽박죽이다. 하여, 모순과 균열이 쉼없이 일어난다. 그것은 여와조차 어찌할 수 없다. 이 기우뚱한 우주에는 시작도 종결도 없다. 그저 과정만 있을 뿐! 모두가 자신이 선 자리에서, 늘 다시 시작해야 하는 이유가 거기에 있다.

　　루쉰이 살았던 20세기 초는 그야말로 격동기였지만 시대정신만은 명료했다. 진화론, 근대문명, 사회주의 혁명 등등 '클리어'한 담론들이 주도한 시대였으므로. 그런 담론의 이면에 우글거리는 모순과 균열을 까발린 데에 루쉰의 급진성이 있다. 그로부터 100여 년 뒤, 우리의 21세기는 바야흐로 불확실성의 시대다. 루쉰의 예측대로 모든 것이 뒤죽박죽이다. 원대한 비전은 고사하고 한 치 앞도 가늠하기 어려운 실정이다. 그런 점에서 루쉰이야말로 21세기적 존재가 아닐지. 습속의 허를 찌르는 풍자적 기예, 표상의 지반을 일거에 와해시키는 파격적 사유. 『고사신편』을 다시 읽어야 하는 이유는 그것만으로도 충분하리라.

서언 1935

하늘을 땜질한 이야기 1922

달나라로 도망친 이야기 1926

홍수를 막은 이야기 1935

고사리를 캔 이야기 1935

검을 벼린 이야기 1926

관문을 떠난 이야기 1935

전쟁을 막은 이야기 1934

죽음에서 살아난 이야기 1935